教师资格考试和教师应聘指导用书

化学教学设计

化学（选修③） 物质结构与性质

主编 吴晓红 倪刚

北 京
冶 金 工 业 出 版 社
2019

内 容 提 要

本书以笔者多年的教学实践经验为基础，针对广大考生参加教师资格考试和教师公开招聘面试的需求编写而成。全书共分为3章：原子结构与性质、分子结构与性质、晶体结构与性质，涵盖了人教版高中《化学（选修3）》的所有教学内容。每个教学设计包括教材分析、学情分析、教学目标、教学重点和难点、知识框架、教学过程、板书设计7个栏目，共22个课时，全面地呈现了人教版高中《化学（选修3）》中相应3章的教学设计。除此之外，每章节内容前均进行知识梳理，力求形成系统框架。

本书可供参加教师资格考试和教师公开招聘的化学专业课的人员参考，也可作为高等师范院校化学教育类硕士研究生的教材或高年级本科生的选修教材。

图书在版编目（CIP）数据

化学教学设计．化学．选修3：物质结构与性质/吴晓红等主编．—北京：冶金工业出版社，2019.6

教师资格考试和教师应聘指导用书

ISBN 978-7-5024-8111-7

Ⅰ.①化… Ⅱ.①吴… Ⅲ.①中学化学课—教学设计—高中—中学教师—资格考试—自学参考资料 Ⅳ.①G633.82

中国版本图书馆CIP数据核字（2019）第109193号

出 版 人　谭学余
地　　址　北京市东城区嵩祝院北巷39号　邮编　100009　电话　(010)64027926
网　　址　www.cnmip.com.cn　电子信箱　yjcbs@cnmip.com.cn
责任编辑　卢　敏　王琪童　美术编辑　吕欣童　版式设计　孙跃红
责任校对　石　静　责任印制　李玉山
ISBN 978-7-5024-8111-7
冶金工业出版社出版发行；各地新华书店经销；三河市双峰印刷装订有限公司印刷
2019年6月第1版，2019年6月第1次印刷
787mm×1092mm　1/16；11.5印张；279千字；176页
38.00元

冶金工业出版社　投稿电话　(010)64027932　投稿信箱　tougao@cnmip.com.cn
冶金工业出版社营销中心　电话　(010)64044283　传真　(010)64027893
冶金工业出版社天猫旗舰店　yjgycbs.tmall.com

编　委　会

主　编：吴晓红　倪　刚

编　者：吴晓红（宁夏大学）　倪　刚（宁夏大学）

马　燕（宁夏大学）　杨　玲（宁夏大学）

姜正毅（贵州省贵阳市第一中学）

前　言

自2016年起，我国教师资格考试首次实现全国统考改革后，考试内容增加，难度加大，不再有师范生和非师范生的区别。教师公开招聘考试已成为主要社会性考试，除了获得教师资格证书外，还肩负着为基础教育选拔师资、评价高等师范教育质量的职能，对我国教育事业的发展有着十分重要的作用。改革后的教师资格证考试和教师公开招聘考试包括笔试和面试两部分，面试主要考查教育教学实践能力，形式为指定教科书的某一个问题或章节，通过讲课或说课的方式来考查应聘者的教学能力。

本书针对化学教师资格证和化学教师公开招聘考试的专业课面试，秉承“高效、准确、及时”的宗旨，在深入研读高中化学教科书和课程标准的基础上，设计了全面、有效、实用的教学设计，帮助广大考生在短时期内及时、高效地掌握面试中的说课、讲课内容，避免考生在备考过程中呈现出盲目性。

本书的编写以笔者多年的教学实践经验为基础，立足于广大考生参加教师资格考试面试和教师公开招聘面试的需求，全面地呈现了人教版普通高中《化学（选修3）》的教学设计。本书具有如下特点：

第一，基于标准，符合教材。本书的编写以课程标准为评价依据，以人教版高中《化学（选修3）》为载体，深入研究课程标准、教材，结合学生实际，对教材进行适当的取舍、整合，创造性地使用教材，达到课程标准的基本要求，符合教材的难度。

第二，设计合理，内容丰富。本书包括原子结构与性质、分子结构与性质、晶体结构与性质3章内容共22课时，涵盖了人教版高中《化学（选修3）》所有教学内容。每个教学设计包括教材分析、学情分析、教学目标、教学重点和难点、知识框架、教学过程、板书设计7个栏目。此外，章节内容前进行知识梳理，力求形成系统框架，并对考点分类分析，配以习题巩固，促进及时查漏补缺。

第三，讲解到位，深入浅出。本书教学过程主要包括导入新课、展开新课和归纳总结3个环节，在教学过程设计中追求讲解全面到位、深入浅出，使考生对教学内容有足够的理解，做到心中有数。

第四，方便实用，操作性强。本书的内容在多年实践应用中取得明显效果，成书经历多次反复修改、综合评价、全面平衡的过程，方便考生短时间内掌握面试内容，减少了教学过程中的盲目性和随意性，具有很强的操作性。

本书是“宁夏大学化学教育‘一流专业’建设”“2018年自治区本科创新创业改革项目——共享理念下‘本硕互动’学习模式的构建及实践研究”“宁夏大学2018年课程思政示范课程——中学化学专题教学设计与实践”的阶段性成果。本书的出版得到“宁夏大学化学教育‘一流专业’建设”项目的资助，在此表示感谢。

在教材编写过程中，参考了部分院校的有关教材和专著，以及国内外相关资料和文献，在此表示诚挚的谢意。

本书可供参加教师资格考试和教师公开招聘的化学专业课的人员参考，也可作为高等师范院校化学教育类硕士研究生的教材或高年级本科生的选修教材。

由于时间和水平有限，书中有不足之处，敬请广大师生给予批评指正。

编　者

2019年4月于银川

目　录

第一章　原子结构与性质

本章知识框架

- 原子结构和性质
  - 原子结构
    - 能层与能级
      - 能层
        - 概念：根据多电子原子核外电子的能量差异将核外电子分成不同的能层
        - 表示符号：K、L、M、N、O、P、Q
        - 每一能层容纳的最多电子数是能层序数平方的 2 倍即：$2n^2$
      - 能级
        - 概念：多电子原子中，同一能层的电子，能量可能不同，分成不同能级
        - 表示符号：ns、np、nd、nf…
        - 能级与电子数的关系：以 s、p、d、f…排序的各能级可容纳最多电子数为 1、3、5、7…的 2 倍
    - 构造原理
      - 概念：随着原子核电荷数的递增，原子核每增加一个质子，原子核外便增加一个电子，电子大多是按一定能级顺序填充的规律称为构造原理
      - 构造原理的应用
        - 利用构造原理书写电子排布式
        - 能级有交错现象，如 $E(3d)>E(4s)$、$E(4f)>E(5p)$、$E(4f)>E(6s)$
    - 电子云与原子轨道
      - 电子云
        - 概念：处于一定空间运动状态的电子在原子核外空间的概率密度分布的形象化描述
        - 意义：用单位体积内小黑点的疏密，表示电子在原子核外出现概率的大小
        - 形状：s 电子云呈球形，p 电子云呈哑铃形
      - 原子轨道：电子在原子核外的空间运动状态
    - 核外电子排布
      - 核外电子排布规则
        - 能量最低原理：原子的电子排布遵循构造原理能使整个原子的能量处于最低状态，简称能量最低原理
        - 泡利原理：一个原子轨道里，最多容纳 2 个电子，且它们的自旋状态相反
        - 洪特规则：当电子排布在同一能级的不同轨道时，优先单独占据一个轨道，而且自旋状态相同
        - 洪特规则特例：全满、半满或全空的状态一般比较稳定
      - 核外电子排布图
  - 元素周期律
    - 原子半径
      - 元素周期表分区：按照构造原理原子核外最后一个电子填充的能级分为 s 区、p 区、d 区、ds 区、f 区
      - 决定因素：核电荷和能层数
      - 大小比较
        - 同周期：从左到右原子半径递减
        - 同主族：从上到下原子半径递增
        - 同一元素：阴离子>原子，原子>阳离子，低价态阳离子>高价态阳离子
        - 能层数相同：最外层电子数越多，半径越小
        - 最外层电子数相同：能层数越多半径越大
    - 电离能
      - 概念：气态电中性基态原子失去一个电子转化为气态基态正离子所需要的最低能量叫做第一电离能
      - 规律
        - 同周期：从左到右第一电离能逐渐增大，但第ⅡA>第ⅢA，第ⅤA>第ⅥA
        - 同主族：从上到下第一电离能逐渐减小
      - 应用
        - 根据电离能数据，确定元素核外电子的排布
        - 根据电离能数据，确定元素在化合物中的化合价
        - 判断元素的金属性、非金属性强弱
    - 电负性
      - 概念：用来描述不同元素的原子对键合电子吸引力的大小
      - 意义：元素的电负性越大，表示其原子在化合物中吸引电子的能力越强；反之，电负性越小，相应原子在化合物中吸引电子的能力越弱
      - 电负性大小的标准：以 F 的电负性为 4.0 作为相对标准
      - 应用
        - 元素的电负性与元素的金属性和非金属性的关系
        - 电负性与化合价的关系
        - 判断化学键类型

第一节　原子结构

第1课时　原子的诞生　能层与能级

一、教材分析

本节课选自人教版高中《化学（选修3）》第一章“原子结构与性质”第一节“原子结构”。依据课程标准“了解有关核外电子运动模型的历史发展过程，认识核外电子的运动特点，知道电子运动的能量状态具有量子化的特征（能量不连续）”的要求，本节课安排了“宇宙的组成元素、含量”“能层与能级”等内容。

教科书首先从宇宙大爆炸入手，介绍了原子诞生的有关知识。然后教科书充分考虑九年级化学和化学2中“原子结构”的有关基础知识，不再重复建立原子结构的概念，而是直接建立核外电子的能层（即“电子层”）和能级（即“电子亚层”）的概念。在“思考与讨论”环节中设置问题“电子是怎样在核外空间排布的?”以引起学生对“核外电子分层排布”有关知识的回忆，进而介绍能层与能级的有关知识。在理解能层与能级关系时，利用教科书中的形象比喻“能层是楼层，能级是楼梯的阶级”，使学生对原子结构的有关知识进一步深化认识，加深学生对原子结构的量化认知。

教科书将本节内容安排在第一章第1课时，充分考虑了九年级化学和化学2中的原子结构知识的基础，注重知识的衔接与深化，为本节课的学习奠定了良好的知识基础，有利于学生的理解和掌握。同时通过本节课的学习，能够为后面“构造原理、核外电子排布”，以及“能量最低原理、基态与激发态”等内容的学习奠定知识基础。

二、学情分析

从知识储备方面来说，学生在九年级化学和化学2中已经对原子的结构、原子核外电子的排布规律有了一定的认识，但是对核外电子的排布只是感性认识，还未形成理性思维，而且缺乏电子运动的能量状态具有量子化特征的空间想象能力。从能力方面来说，学生已经具备一定的理性思维能力与一定的观察、归纳、分析和表达能力，但还欠缺空间想象能力和分析推理能力。

三、教学目标

核心知识	（1）知道核外电子是分能层和能级排布的。 （2）能识记7个能层及相应的能级符号以及各能级容纳的最多电子数
核心能力	（1）通过复习化学2所学知识并总结原子核外电子排布规律，强化复习延伸和归纳学习的能力。 （2）通过类比楼层和楼梯间的关系学习“能层与能级的关系”，学会类比学习的方法
核心品质	通过认识原子结构理论发展的过程，体会科学理论的发展是一个逐步深入完善的过程，感悟科学家献身科学的精神和进行科学探索中所具有的科学态度

四、教学重点和难点

（1）教学重点：核外电子排布的能层和能级；原子核外电子的能层、能级分布及其能量关系。

（2）教学难点：原子核外电子的能层、能级分布及其能量关系。

五、知识框架

- 原子结构
  - 能层
    - 概念：多电子原子的核外电子的能量是不同的，按电子的能量差异，可以将核外电子分成不同的能层 K、L、M、N、O、P、Q…
    - 每层所容纳的最多电子数是：$2n^2$（n 为能层的序数）
  - 能级
    - 概念：同一个能层的电子，能量也可能不同，还可以把它们分成能级
    - 能级符号的顺序：ns、np、nd、nf…
    - 规律：能级数＝能层序数
    - 最多容纳的电子数：s、p、d、f…可容纳的电子数依次是 1、3、5、7…的两倍
  - 能量对比
    - 同一能层：$E(n\text{s}) < E(n\text{p}) < E(n\text{f}) < E(n\text{f})$
    - 不同能层中同一能级：能层序数越大能量越高，如，$E(1\text{s}) < E(2\text{s}) < E(3\text{s}) < E(4\text{s})$

六、教学过程

环节一：导入新课

【导入】 通过前面的学习，我们已经知道原子由原子核和核外电子构成，那么原子是如何诞生的，原子核外电子排布遵循的一般规律是什么？本节课就让我们一起来学习“原子的诞生、能层与能级”。

【板书】 见板书。

环节二：展开新课

1. 原子的诞生

【讲述】 通过元素周期表我们知道地球上已知的元素有 118 种，其实这 118 种元素都是由氢、氦等原子发生原子核的融合反应，分期分批地合成而来。勒梅特提出现代宇宙大爆炸理论，认为整个宇宙最初聚集在一个“原始原子”中，后来发生了大爆炸。

【讲述】 大爆炸后两小时，诞生了大量的 H、少量的 He 及极少量的 Li，以上元素的原子经过或长或短的发展过程，发生原子核的融合反应，分期分批地合成了其他元素。

【提问】 我们知道元素周期表中的元素分为金属元素和非金属元素两种，共有 118 种元素，并且还在不断地被合成中，请同学们思考在这 118 种元素中金属元素、非金属元素各有多少种？

【讲述】 其实氢元素依然是宇宙中最丰富的元素，约占宇宙原子总数的 88.6%，He 约为氢原子总数的 1/8，它们合起来约占宇宙原子总数的 99.7%。通过观察元素周期表，

我们不难发现地球上的元素大多都是金属元素，包括稀有气体在内的非金属元素仅有 22 种。

【板书】见板书。

2. 能层与能级

【提问】我们已经知道原子是由原子核和核外电子构成的，请同学们思考在多电子原子中，电子是怎样在核外空间排布的？原子核外电子排布的能量是否相同？原子核外电子的排布遵循哪些规律？

【投影】氯原子结构示意图

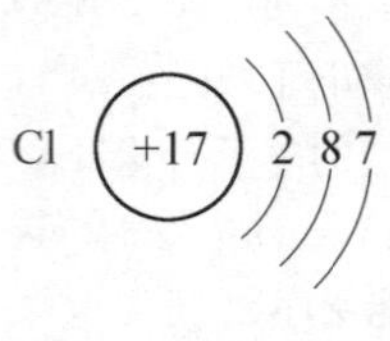

【讲述】以氯原子为例，氯原子中有 17 个电子在核外分层排布，其中第一层有 2 个电子，第二层有 8 个电子，第三层有 7 个电子。根据能量最低原理，我们知道核外电子总是优先排布在能量最低的电子层里，然后由里往外排布在能量逐步升高的电子层里，即第一层能量最低，第三层能量最高，因此这 17 个电子在核外空间运动的区域也不相同，通常能量低的电子在离核较近的区域运动，而能量高的电子在离核较远的区域运动。

【投影】原子核外电子分层排布示意图

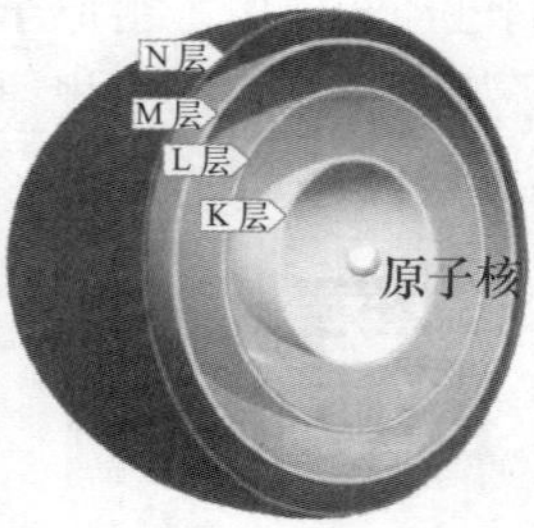

【讲述】根据电子的能量差异，可以把核外电子运动的不同区域看成不同的能层，并用符号 K、L、M、N、O、P、Q…表示相应的第一、二、三、四、五、六、七…能层。

【板书】见板书。

【讲述】我们知道钠原子核外有 11 个电子，排布在三个不同的能层上，其中 K 层上有 2 个电子，L 层上有 8 个电子，M 层上有 1 个电子。由于原子核外的电子总是处于原子核的引力场中，根据正、负电荷异性相吸的原理，电子总是尽可能先从内层排起，当一层充满后再填充下一层。

【提问】请同学们思考原子核外各能层最多可以容纳多少个电子？

【讲述】通过化学 2 的学习，我们已经知道原子核外各电子层最多容纳 $2n^2$ 个电子，不难得出 K 层最多容纳 2 个电子，L 层最多容纳 8 个电子，M 层最多容纳 18 个电子……

【板书】见板书。

【讲述】同样，我们不难发现同一周期能层数等于电子层数，根据核外电子能层的排布顺序，不同能层电子的能量不同，电子能量从低到高依次为：$E(K)<E(L)<E(M)<E(N)<E(O)<E(P)<E(Q)\cdots$

【板书】见板书。

【提问】既然每一能层填充的电子能量不同，那同一个能层的电子，它们之间的能量是否相同？

【讲述】理论研究表明，多电子原子中，同一能层的电子，能量也可能不同。同一能层，不同能量的电子也可以分成不同的能级，就好比能层是楼层，能级是楼梯的阶级，不同楼层有不同的楼梯阶级，不同能层也有不同的能级。

【讲述】通过刚才的分析，我们发现各能层上的不同能级能量也是不一样的，同一能层的不同能级分别用符号 s、p、d、f…表示。在每一个能层中，能级符号按 ns、np、nd、nf…（n 代表能层序数）排列，例如第一能层 K 层只有 1 个能级 1s，第二能层 L 层有 2 个能级 2s、2p，第三能层 M 层有 3 个能级 3s、3p、3d，依次类推。任一能层的能级总是从 s 能级开始，而且能级数等于能层序数。

【板书】见板书。

【提问】原子核外各能层最多容纳 $2n^2$ 个电子，那不同能级中最多容纳的电子数是否相同？

【讲述】电子总是优先排布在能量较低的能层，每一能层的电子填充在不同能级中，我们知道 K 层最多容纳 2 个电子，而 K 层只有一个 1s 能级，意味着 s 能级最多容纳 2 个电子；L 层最多容纳 8 个电子，其中 2s 能级容纳 2 个电子，则 2p 能级最多容纳 6 个电子，即 p 能级最多容纳 6 个电子；M 层最多容纳 18 个电子，其中 3s 能级容纳 2 个电子，3p 能级容纳 6 个电子，则 3d 能级最多容纳 10 个电子，即 d 能级最多容纳 10 个电子；依次类推，f 能级最多容纳 14 个电子。通过刚才的分析，我们不难得出 s、p、d、f…最多可容纳的电子数依次是 1、3、5、7…的 2 倍。

【板书】见板书。

【讲述】由此可见，不同的能级所能容纳的电子数是不同的，但英文字母相同的不同能级中所能容纳的最多电子数是相同的。例如 s 能级最多容纳 2 个电子；p 能级最多容纳 6 个电子；d 能级最多容纳 10 个电子；f 能级最多容纳 14 个电子。

【练习】1. 第五能层中最多容纳的电子数是多少？说出你推导的两种方法。

2. 基态 Si 原子中，电子占据的最高能层符号为________、电子数为________，该能层具有的能级为________。

【提问】既然可以将同一能层能量不同的电子排布在不同的能级，请同学们思考同一能层里不同能级能量的大小是怎样的？不同能层中英文字母相同的能级的能量大小如何？

【讲述】根据能量最低原理，电子优先排布在能量最低的能级，在同一能层，能级的能量按 s、p、d、f 的顺序升高，即 $E(n\mathrm{s})<E(n\mathrm{p})<E(n\mathrm{d})<E(n\mathrm{f})$。不同能层中的英文字母相同的能级，其能层数越大，能级的能量越高，即英文字母相同的不同能级能量大小排布为：$E(1\mathrm{p})<E(2\mathrm{p})<E(3\mathrm{p})<E(4\mathrm{p})<E(5\mathrm{p})<E(6\mathrm{p})\cdots$

环节三：归纳总结

【总结】本节课我们学习了原子的诞生及能层和能级的有关知识，知道在多电子原子中，其核外电子可按能量的差异分布于不同的能层（n）中，不同能层能量的大小依次是 $E(\mathrm{K}) < E(\mathrm{L}) < E(\mathrm{M}) < E(\mathrm{N}) < E(\mathrm{O}) < E(\mathrm{P}) < E(\mathrm{Q})\cdots$，各能层最多容纳的电子数为 $2n^2$。对于同一能层的电子，能量也可能不同，还可以进一步将同一能层中的电子按能量的差异分为不同的能级（l），能级的种类数与能层数相对应；同一能层里，能级的能量按 s、p、d、f 的顺序升高，即 $E(n\mathrm{s}) < E(n\mathrm{p}) < E(n\mathrm{d}) < E(n\mathrm{f})$；不同能层之间，符号相同的能级的能量随着能层数的递增而增大，例如 $E(1\mathrm{p}) < E(2\mathrm{p}) < E(3\mathrm{p}) < E(4\mathrm{p}) < E(5\mathrm{p}) < E(6\mathrm{p})\cdots$；各能层所包含的能级类型及各能层、能级最多容纳的电子数可用下表进行归纳：

能层(n)	一	二		三			四				五	六	七
符号	K	L		M			N				O	P	Q
能级(l)	1s	2s	2p	3s	3p	3d	4s	4p	4d	4f	…	…	…
最多电子数	2	2	6	2	6	10	2	6	10	14	…	…	…
	2	8		18			32				50	72	$2n^2$

七、板书设计

1.1.1　原子的诞生　能层与能级

一、原子的诞生

（一）宇宙的组成与各元素的含量

1. 氢（H）：约占原子总数的 88.6%
2. 氦（He）：约为氢原子数的 1/8

（二）元素的分类

1. 非金属元素：22 种（包括稀有气体元素）
2. 金属元素：占地球上元素的绝大多数

二、能层与能级

（一）能层

1. 概念：多电子原子的核外电子的能量是不同的，按电子的能量差异，可以将核外电子分成不同的能层
2. 表示方法及各能层最多容纳的电子数

能　层	一	二	三	四	五	六	七	…
符　号	K	L	M	N	O	P	Q	…
容纳的最多电子数	2	8	18	32	50	…		

（二）能级

1. 概念：在多电子原子中，同一能层的电子，能量也可能不同，还可以把它们分成能级

2. 表示方法及各能级所容纳的最多电子数

<table>
<tr><td>能　层</td><td>K</td><td colspan="2">L</td><td colspan="3">M</td><td colspan="4">N</td><td colspan="3">O</td></tr>
<tr><td>能　级</td><td>1s</td><td>2s</td><td>2p</td><td>3s</td><td>3p</td><td>3d</td><td>4s</td><td>4p</td><td>4d</td><td>4f</td><td>5s</td><td>5p</td><td>…</td></tr>
<tr><td rowspan="2">最多容纳电子数</td><td>2</td><td>2</td><td>6</td><td>2</td><td>6</td><td>10</td><td>2</td><td>6</td><td>10</td><td>14</td><td>2</td><td>6</td><td>…</td></tr>
<tr><td>2</td><td colspan="2">8</td><td colspan="3">18</td><td colspan="4">32</td><td colspan="3">…</td></tr>
</table>

第 2 课时　构造原理　核外电子排布式

一、教材分析

本节课选自人教版高中《化学（选修 3）》第一章“原子的结构与性质”第一节“原子结构”。依据课程标准“知道核外电子的能级高低顺序，了解核外电子排布的构造原理，会写原子核外电子排布式等”的要求，本节课安排了“构造原理、能级交错现象并依据构造原理书写 1~36 号元素的核外电子排布式、电子排布简式、价电子排布式、离子排布式”等教学内容。

为了使学生加深对原子结构的认识，在第 1 课时能层和能级相关知识的基础上，教科书直接给出构造原理，同时将构造原理看作一个经验规律，直接给出了原子核外电子的填充顺序，引出能级交错现象，并根据构造原理书写 1~36 号元素核外电子排布式。在“思考与讨论”栏目中设置两个问题，引出核外电子排布式、核外电子排布简式以及价电子排布式，加深学生对基态原子核外电子排布规律的认识。

本节内容在教科书中起着承上启下的作用，其中“承上”是指本节内容是对本节第 1 课时“能层、能级能量关系”有关知识的延伸；“启下”是指本节内容为本节第 3 课时“原子的基态与激发态、光谱、电子云与原子轨道”等有关知识的学习奠定了基础。

二、学情分析

通过前面的学习，学生已经掌握了能层、能级间能量的关系，以及在各能层和能级上最多容纳电子数，但尚未从本质认识电子排布规律，尚未理解电子排布出现异常的原因。通过本节课的学习，促使学生从微观角度深刻认识随核电荷数的增加，每增加一个电子，这一个电子应填充的位置。从电子排布的角度认识一些特殊原子或者离子为什么性质比较稳定。从能力方面来说，大部分学生已经具备推理和空间想象能力，在教学中通过实例比较，促进学生熟悉应用原理，达到知识迁移的理想效果。

三、教学目标

核心知识	（1）了解原子结构的构造原理，能用构造原理认识原子的核外电子排布。 （2）能用电子排布式表示常见元素（1~36 号）原子核外电子的排布
核心能力	（1）通过复习能层能级的相关知识，强化延伸知识、归纳总结的能力。 （2）通过观看构造原理的动画演示和动手书写核外电子排布式，强化学生自主学习的能力
核心品质	通过认识原子构造原理，能从宏观和微观结合的视角上收集证据，并依据证据从不同视角分析问题，推出合理的结论

四、教学重点和难点

（1）教学重点：基态原子的核外电子排布。

（2）教学难点：构造原理、基态原子的核外电子排布。

五、知识框架

- 构造原理核外电子排布式
  - 构造原理
    - 概念：绝大多数基态原子核外电子的排布的能级顺序都遵循下列顺序 1s 2s 2p 3s 3p 4s 3d 4p 5s 4d 5p 6s 4f 5d 6p 7s…
    - 能级交错现象
      - 概念：是指电子层数较大的某些轨道的能量反低于电子层数较小的某些轨道能量的现象
      - 特例：$E(3d) > E(4s)$、$E(4d) > E(5s)$、$E(5d) > E(6s)$、$E(6d) > E(7s)$、$E(4f) > E(5p)$、$E(4f) > E(6s)$等
      - 能量高低顺序：$ns < (n-2)f < (n-1)d < np$（$n$ 为能层序数）
  - 核外电子排布式
    - 概念：将能级上所容纳的电子数标在该能级符号的右上角，并按照能层从左到右的顺序排列的式子，称为电子排布式
    - 书写原则
      - 简单原子的电子排布式：按照构造原理将电子依次填充到能量逐渐升高的能级中
      - 复杂电子的电子排布式：先按构造原理将电子依次填充到能量逐渐升高的能级中，然后将同能层的能级移到一起 如$_{26}Fe$：$1s^22s^22p^63s^23p^63d^64s^2$
      - 简化电子排布式：［稀有气体元素符号］＋外围电子（价电子）
      - 特殊原子：当 p、d、f 能级处于全空、全充满或半充满状态时能量相对较低，原子结构较稳定。如$_{24}Cr$：$[Ar]3d^{10}4s^1$

六、教学过程

环节一：导入新课

【导入】 上节课我们学习了能层和能级，知道核外电子按照能量的不同可以排布在不同的能层与能级，原子核外电子在排布时，总是优先排布在能量较低的能层和能级，知道原子核外电子的能层和能级可容纳的最多电子数。那么原子的核外电子排布是完全按能层次序，填满一个能层再开始填下一个能层吗？下面就让我们进入今天的课程，学习“构造原理　核外电子排布式”。

【板书】 见板书。

环节二：展开新课

1. 构造原理

【过渡】 请同学们动手在练习本上画出 He、O、Na、K 的原子结构示意图，观察这些原子的核外电子排布是完全按能层次序排布的吗？

【投影】 He、O、Na、K 的原子结构示意图

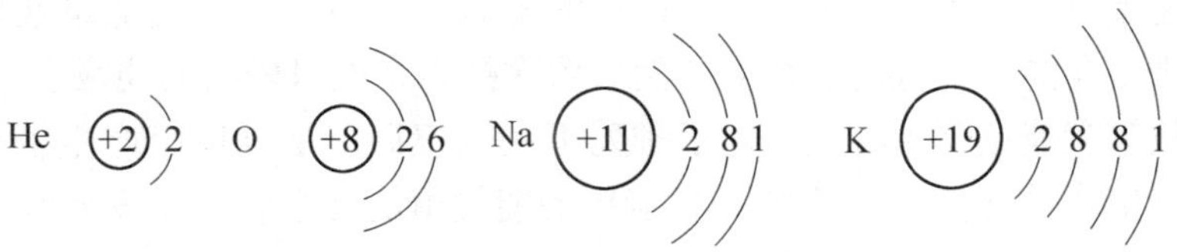

【讲述】核外电子在排布过程中，总是先排布在能量较低的能层与能级。氦原子核外 2 个电子全部排布在 K 层上，氧原子核外 8 个电子分别排布在 K 层和 L 层上，钠原子核外 11 个电子分别排布在 K、L、M 层上，钾原子核外 19 个电子依次排布在 K、L、M、N 层上。可见核外电子排布并不完全是按能层次序 1s、2s、2p、3s、3p、3d、4s…排布的，若按照该能层次序，钾原子核外电子排布应为 2、8、9，但事实钾原子核外电子排布是 2、8、8、1，根据能量最低原理，该事实说明 M 层有某些能级的能量大于 N 层某些能级的能量，而导致钾原子核外电子在排布过程中出现了能级交错现象。

【讲述】原子核外电子随着原子核电荷数的增加而增加，原子核每增加一个质子，原子核外便增加一个电子，但电子在排布过程中却出现了像钾原子排布过程中出现的能级交错现象。科学家归纳了大量的光谱事实，发现电子总是按照一定的能级顺序填充的，填满一个能级再填一个新能级，将能量相近的能级放在同一能层中。

【投影】“构造原理”示意图

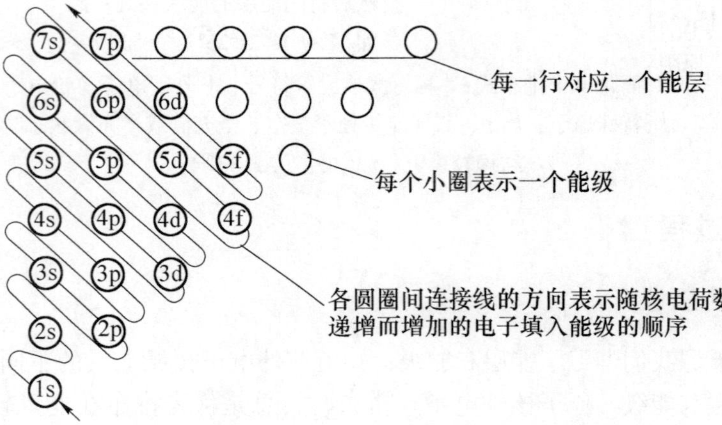

【讲述】在多电子原子中，电子在能级上的排布顺序遵循以下的规律：电子最先排布在能量较低的能级上，然后依次排布在能量较高的能级上，不同能层中能级能量的高低存在交错现象。我们将电子排布时遵循的这个规律称为构造原理。

【板书】见板书。

【讲述】构造原理揭示了原子核外电子的能级分布。从中可以看出，不同能层的能级有交错现象，如 $E(3d) > E(4s)$、$E(4d) > E(5s)$、$E(5d) > E(6s)$、$E(6d) > E(7s)$、$E(4f) > E(5p)$、$E(4f) > E(6s)$等。

【提问】请同学们思考以下三个问题：在多电子原子中，电子进入能级的先后应遵循的原理是什么？多电子原子核外电子排布是否完全遵循能层顺序？能级能量的高低主要是由哪些因素决定的？

【讲述】在多电子原子中，电子进入能级的先后顺序应遵循的是能量最低原理，电子尽先排布在能量较低的能级上，然后依次排布在能量较高的能级上。由构造原理可知，从第三能层开始各能级电子排列不完全遵循能层顺序，产生了能级交错排列，即产生“能级交错”现象；各能级的能量由能层序数和能级类型共同决定。

【讲述】构造原理中电子排布的实质是各能级的能量高低顺序，在多电子原子中会发生能级交错现象，各能级能量大小可由构造原理得到。通过观察构造原理示意图，我们不难发现相同能层的不同能级的能量高低顺序为 $ns < np < nd < nf$。

【讲述】同时，我们发现构造原理示意图中同一纵行英文字母全部相同，由此可以推出英文字母相同的不同能级的能量高低顺序为 1s < 2s < 3s < 4s、2p < 3p < 4p、3d < 4d。从各圆圈与各圆圈间连接间的方向观察，我们会发现不同能层、不同能级的能量高低顺序可由公式 $ns < (n-2)f < (n-1)d < np$（$n$ 为能层序数）得出。

【板书】见板书。

【提问】请同学们回忆化学 2 中核外电子排布的有关知识，思考原子核外电子排布应遵循什么规律？

【讲述】通过化学 2 的学习，我们知道原子核外电子排布时应遵循“一低四不超”规律。其中“四不超”是指各电子层最多容纳的电子数是 $2n^2$（n 表示电子层）；最外层电子数不超过 8 个（K 层是最外层时，最多不超过 2 个）；次外层电子数不超过 18 个（K 层是次外层时，最多不超过 2 个），倒数第三层电子数不超过 32 个（K 层是倒数第三层时，最多不超过 2 个）。“一低”是指核外电子总是尽先排布在能量最低的电子层，然后由里向外从能量低的电子层逐步向能量高的电子层排布。

【提问】根据构造原理和能量最低原理，请同学们思考以上规律是怎么得出的？

【讲述】我们知道原子核外电子排布时最外层由 ns 和 np 组成，电子数不大于 2+6=8，所以最外层电子数不超过 8 个（K 层是最外层时，最多不超过 2 个）；次外层由 $(n-1)s(n-1)p(n-1)d$ 组成，所容纳的电子数不大于 2+6+10=18，所以次外层电子数目不超过 18 个；倒数第三层由 $(n-2)s(n-2)p(n-2)d(n-2)f$ 组成，电子数不大于 2+6+10+14=32，所以倒数第三层不超过 32 个。

【讲述】这几个规律是相互联系的，不能孤立地机械地套用。知道原子的核电荷数和电子层的排布规律以后，我们就可以画出原子结构示意图，如上课前所提到的 K 原子核外电子排布为 2、8、8、1，并不是 2、8、9，就是遵循以上规律。

2. 电子排布式

【过渡】其实原子核外电子排布有多种表示方法，化学 2 中以原子结构示意图为主，学习完构造原理我们也可以按照电子的排布规律，将原子核外电子排布在不同的能级中。

【投影】O、K 核外电子排布式：

$$_{8}O:1s^22s^22p^4 \qquad _{19}K:1s^22s^22p^63s^23p^64s^1$$

【讲述】以氧原子和钾原子为例，核外电子总是尽先排布在能量最低的 1s 能级，然后由里向外从能量低的能级逐步向能量高的能级排布，像这样用数字在能级符号右上角标明该能级上排布的电子数的式子，我们称为电子排布式。

【投影】核外电子排布式分析示意图

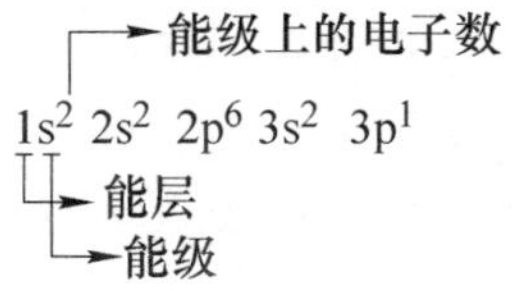

【板书】见板书。

【练习】现在请同学们根据构造原理依次写出氯原子、铁原子、锌原子的核外电子排布式。

【投影】
Cl：$1s^22s^22p^63s^23p^5$
Fe：$1s^22s^22p^63s^23p^63d^64s^2$
Zn：$1s^22s^22p^63s^23p^63d^{10}4s^2$

【过渡】在练习的过程中，我们发现根据构造原理写出铁原子、锌原子的核外电子排布式与答案不一样。那同学们写出的是不是下面的这种形式。

【投影】
Fe：$1s^22s^22p^63s^23p^64s^23d^6$
Zn：$1s^22s^22p^63s^23p^64s^23d^{10}$

【讲述】因为4s能级和3d能级发生了能级交错现象，所以同学们写出的铁原子和锌原子的核外电子排布与答案略有差异。可见，书写简单原子的电子排布式时是按照构造原理将电子依次填充到能量逐渐升高的能级中，但在书写含有复杂电子的原子电子排布式时先按构造原理从低到高排列，然后将同能层的能级移到一起。

【板书】见板书。

【讲述】在书写原子核外电子排布式时，我们也可以简化书写原子核外电子排布式，如钾原子核外电子排布式为$1s^22s^22p^63s^23p^64s^1$，其简化电子排布式可表示为：[Ar]$4s^1$，其中 [Ar] 代表Ar的核外电子排布式，即$1s^22s^22p^63s^23p^6$。我们也可将Fe的简化电子排布式表示为 [Ar]$3d^64s^2$。即将内层电子达到稀有气体结构部分用该稀有气体的元素符号外加方括号来表示，剩余未达到稀有气体结构部分为外围电子，即该原子的价电子。

【板书】见板书。

【过渡】请同学们查元素周期表中铜、银、金外围电子排布，写出它们的简化电子排布式，思考它们是否符合构造原理，你从中总结出什么规律？

【投影】
Cu：[Ar]$3d^{10}4s^1$
Ag：[Kr]$4d^{10}5s^1$
Au：[Xe]$4f^{14}5d^{10}6s^1$

【讲述】以Cu原子为例，根据构造原理先排4s再排3d，理论上应为$3d^94s^2$，但实际上采取了3d填充10个电子，达到全充满，4s填充1个电子，达到半充满的状态。这是因为当p、d、f能级处于全空、全充满或半充满状态时，能量相对较低，原子结构较稳定。

【讲述】在不同的能级中，相对稳定的状态有：全充满：p^6，d^{10}，f^{14}；全空：p^0，d^0，f^0；半充满：p^3，d^5，f^7。

【板书】见板书。

【练习】写出${}_{17}Cl$(氯)、${}_{21}Sc$(钪)、${}_{35}Br$(溴) 的核外电子排布式。

【讲述】元素周期表中原子下方所对应的是简单原子、复杂原子以及特殊原子的价电子排布式，在书写过程中要注意“价电子排布”和“核外电子排布的区别”。

【讲述】同样，根据原子得失电子情况，我们也可以写出离子的核外电子排布式，根据离子的电子排布式能判断该原子变成离子时会得到或失去的电子数。请同学们注意原子失去电子时，总是从能量高的能层失去电子，即失去电子的顺序是由外向里。

【讲述】一般来说，主族元素只失去它们的最外层电子，而副族和第Ⅷ族元素可能会进一步向里失去内层电子。原子得到电子而形成阴离子，则得到的电子填充在最外一个能层的某一个能级上。原子得失电子的实质是为了达到稳定结构，所以在书写电子排布式时要注意电子排布达到全充满、半充满、全空是相对稳定的状态。

【投影】 Fe^{2+}：[Ar]$3d^6$　　Fe^{3+}：[Ar]$3d^5$

【提问】 根据 Fe^{3+} 和 Fe^{2+} 的核外电子排布式，请同学们思考比较稳定的是哪一种离子？

【讲述】 通过观察，我们不难发现由于 Fe^{3+} 核外电子排布式为 [Ar]$3d^5$，价电子层半充满是相对稳定的状态，而 Fe^{2+} 核外电子排布式为 [Ar]$3d^6$，价电子层未达到相对稳定状态，所以三价铁离子比二价铁离子稳定。

环节三：归纳总结

【总结】 本节课我们主要学习了构造原理与电子排布式，知道了构造原理中电子排布顺序的实质是各能级的能量高低顺序。在相同能层的不同能级的能量高低顺序为 $ns < np < nd < nf$；英文字母相同的不同能级的能量高低顺序 $1s < 2s < 3s < 4s$、$2p < 3p < 4p$、$3d < 4d$；不同能层、不同能级的能量高低顺序可由公式 $ns < (n-2)f < (n-1)d < np$（$n$ 为能层序数）得出。另外根据构造原理，我们学习了与原子核外电子排布相关的知识，其中要注意的是“价电子排布”和“核外电子排布”的区别、原子核外电子排布与离子核外电子排布的区别。

七、板书设计

1.1.2　构造原理　核外电子排布式

一、构造原理

（一）构造原理：绝大多数基态原子核外电子排布的能级顺序都遵循下列顺序：1s 2s 2p 3s 3p 4s 3d 4p 5s 4d 5p 6s 4f 5d 6p 7s…

（二）能级交错现象（从第 3 能层开始）：指电子层数较大的某些轨道的能量反低于电子层数较小的某些轨道能量的现象。电子先填最外层的 ns，后填次外层的 $(n-1)d$，甚至填入倒数第三层的 $(n-2)f$ 的规律叫做“能级交错”现象

（三）各能级的能量高低顺序

1. 相同能层的不同能级的能量高低顺序：$ns < np < nd < nf$
2. 英文字母相同的不同能级的能量高低顺序：$1s < 2s < 3s < 4s$；$2p < 3p < 4p$；$3d < 4d$
3. 不同能层、不同能级的能量高低顺序：$ns < (n-2)f < (n-1)d < np$（$n$ 为能层序数）

二、核外电子排布式

（一）将能级上所容纳的电子数标在该能级符号的右上角，并按照能层从左到右的顺序排列的式子，称为电子排布式

（二）原子的电子排布式

1. 简单原子的电子排布式：按照构造原理将电子依次填充到能量逐渐升高的能级中
2. 复杂电子的电子排布式：先按构造原理将电子依次填充到能量逐渐升高的能级中，然后将同能层的能级移到一起
3. 简化电子排布式：[稀有气体元素符号] + 外围电子（价电子、最外层电子）
4. 特殊原子：当 p、d、f 能级处于全空、全充满或半充满状态时，能量相对较低，原子结构较稳定

第3课时　原子的基态与激发态
电子云与原子轨道

一、教材分析

本节课选自人教版高中《化学（选修3）》第一章“原子的结构与性质”第一节“原子结构”。依据课程标准“用原子轨道和电子云模型描述电子的运动状态，了解核外电子能量不同，在一定条件下可以发生电子激发和跃迁”的要求，本节课安排了“电子云与原子轨道、基态与激发态、光谱”等教学内容。

为了使学生从微观角度了解电子的量子化运动特征，教科书在构造原理和电子排布式的基础上，进一步引出能量最低原理、原子基态和激发态的概念及电子跃迁的有关知识，并联系生活实例以加深对原子基态与激发态相互转化的理解，从而对光谱及光谱分析有了一定认识。通过对原子核外电子的运动状态和宏观物体运动进行对比，进一步得出不能用描述宏观物体运动的方法来描述微观粒子运动的结论，进而利用电脑动画演示分析电子云的形成和原子轨道的概念，以激发学生学习兴趣。

本节内容在教科书中起着承上启下的作用，其中“承上”是指本节内容是对本节第1课时“能级所含原子轨道数”有关知识的解释，也是对第2课时“构造原理，电子排布式”相关知识的延伸，使前面结论性的知识有了理论依据；“启下”是指本节电子云和原子轨道的知识为第二章“共价键”的学习打下了基础。

二、学情分析

从知识储备方面来说，学生初步掌握了核外电子排布的规律，了解了核外电子的能量状态，但是没有从本质上学习到电子的运动状态。本节课对前面直接给出的知识加以理论解释，并通过实例、动画辅助学生理解原子轨道和电子云知识。从能力方面来说，大部分学生已经具备动手、推理和空间想象能力，但缺乏一定的知识迁移能力，部分学生对构造原理，能量最低原理以及原子轨道的理解比较困难。在教学中应以生活实例、动画演示引发学生深入思考，促进学生对核外电子运动状态的认识。

三、教学目标

核心知识	（1）了解原子核外电子的运动规律，了解电子云的概念。 （2）知道原子轨道及每个能级中的轨道分布情况和最多容纳电子数
核心能力	通过亲自动手制作原子轨道形成模型和观看动画演示，进一步认识核外电子的运动特征，提高空间思维能力
核心品质	通过用电子云描述电子空间运动的状态，能从原子、分子水平分析常见物质及其反应的微观特征，能分析物质化学变化与物质微观结构之间的关系

四、教学重点和难点

（1）教学重点：能量最低原理、基态、激发态、原子轨道。

（2）教学难点：电子云与原子轨道。

五、知识框架

原子的基态与激发态、电子云与原子轨道

- 能量最低原理：原子的电子排布遵循构造原理能使整个原子的能量处于最低状态
- 基态与激发态
  - 基态原子：处于最低能量的原子叫做基态原子
  - 激发态原子：当基态原子的电子吸收能量后，电子会跃迁到较高能级，变成激发态原子
  - 基态、激发态相互转化的能量变化：原子——处于较高能量——激发态原子；处于最低能量——基态原子；释放能量↓ ↑吸收能量
- 光谱
  - 定义：不同元素的原子发生跃迁时会吸收或释放不同的光，可以用光谱仪摄取各种元素的电子的吸收光谱或发射光谱，总称原子光谱
  - 分类
    - 发射光谱
    - 吸收光谱
- 电子云
  - 电子云
    - 定义：电子云是处于一定空间运动状态的电子在原子核外空间的概率密度分布的形象化描述
    - 意义：用单位体积内小黑点的疏密程度表示电子在原子核外出现的概率大小。小黑点越密，表示概率密度越大
  - 电子云轮廓图
    - 定义：通常把电子出现概率为90%的空间圈出来，所得到的图形称为电子云轮廓图
    - s 电子云
      - 所有的 s 能级电子云都是球形的
      - 能层序数越大，电子云的半径越大
      - s 能级只有 1 个伸展方向
    - p 电子云
      - p 能级电子云是哑铃形
      - p 能级电子云平均半径也随能层序数增大而增大
      - 每个 p 能级有 3 个伸展方向，它们互相垂直，分别为 p_x、p_y、p_z
- 原子轨道
  - 定义：量子力学把电子在原子核外的一个空间运动状态称为一个原子轨道
  - 各能级所含原子轨道数目：

能级符号	*n*s	*n*p	*n*d	*n*f
轨道数目	1	3	5	7
电子云形状	球形	哑铃形	—	—

六、教学过程

环节一：导入新课

【导入】上节课我们学习了构造原理，根据构造原理学习了与原子核外电子排布相关的知识，学会运用核外电子排布式表示原子核外电子的排布，并且对原子核外电子排

布式、离子核外电子排布式和价电子排布式进行了概念辨析。本节课我们继续学习与原子结构相关的知识。

【板书】见板书。

环节二：展开新课

1. 能量最低原理、基态、激发态与光谱

【讲述】自然界一个普遍的规律是“能量越低越稳定”，原子中的电子排布也是如此。在不违反其他规则的条件下，电子优先排布在能量较低的能层、能级，使整个原子体系的能量处于最低，这样的状态使得原子最稳定。

【讲述】通过上节课的学习我们知道原子核外电子遵循构造原理排布时，原子的能量处于最低状态。我们将原子核外的电子按照构造原理进行排布，从而能使整个原子的能量处于最低状态的原理简称为“能量最低原理”。

【板书】见板书。

【讲述】自然界一切变化进行的方向都是使能量降低的方向，因为能量较低的状态比较稳定，此谓能量最低原理。如常温下水蒸气易变成液态水。当整个原子的能量处于最低状态时，原子也最稳定，此状态的原子我们称为基态原子。

【板书】见板书。

【讲述】基态原子核外电子排布完全遵循构造原理，但当基态原子的电子吸收能量后，电子会跃迁到较高能级，此状态不再稳定，处于此状态的原子我们称其为激发态原子。

【板书】见板书。

【提问】请同学们思考节日五颜六色的焰火是否是化学变化？若不是化学变化，与电子存在什么关系？

【讲述】节日五颜六色的焰火是由焰色反应而产生的，各种金属元素的焰色反应是由对应的各种金属元素种类决定的。钙、锶、钡以及碱金属的挥发性化合物在高温火焰中，吸收了能量，使原子外层的电子从低能量状态激发到了高能量状态，处于高能量状态的电子是十分不稳定的，在极短的时间内（8~10s）便跃迁到基态或较低的能级上，并在跃迁过程中将能量以一定波长的光能形式释放出来。

【讲述】由于各种元素的能级是被限定的，因此在向基态跃迁时释放的能量也就不同。碱金属及碱土金属常见激发态与基态的能级差正好对应于可见光范围，于是我们就看到了各种色彩。

【讲述】由此可见，节日五颜六色的焰火只是由于电子的跃迁造成的一种物理现象，并不是化学变化。处于最低能量的基态原子中的电子跃迁到处于较高能级时要吸收能量，即由基态原子到激发态原子要吸收能量，激发态原子不稳定，易释放能量变为基态原子，其中释放的能量以一定波长的光能形式释放出来。如激光的产生就与电子跃迁有关。

【投影】激光示意图

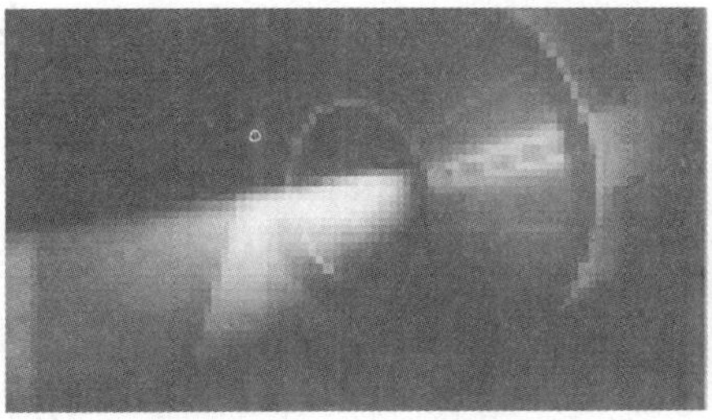

【讲述】不同元素的原子发生跃迁时会吸收或释放不同的光，可以用光谱仪摄取各种元素的电子的吸收光谱或发射光谱，总称原子光谱，可分为发射光谱和吸收光谱两大类。

【板书】见板书。

【投影】发射光谱和吸收光谱示意图

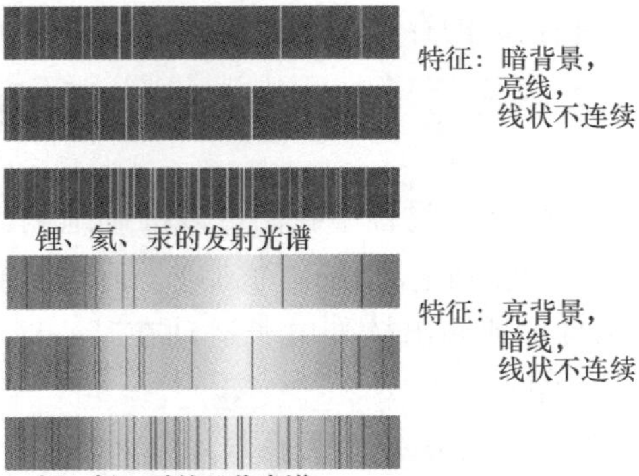

锂、氦、汞的发射光谱

锂、氦、汞的吸收光谱

【讲述】发射光谱是指原子或分子中处于高能级的电子在向较低能级跃迁时产生辐射，将多余的能量发射出去形成的光谱。大量处于激发态的电子会发出各不相同的谱线组成了光谱的全部谱线，由于产生的情况不同，发射光谱又可分为连续光谱和明线光谱。

【讲述】处于基态和低激发态的原子或分子吸收具有连续分布的某些波长的光而跃迁到高激发态，形成了按波长排列的暗线或暗带组成的吸收光谱。

【讲述】线状光谱是指具有特定波长、彼此分离的谱线所组成的光谱。连续光谱是指由各种波长的光所组成，且相近的波长差别极小而不能分辨的光谱，如阳光形成的光谱。

【投影】光谱仪示意图

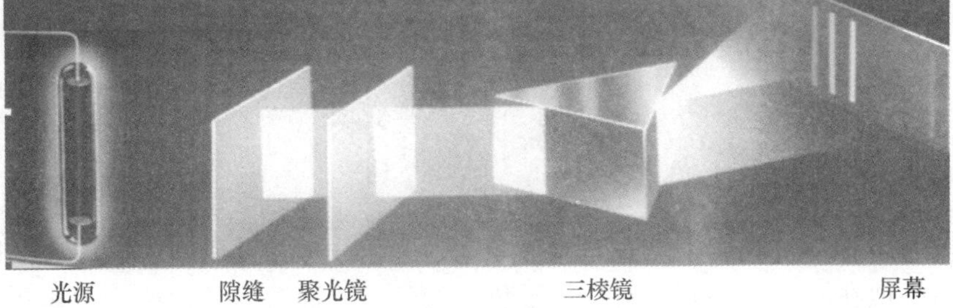

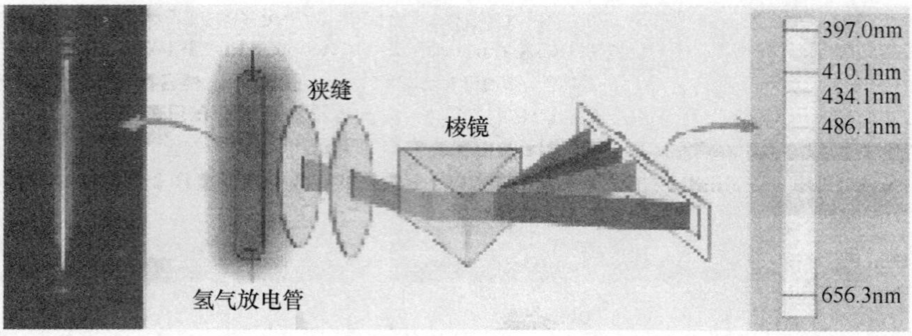

【讲述】各元素的光谱是不同的，就像是元素的“指纹”，可以用来鉴别元素。通过光谱仪可以分析鉴定元素，甚至可以根据光谱发现新的元素。通过原子光谱发现了许多元素如铯（1860 年）和铷（1861 年），其光谱中有特征的蓝光和红光。又如 1868 年科学家们通过太阳光谱的分析发现了稀有气体元素氦。化学研究中利用光谱分析可检测一些物质的存在与含量等。

【板书】见板书。

2. 电子云与原子轨道

【过渡】我们知道，宏观物体运动过程中我们可以准确地测出它们在某一时刻所处的位置及运行的速度，可以描画它们的运动轨迹。请同学们思考原子核外电子是如何运动的？我们可以准确地测出核外电子运动在某一时刻所处的位置及运行的速度，并描述它们的运动轨迹吗？

【讲述】20 世纪初，丹麦科学家玻尔把原子类比为太阳系，提出了原子的行星模型。认为核外电子像行星绕太阳那样绕原子核运动。1922 年玻尔因此获得诺贝尔物理学奖。然而，在后来的十年间，玻尔建立的行星模型被量子力学原子结构理论替代。

【讲述】这一替代说明电子在核外空间运动，不能用宏观的牛顿运动定律来描述，电子是微观粒子，其质量非常小，一个电子的质量仅为 9.1×10^{-31}kg，运行速度极快，运动区域较小，所以电子的运动有着与宏观物体不同的规律。

【讲述】电子运动不能用牛顿运动定律来描述，只能用统计的观点来描述。我们不可能像描述宏观物体运动那样，确定一定状态的核外电子在某个时刻处于原子核外空间的具体位置，而只能确定它在原子核外各处出现的概率。

【投影】“电子云”示意图

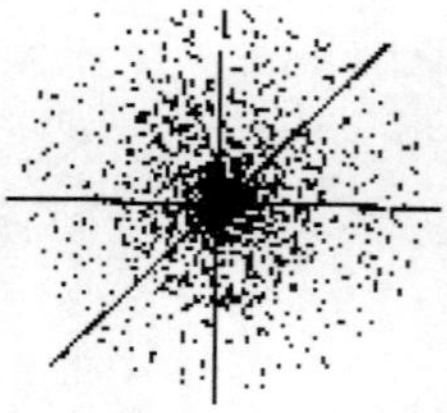

【讲述】通过观察，我们不难发现电子在原子核外一定空间范围内出现的概率密度分布，好似在原子核外笼罩着一团带负电的云雾，而被形象地称为“电子云”。

【板书】见板书。

【提问】图中的每个小黑点是表示一个电子吗？

【讲述】实际上，电子云轮廓图中的每个小黑点不是表示一个电子，电子云描述的是电子在原子核外空间的概率密度分布，则小黑点是电子在原子核外出现的概率密度的形象描述，小黑点的疏密表示电子出现的概率密度的大小。

【板书】见板书。

【投影】电子云轮廓图

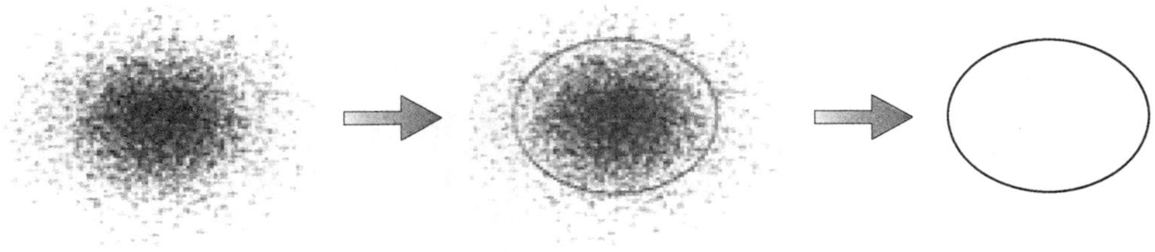

【讲述】由于电子云图难以绘制，所以通常把电子出现概率为 90%的空间圈出来，所得到的图形称为电子云轮廓图。电子云轮廓图是对核外电子的空间运动状态的一个形象化的简便描述。

【板书】见板书。

【投影】s 能级的电子云轮廓图

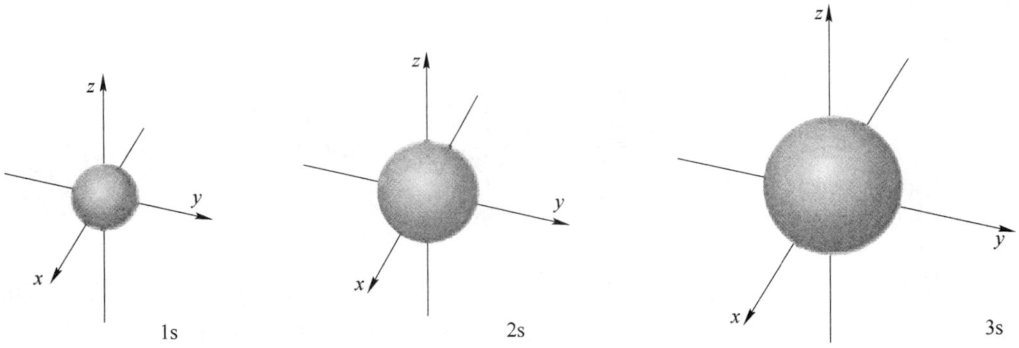

【讲述】投影中所示分别为 1s、2s、3s 能级电子云，通过观察，我们不难发现 s 能级电子云都是球形的，其他 s 能级也是如此。同一原子的能级越高，电子的能量越高，电子在离核更远的区域出现的概率逐渐增大，电子云越来越向更大的空间扩展，所以 1s、2s、3s、4s…的电子云半径逐渐增大。就像神舟五号必须依靠推动力（提供能量）才能克服地球引力上天，2s 能级上的电子比 1s 能级上的电子能量高，克服原子核的吸引在离核更远的空间出现的概率就比 1s 大，因而 2s 电子云必然比 1s 电子云更扩散。由于 s 能级是球形的，所以 s 能层只有 1 个伸展方向。

【板书】见板书。

【投影】p 能级的电子云轮廓图

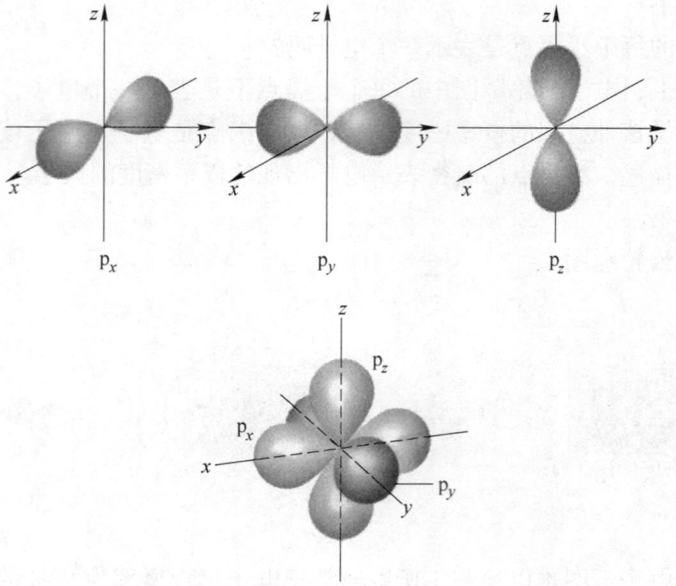

【讲述】通过观察，我们不难发现 p 能级电子云是哑铃状的，同一能级的 p 电子云在三维空间伸展方向不同，共有 3 个伸展方向，且相互垂直，以 p_x、p_y、p_z表示。同 s 能级电子云一样，p 能级电子云平均半径也随能层序数增大而增大。

【板书】见板书。

【投影】d 能级电子云轮廓图

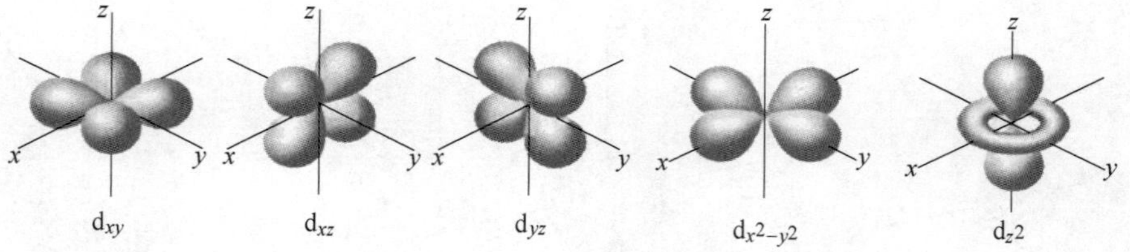

【讲述】投影所示为 d 能级电子云轮廓图，d 能级电子云是花瓣状的，同一能级的 d 电子云在三维空间伸展方向不同，共有 5 个伸展方向，且相互垂直，以 d_{xy}、d_{yz}、d_{xz}、$d_{x^2-y^2}$、d_{z^2}表示。d 能级电子云平均半径也随能层序数增大而增大。

【板书】见板书。

【讲述】在量子力学中，将描述电子在原子核外空间运动的主要区域称为原子轨道。这里所说的原子轨道与宏观物体的运动轨迹不同，它是量子力学描述电子在原子核外空间运动的一个状态。根据原子在不同能级的空间运动状态，将其分为不同的原子轨道。

【讲述】量子力学中规定 s 能级有 1 个轨道，p 能级有 3 个轨道，d 能级有 5 个轨道，f 能级有 7 个轨道。

【板书】见板书。

【讲述】通过前面的学习，我们不难发现，同一能层，不同能级的原子轨道形状不同，数目不同；不同能层，同种能级的原子轨道形状相同，半径不同，能量不同。如 K

层对应 1s 能级，只有一个 1s 原子轨道，原子轨道数为 1，电子云轮廓图呈球形；L 层对应 2s、2p 两个能级，有 2s、$2p_x$、$2p_y$、$2p_z$ 4 个轨道，其中 2s 能级原子轨道呈球形，2p 能级原子轨道呈哑铃形，$2p_x$、$2p_y$、$2p_z$轨道电子云间相互垂直。

【投影】不同能层所对应的能级和原子轨道

能层	能级	原子轨道数	原子轨道名称	电子云轮廓图	
				形状	取向
K	1s	1	1s	球形	—
L	2s	1	2s	球形	—
	2p	3	$2p_x$、$2p_y$、$2p_z$	哑铃形	相互垂直
M	3s	1	3s	球形	—
	3p	3	$3p_x$、$3p_y$、$3p_z$	哑铃形	相互垂直
	3d	5	…	…	…

环节三：归纳总结

【总结】本节课我们学习了与基态、激发态及原子轨道相关的知识，知道处于基态和激发态原子的核外电子能量不同，不同元素的原子发生跃迁时会吸收或释放不同的光，用光谱仪摄取各种元素的电子的吸收光谱或发射光谱，得到原子光谱；原子核外电子运动状态用原子轨道表述，根据不同原子轨道的电子云轮廓图的形状和取向，知道了 *n*s 能级各有 1 个轨道，*n*p 能级各有 3 个轨道，*n*d 能级各有 5 个轨道，*n*f 能级各有 7 个轨道。请同学们完成课本 12 页相关习题并预习下节课“原子核外电子排布规则”的有关内容。

七、板书设计

1.1.3　原子的基态与激发态、电子云与原子轨道

一、能量最低原理、基态、激发态与光谱

（一）能量最低原理：原子的电子排布遵循构造原理能使整个原子的能量处于最低状态，简称能量最低原理

（二）基态与激发态

1. 基态原子：处于最低能量的原子叫做基态原子
2. 激发态原子：当基态原子的电子吸收能量后，电子会跃迁到较高能级，变成激发态原子
3. 基态、激发态相互间转化的能量变化

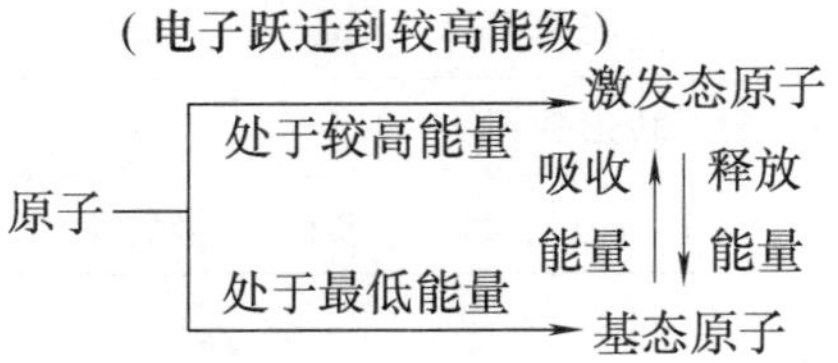

（三）光谱

1. 定义：不同元素的原子发生跃迁时会吸收或释放不同的光，可以用光谱仪摄取各种元素的电子的吸收光谱或发射光谱，总称原子光谱

2. 分类

（1）发射光谱

（2）吸收光谱

3. 光谱分析

（1）定义：利用原子光谱线上的特征谱线来鉴定元素

（2）应用：根据光谱发现新的元素

二、电子云和原子轨道

（一）电子云

1. 电子运动的特点

（1）质量极小

（2）运动空间极小

（3）极高速运动

2. 定义：电子云是处于一定空间运动状态的电子在原子核外空间的概率密度分布的形象化描述

3. 意义：用单位体积内小黑点的疏密程度表示电子在原子核外出现的概率大小。小黑点越密，表示概率密度越大

（二）电子云轮廓图

通常把电子出现概率为90%的空间圈出来，所得到的图形称为电子云轮廓图

1. s 能级电子云

（1）所有的 s 能级电子云都是球形的

（2）能层序数越大，电子云的半径越大

（3）s 能级只有 1 个伸展方向

2. p 能级电子云

（1）p 能级电子云是哑铃形

（2）每个 p 能级有 3 个伸展方向，它们互相垂直，分别为 p_x、p_y、p_z

（3）p 能级电子云平均半径也随能层序数增大而增大

3. d 能级电子云

（1）d 的电子云是花瓣形

（2）每个 d 能级有 5 个伸展方向

（3）d 能级电子云平均半径也随能层序数增大而增大

（三）原子轨道

1. 定义：量子力学把电子在原子核外的一个空间运动状态称为一个原子轨道

2. 各能级所含原子轨道数目

能级符号	ns	np	nd	nf
轨道数目	1	3	5	7
电子云形状	球形	哑铃形	—	—

3. 不同能层所对应的能级和原子轨道

能层	能级	原子轨道数	原子轨道名称	电子云轮廓图	
				形状	取向
K	1s	1	1s	球形	—
L	2s	1	2s	球形	—
	2p	3	$2p_x$、$2p_y$、$2p_z$	哑铃形	相互垂直
M	3s	1	3s	球形	—
	3p	3	$3p_x$、$3p_y$、$3p_z$	哑铃形	相互垂直
	3d	5	…	…	…

第 4 课时　原子核外电子排布

一、教材分析

本节课选自人教版高中《化学（选修 3）》第一章“原子的结构与性质”第一节“原子结构”。依据课程标准“认识基态原子中核外电子的排布遵循能量最低原理，泡利原理和洪特规则，知道 1~36 号元素的核外电子排布式和排布图”的要求，本节课安排了“核外电子排布遵循规则、核外电子排布的各种表示方法及洪特规则的特例”等教学内容。

为方便学生系统了解核外电子排布遵循的规则及各种表示方法，教科书首先在第 2 课时构造原理、电子排布式以及第 3 课时能量最低原理、原子轨道等内容的基础上，进一步引出泡利不相容原理和洪特规则等有关知识，并在核外电子排布式和原子结构示意图的基础上进一步提出核外电子轨道排布式即核外电子排布图的表示方法。然后通过应用能量最低原理、泡利原理和洪特规则书写 24 号元素 Cr 和 29 号元素 Cu 的原子核外电子排布图，并要求学生思考这两个原子的电子排布式与根据构造原理写出的电子排布式不一致的原因，进而引出洪特规则特例的有关知识。

通过本节课的学习，学生全方位系统地了解核外电子排布规则，系统总结核外电子排布的各种表示方法，是对原子结构内容的完善，既是前面所学知识的总结与延伸，又为后面元素性质的学习奠定基础。

二、学情分析

在知识储备方面，通过前面的学习，学生初步掌握了核外电子排布的规律，但只是从核外电子的多少、能层能级以及构造原理的角度理解电子排布，同时对于核外电子排布的表示方法还只是单一、零散的认识。本节课对前面所学的知识加以概括总结及延伸拓展，强化了学生对电子排布遵循规律的理解，加深结构决定性质的认识。从能力方面来说，高二的学生已经具备概括总结、知识迁移能力，因此本节课的学习就比较容易。

三、教学目标

核心知识	（1）了解原子核外电子的运动规律，以及原子核外电子排布的各种表示方式。 （2）掌握原子核外电子排布的表示方式。 （3）掌握泡利原理和洪特规则
核心能力	（1）通过学习泡利原理和洪特规则，学会复习延伸和归纳总结的学习方法。 （2）通过核外电子排布的普遍原则和特例，探究理解泡利原理和洪特规则
核心品质	通过学习原子核外电子排布遵循的原则以及原子核外电子排布的各种表示方式，对原子结构形成系统的认识，能运用核外电子排布式和核外电子排布图概括总结、知识迁移、延伸拓展不同原子的核外电子排布特点，增强学习化学的兴趣

四、教学重点和难点

（1）教学重点：泡利原理和洪特规则。

（2）教学难点：泡利原理和洪特规则。

五、知识框架

- 原子核外电子排布
  - 原子核外电子排布
    - 能量最低原理：原子核外的电子总是优先排布在能量最低的能级里，然后由里到外，依次排布在能量逐渐升高的能级里
    - 泡利原理
      - 定义：在一个原子轨道里，最多只能容纳 2 个电子，而且它们的自旋状态相反，这一原理被称为泡利原理
      - 能层、能级、原子轨道和自旋状态四个因素决定着一个电子的运动状态，而与电子能量有关的因素是能层与能级
      - 在同一个原子中，不可能存在运动状态完全相同的两个电子
    - 洪特规则
      - 定义：在相同能量的原子轨道上，电子的排布将尽可能占据不同的轨道，而且自旋方向相同，这就是洪特规则
      - 通俗地说，洪特规则可以表述为电子总是尽量自旋平行地分占不同的轨道
      - 洪特规则的特例（相对稳定的状态）
        - 全充满：p^6、d^{10}、f^{14}
        - 半充满：p^3、d^5、f^7
        - 全空：p^0、d^0、f^0
  - 原子核外电子排布的表示方法
    - 原子结构示意图
    - 核外电子排布式：将每一个原子轨道用一个方框表示，在方框内标明基态原子核外电子分布的式子称为核外电子排布式
    - 电子排布图的书写

六、教学过程

环节一：导入新课

【导入】 在前面几节课中我们已经学习了原子结构的部分知识，知道原子核外电子排布要遵循能量最低原理，那么除了遵循能量最低原理，原子核外电子排布还要遵循其他规则吗？除了用原子结构示意图、核外电子排布式表示原子核外电子排布，还可以用其他方法表示吗？本节课就让我们一起来学习与“原子核外电子排布”相关的知识。

【板书】 见板书。

环节二：展开新课

1. 原子核外电子排布规则

【讲述】 原子核外电子排布时总是尽先占据能量较低的轨道，然后再依次进入能量较高的轨道，这样能够使整个原子处于最低的能量状态，原子轨道能量的高低需依据构造原理来判断。

【讲述】 在多电子原子中，各能级的能量高低次序为 $1s < 2s < 2p < 3s < 3p < 4s < 3d < 4p < 5s < 4d < 5p < 6s < 4f < 5d < 6p$…以保证整个原子体系的能量处于最低状态，整个原子体系最稳定，在原子核外电子排布时首先就要遵循能量最低原理，这也是原子核外电子排布的规则。

【投影】“构造原理”示意图

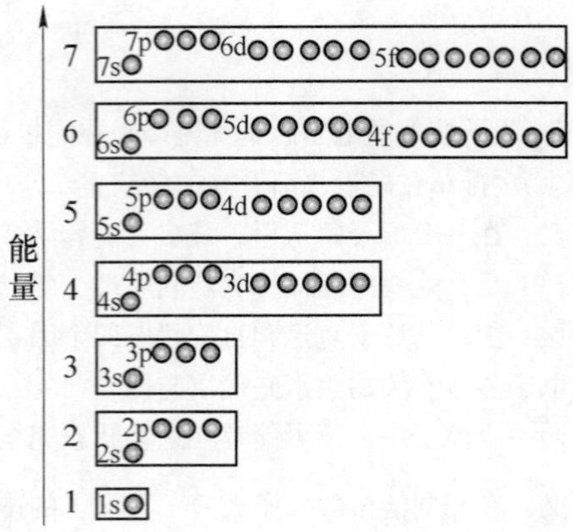

【提问】请同学们思考 s、p、d、f 能级最多容纳的电子数是多少？

【讲述】通过前面的学习，我们知道 s 能级最多容纳 2 个电子，p 能级最多容纳 6 个电子，d 能级最多容纳 10 个电子，f 能级最多容纳 14 个电子。

【讲述】我们也知道 s 能级有 1 个原子轨道，p 能级有 3 个原子轨道，d 能级有 5 个原子轨道，f 能级有 7 个原子轨道。

【提问】请同学们思考平均每个原子轨道最多能容纳几个电子？

【讲述】根据规律，我们很容易得出原子每个轨道里最多能容纳 2 个电子，这样才能确保 1 个 s 轨道最多容纳两个电子，3 个 p 轨道最多容纳 6 个电子，5 个 d 轨道最多容纳 10 个电子，7 个 f 能级最多容纳 14 个电子。我们把同一原子轨道的一对电子通常称为电子对。

【讲述】量子力学告诉我们，电子除了空间运动状态外，还有一种状态叫作自旋。电子自旋可比喻成地球的自转，电子的自旋有顺时针和逆时针两种相反的状态，常用上下箭头“↓”“↑”表示。

【讲述】在一个原子轨道里，最多只能容纳 2 个电子，而且它们的自旋状态相反，这个原理由泡利首先提出，称为泡利原理，是原子核外电子排布的第二条规则。

【板书】见板书。

【讲述】因为每个原子轨道最多只能容纳 2 个电子且自旋方向相反，所以从能层、能级、原子轨道、自旋方向四个方面来说明电子的运动状态是不可能有两个完全相同的电子的。如氟原子的电子排布式可表示为 $1s^2 2s^2 2p_x^2 2p_y^2 2p_z^1$，由于各原子轨道中的电子自旋方向相反，所以 9 个电子的运动状态互不相同。

【讲述】也就是说能层、能级、原子轨道和自旋状态四个因素决定着一个电子的运动状态，而与电子能量有关的因素是能层与能级。换句话说，只要是处于同一能级中的电子，其能量就是相同的。

【思考】推理各电子层的轨道数和容纳的电子数。

【讲述】对于基态原子来说，在能量相等的轨道上，自旋平行的电子数目最多时，原子的能量最低。所以在能量相等的轨道上，电子尽可能自旋平行地分占不同的轨道。例如碳原子核外有 6 个电子，根据能量最低原理和泡利原理，首先有 2 个电子排布到第一能层的1s轨道中，另外2个电子填入第二能层的2s轨道中，剩余2个电子排布在2个2p轨道上，具有相同的自旋方向，而不是2个电子集中在一个p轨道，自旋方向相反。

【讲述】 我们把电子排布在同一能级的不同轨道时，总是优先单独占据一个轨道，而且自旋方向相同，这一规则称为洪特规则。通俗地说，洪特规则可以表述为电子总是尽量自旋平行地分占不同的轨道。

【板书】 见板书。

【练习】 写出P原子的核外电子排布式。

【讲述】 根据洪特规则，当电子排布在同一能级的不同轨道时，总是优先单独占据一个轨道，而且自旋方向相同，P原子的核外电子排布式为$1s^22s^22p^63s^23p_x^13p_y^13p_z^1$，若写成$1s^22s^22p^63s^23p_x^23p_y^1$，就违背了洪特规则。

【提问】 请同学们写出24号、29号元素的电子排布式和价电子排布式，阅读周期表，比较有什么不同，为什么？从元素周期表中查出铜、银、金的价电子层排布式，它们是否符合构造原理？

【讲述】 以铜原子为例，按照构造原理，电子填充的顺序为$1s^22s^22p^63s^23p^64s^23d^9$，因为$3d^{10}$为全满的相对稳定结构，因此需要将4s能级中的一个电子调整到3d能级，得到$1s^22s^22p^63s^23p^64s^13d^{10}$，再将同一能层的电子排列在一起，即Cu原子的核外电子排布式为$1s^22s^22p^63s^23p^63d^{10}4s^1$。

【讲述】 这是洪特规则的特例，即在等价轨道（同一能级）上的电子排布处于全充满、半充满和全空状态时，具有较低能量和较大稳定性。

【板书】 见板书。

【讲述】 前四周期具有此特点的元素是铬和铜，$_{24}Cr$的电子排布式为$1s^22s^22p^63s^23p^63d^54s^1$，为半充满状态，易错写为$1s^22s^22p^63s^23p^63d^44s^2$。

【讲述】 核外电子排布遵循泡利原理、能量最低原理和洪特规则。能量最低原理就是在不违背泡利原理的前提下，核外电子总是优先占据能量最低的轨道，只有当能量最低的轨道占满后，电子才依次进入能量较高的轨道，也就是尽可能使体系能量最低。

【讲述】 洪特规则是在等价轨道（相同能层、能级上的各个轨道）上排布的电子将尽可能分占不同的轨道，且自旋方向相同。后来量子力学证明，电子这样排布可使能量最低，所以洪特规则可以包括在能量最低原理中，作为能量最低原理的一个补充。

2. 原子核外电子排布的表示方法

【过渡】 原子核外电子排布需要遵循能量最低原理、泡利原理、洪特规则，请同学们回顾前面所学知识，思考原子核外电子排布的表示方法有几种？我们能否用原子轨道表示原子核外电子的排布？

【讲述】 在表示原子核外电子排布时我们可以采用图示的形式表达原子核电荷数和电子层排布，即用原子结构示意图表示原子核外电子排布；也可以将能级上所容纳的电子数标在该能级符号的右上角，并按照能层从左到右的顺序排列的式子，即电子排布式进行表示。

【板书】见板书。

【讲述】量子力学把电子在原子核外的一个空间运动状态称为一个原子轨道，原子每个轨道里最多能容纳 2 个电子，通常称为电子对，这些电子通常可以用方向相反的箭头“↑↓”来表示。用□或○代表一个原子轨道，可用箭头表示一个电子，这样的式子称为轨道表达式或电子排布图。也就是说除了原子结构示意图和电子排布式，我们也可以用核外电子排布图表示。

【板书】见板书。

【投影】

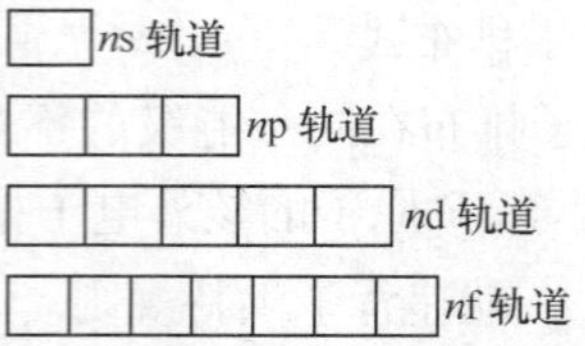

【讲述】s 电子的原子轨道为球形对称，s 能级只有一个原子轨道，可表示为□；p 电子的原子轨道是哑铃状的，在空间中有 x、y、z 三个伸展方向，所以 p 能级有 p_x、p_y、和 p_z 三个原子轨道，可表示为□□□；d 能级有五个原子轨道，可表示为□□□□□；f 能级有七个原子轨道，可表示为□□□□□□□。

【讲述】原子轨道自左向右的排列顺序与电子排布式相同，同一能层的轨道放在一起。为清楚起见，要求在各种原子轨道的上方标出相应的能级符号。例如，基态铝原子核外电子在各能级中填充的顺序、电子个数及电子的自旋状态如下所示。

【副板书】

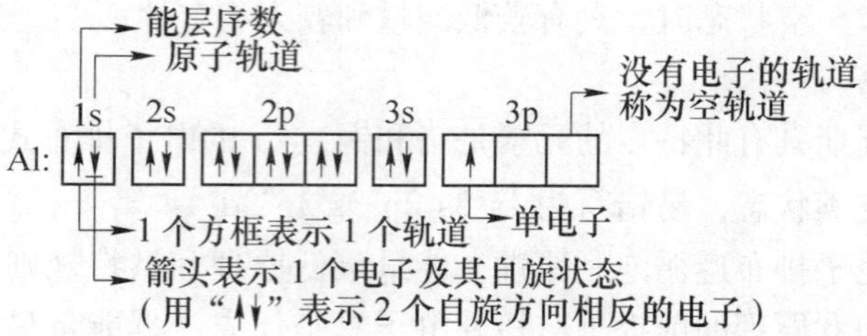

【讲述】在画电子排布图时，依据的是核外电子排布的规律，即遵循能量最低原理、泡利原理和洪特规则，并注意洪特规则的特例。

【讲述】例如，在书写铁原子的电子排布图时，保证在不违反洪特规则的前提下，即每一个铁原子优先单独占据一个轨道，而且自旋方向相同，后遵循泡利原理，一个原子轨道里，最多只能容纳 2 个电子，而且它们的自旋状态相反，整个铁原子要达到能量最低。能量最低原理表述的是“整个原子处于能量最低状态”，而不是说电子填充到能量最低的轨道中去，泡利原理和洪特规则都使“整个原子处于能量最低状态”。要注意，和电子排布式不同，电子排布图中原子轨道符号上不能标记电子数，所以，铁原子的基态原子电子排布图如下所示。

【副板书】

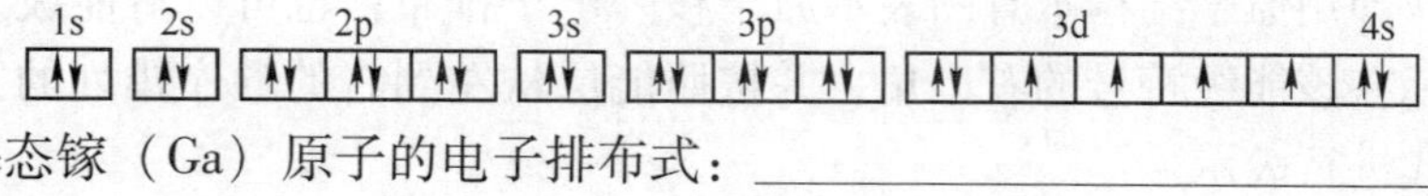

【练习】1. 基态镓（Ga）原子的电子排布式：____________________________。

2. Fe^{3+}的电子排布式为____________________。

3. 基态铜原子的核外电子排布式为____________________。

4. Ni^{2+}的 3d 能级电子排布图为____________________。

【讲述】电子排布式和电子排布图反映的是基态原子即处于最低能量状态的原子的电子排布情况，它们相互关联，可以进行相互转换。虽然电子排布是遵循构造原理的，但书写电子排布式时应按照能层的顺序书写。如铁原子的电子排布式是 $1s^22s^22p^63s^23p^63d^64s^2$，而不写作 $1s^22s^22p^63s^23p^64s^23d^6$。主族元素的最外层电子就是外围电子，又称价电子。过渡元素的外围电子一般包括最外层的 s 电子和次外层的 d 电子，有的还包括倒数第三层的 f 电子。简单离子是原子得失一定数目电子后的产物。在表达阴、阳离子的核外电子排布状况时，务必注意离子与原子之间的电子数目关系。

环节三：归纳总结

【总结】本节课我们在前三节课的基础上学习了原子核外电子排布的相关知识，知道原子核外电子排布需要遵循“两原理一规则”，即能量最低原理，泡利原理、洪特规则。知道原子核外电子排布有“原子结构示意图”“电子排布式”“电子排布图”三种表示方法，在书写“电子排布式”时也可以采用“简化电子排布式”。课下请同学们完成课本 12 页的第 5、6 题，并预习下节课“原子结构与元素性质”的有关内容。

七、板书设计

1.1.4　原子核外电子排布

一、原子核外电子排布规则

（一）能量最低原理

（二）泡利原理

1. 在一个原子轨道里，最多只能容纳 2 个电子，而且它们的自旋状态相反，这一原理被称为泡利原理
2. 能层、能级、原子轨道和自旋状态四个因素决定着一个电子的运动状态，而与电子能量有关的因素是能层与能级
3. 在同一个原子中，不可能存在运动状态完全相同的两个电子

（三）洪特规则

1. 定义：当电子排布在同一能级的不同轨道时，总是优先单独占据一个轨道，而且自旋方向相同，这个规则是洪特规则
2. 通俗地说，洪特规则可以表述为电子总是尽量自旋平行地分占不同的轨道
3. 洪特规则的特例

在等价轨道（同一能级）上的电子排布处于全充满、半充满和全空状态时，具有较低的能量和较强的稳定性

相对稳定的状态
- 全充满：p^6、d^{10}、f^{14}
- 全空：p^0、d^0、f^0
- 半充满：p^3、d^5、f^7

二、原子核外电子排布的表示方法

（一）原子结构示意图

（二）核外电子排布式

（三）电子排布图

1. 定义：将每一个原子轨道用一个方框表示，在方框内标明基态原子核外电子分布的式子称为电子排布图

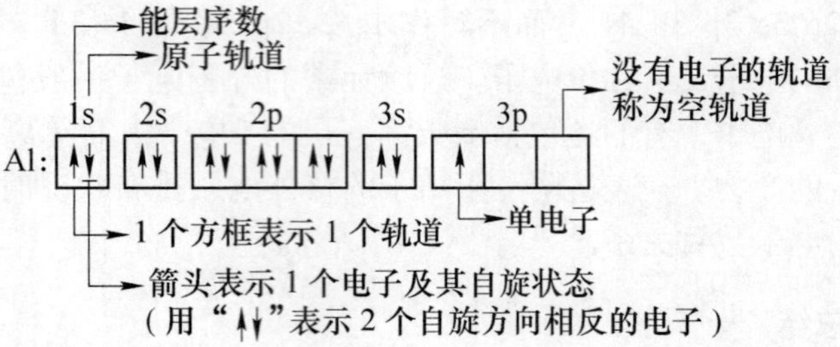

2. 电子排布图的书写

在书写电子排布图时，依据的是核外电子排布的规律，即遵循能量最低原理、泡利原理和洪特规则，并注意洪特规则的特例

第二节　原子结构与元素性质

第 1 课时　原子结构与元素周期表

一、教材分析

本节课选自人教版高中《化学（选修 3）》第一章“原子的结构与性质”第二节“原子结构与元素的性质”。依据课程标准“知道核外电子排布呈现周期性变化是导致元素性质变化的原因，掌握元素周期表分区、周期和族与元素原子核外电子排布特征”的要求，本节课安排了“元素的原子结构与元素周期表结构的关系、元素周期表的分区”等教学内容。

本节课内容以问题思考的方式复习了原子结构、元素周期律和元素周期表的相关知识，引导学生从元素原子核外电子排布特征的角度，进一步认识和理解原子结构与元素在周期表中位置、价态、元素性质等之间的关系以及外围电子排布和价电子层的含义。结合教科书中的“科学探究”栏目，能够促使学生分析并归纳元素周期表的分区原则、对应纵列序号以及元素的金属性和非金属性，以进一步探讨元素在周期表中的位置与原子结构的关系。

本节内容将上节课学习的原子核外电子排布特征与元素周期表结合在一起，探讨了“结构”“位置”“性质”之间的关系，为后面“原子半径、电离能、电负性”的学习打下了基础。

二、学情分析

从知识方面来说，学生已经在化学 2 中学习了元素周期表和元素周期律的相关知识，本节内容将引导学生进一步从电子排布特点探究原子结构与元素周期表的关系，原子的核外电子排布与元素在周期表中的位置、元素性质间的关系，因此学生很容易理解电子排布特征与元素周期表的关系，但是对元素周期表分区规律的认识仍有困难。从能力方面来说，高二的学生已经具备了分析、归纳总结、知识迁移的能力，为本节课的学习奠定了良好的基础。

三、教学目标

核心知识	（1）认识周期表中元素原子结构和位置、价态、元素数目等之间的关系。 （2）知道价电子排布和价电子层的含义。 （3）认识周期表中各区、周期、族元素的原子核外电子排布规律。 （4）知道周期表中各区、周期、族元素的原子结构和位置间的关系

续表

核心能力	（1）通过探究原子结构与元素周期表的关系，强化自主探究、归纳总结的能力。 （2）通过类比元素周期系的周期发展与螺壳上的螺旋，强化类比学习化学的学习方法
核心品质	通过对周期表中各区、周期、族元素的原子结构和位置关系的探究，提升不断探索的科学品质，能理解、描述和表示化学中常见的认知模型，指出模型表示的具体含义，并运用于理论模型解释或推测物质的组成、结构、性质与变化

四、教学重点和难点

（1）教学重点：原子核外电子排布的周期性变化、原子结构与元素周期表的关系。

（2）教学难点：元素周期表与原子结构的关系。

五、知识框架

原子结构和元素周期律

- 元素周期系形成的原因：元素原子核外电子排布的周期性变化
- 原子结构与元素周期表的关系：元素周期系
  - 形成：建立新电子层 ← 标志 ← 出现碱金属
  - 形成：新电子层结束 ← 标志 ← 出现稀有气体
- 原子核外电子排布与族的划分
  - 价电子层：能级上的电子数可在化学反应中发生变化的能层
  - 价电子：价电子层上的电子
  - 依据：价层电子排布
  - 主族元素：价电子全部排布在 ns 或 $nsnp$ 轨道上
  - 稀有气体元素：价电子排布为 $1s^2$ 或 ns^2np^6
  - 过渡元素：价电子排布为 $(n-1)d^{1\sim10}ns^{1\sim2}$
- 元素周期表的分区
  - 分区依据：按电子排布式中最后填入电子的能级符号可将元素周期表分为s、p、d、f、ds区
  - 各分区的价电子排布式
    - s 区：$ns^{1\sim2}$
    - p 区：$ns^2np^{1\sim6}$（除He外）
    - d 区：$(n-1)d^{1\sim9}ns^{1\sim2}$（除Pd外）
    - ds 区：$(n-1)d^{10}ns^{1\sim2}$
    - f 区：$(n-2)f^{0\sim14}(n-1)d^{0\sim2}ns^2$

六、教学过程

环节一：导入新课

【导入】 在化学 2 中，我们学习了元素周期表和元素周期律的相关知识，请同学们思考什么是元素周期律？元素的性质包括哪些？元素性质周期性变化的根本原因是什么？

【讲述】元素的性质是由原子结构所决定的，本节课我们进一步学习原子结构与元素性质的关系。

【板书】见板书。

环节二：展开新课

1. 原子结构与元素周期表的关系

【讲述】元素的性质与其在周期表中的位置有相应的关系，所以要探究原子结构与元素的性质的关系，首先得研究元素周期表。在化学 2 中我们已经对元素周期表做过探究。

【练习】

周期	外围电子排布			各周期增加的能级	元素种数
	ⅠA 族	0 族	最外层最多容纳电子数		
一					
二					
三					
四					
五					
六					
七			8	7s、5f、6d（未完）	…

【提问】请同学们思考原子核外电子排布与周期划分的关系是怎样的？

【讲述】在元素周期表中，除第一周期外，每一周期的第一个主族元素是碱金属元素，最外层电子排布式为 ns^1；随着元素原子核电荷数的递增，每当出现新的碱金属元素时，就开始建立了一个新的电子层；随后最外层电子数逐渐增多，最后达到最外层 8 个电子的稀有气体元素，每一周期的最后一种元素都是稀有气体，这些元素的最外层电子排布式都是 ns^2np^6（He 为 $1s^2$除外）。如此循环往复，这就是元素周期系中一个周期的反复。

【板书】见板书。

【讲述】随着核电荷数的递增，电子在能级里的填充顺序遵循构造原理，元素周期系的周期不是单调的，每一周期里元素的数目并不总是一样多，而是随周期数的递增逐渐增多，同时，金属元素的数目也逐渐增多。因此，我们可以把元素周期系的周期发展形象地比喻成螺壳上的螺旋。元素周期表中，元素所在的周期序数等于其原子核外的能层数。

【练习】1. 将下列各主族元素的价电子数、价电子排布式填入表中。

族数	ⅠA	ⅡA	ⅢA	ⅣA	ⅤA	ⅥA	ⅦA
价电子排布式							
列数							
价电子数							

2. 以第四周期副族元素为例，填写下表。

副族元素							
族数							
价电子排布式							
价电子数							

【提问】根据刚才的练习，请同学们思考族的划分与原子核外电子排布的关系是什么？

【讲述】元素周期表共有18个纵列，16个族，元素周期表中元素的“外围电子排布”简称“价电子层”，这是由于这些能级上的电子数可在化学反应中发生得失，价电子层上的电子称为价电子。

【板书】见板书。

【讲述】主族元素的价电子为该元素原子的最外层电子，价电子数等于该元素在周期表中的族序数。同主族元素原子的价层电子排布完全相同，价电子全部排布在 ns 或 $nsnp$ 轨道上。稀有气体外围电子排布达到8电子稳定结构，氦原子核外电子排布达到2电子稳定结构，价电子排布为 $1s^2$ 或 ns^2np^6。

【讲述】副族元素的价电子为元素原子最外层和次外层上能形成化学键的电子，过渡元素（副族和Ⅷ族）同一纵行原子的价层电子排布基本相同。价电子排布为 $(n-1)d^{1\sim10}ns^{1\sim2}$，第ⅢB～ⅦB族的价电子数与族序数相同，第ⅠB、ⅡB族和第Ⅷ族却不相同。由此可见，族的划分依据是原子的价层电子排布。

【板书】见板书。

【练习】外围电子排布为 $5s^25p^1$ 的元素，在周期表中的位置是（　　）。

A. 第四周期第ⅤA族　　B. 第五周期第ⅢA族

C. 第五周期第ⅠA族　　D. 第四周期第ⅢA族

2. 元素周期表的分区

【投影】元素周期表

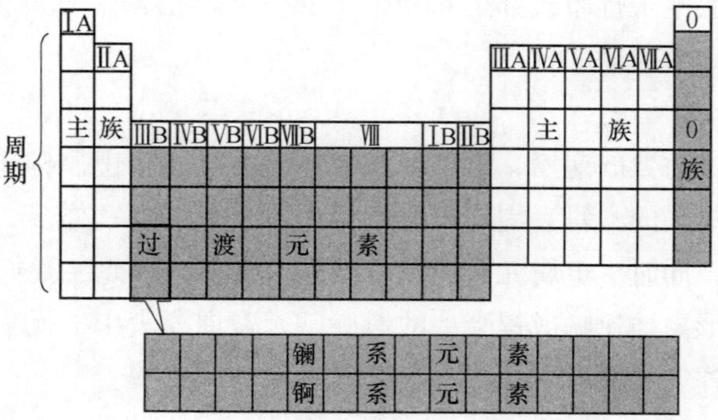

【讲述】根据元素原子核外电子排布的周期性变化，将元素周期表的 7 个周期划分为 3 个短周期，4 个长周期。依据元素原子的价层电子排布，将元素周期表中的 16 个族划分为 7 个主族、7 个副族、1 个第Ⅷ族，1 个 0 族。其中副族元素和第Ⅷ族元素又称为过渡元素。

【提问】请同学们观察元素周期表最后填入电子的能级符号，发现了什么特点？

【讲述】元素周期表的排序中，第ⅠA 族、第ⅡA 族元素和氦元素最后填入电子的能级符号为 s；除 He 元素外，第ⅢA 族→0 族元素最后填入电子的能级符号为 p；第ⅢB 元素→第Ⅷ族元素最后填入电子的能级符号为 d；镧系、锕系元素最后填入电子的能级符号为 f。第ⅠB、ⅡB 族这 2 个纵行的元素的核外电子最后两个能级的电子排布应为 $(n-1)d^9ns^2$，而事实上却是 $(n-1)d^{10}ns^1$，可理解为先填满了 $(n-1)d$ 能级而后再填充 ns 能级。

【投影】元素周期表分区示意图

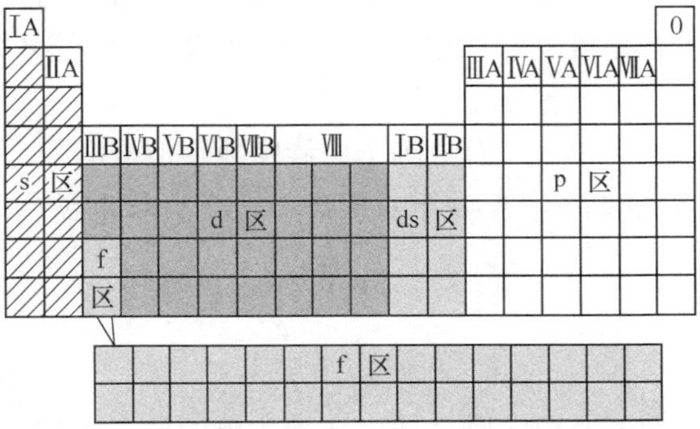

【讲述】以上核外电子的排序遵循构造原理，按电子排布式中最后填入电子的能级符号可将元素周期表划分为不同的区域，分别为 s 区、p 区、d 区、f 区和 ds 区，其中第ⅠB、ⅡB 族这 2 个纵行的元素的核外电子可理解为先填满了 $(n-1)d$ 能级而后再填充 ns 能级而得名 ds 区。

【板书】见板书。

【讲述】元素周期表中主族元素全分布在 s 区和 p 区，第ⅠA、ⅡA 元素属 s 区，根据构造原理，第ⅢA、ⅣA、ⅤA、ⅥA、ⅦA 五个主族元素最后一个电子排在 p 能级，属 p 区；稀有气体分布在 p 区，电子层均排满，达到稳定结构；过渡元素分布在 d 区和 ds 区，其中镧系和锕系元素属 f 区，第ⅠB、ⅡB 族这 2 个纵行的元素的核外电子可理解为先填满了 $(n-1)d$ 能级而后再填充 ns 能级因而属于 ds 区。

【练习】写出各区元素的价电子排布式。

【投影】各区元素的价电子排布式

分　区	价电子排布式
s 区	$ns^{1\sim2}$
p 区	$ns^2np^{1\sim6}$（除 He 外）
d 区	$(n-1)d^{1\sim9}ns^{1\sim2}$(除 Pd 外)
ds 区	$(n-1)d^{10}ns^{1\sim2}$
f 区	$(n-2)f^{0\sim14}(n-1)d^{0\sim2}ns^2$

【讲述】由于第ⅠA族元素原子价电子排布式为 ns^1，第ⅡA族元素原子价电子排布式为 ns^2，则s区元素原子价电子排布式为 $ns^{1\sim2}$。同样，由于第ⅢA族元素原子价电子排布式为 ns^2np^1，第ⅣA族元素原子价电子排布式为 ns^2np^2、第ⅤA族元素原子价电子排布式为 ns^2np^3，第ⅥA族元素原子价电子排布式为 ns^2np^4，第ⅦA族元素原子价电子排布式为 ns^2np^5，除He外，其余稀有气体元素原子价电子排布式为 ns^2np^6，则p区元素原子价电子排布式为 $ns^2np^{1\sim6}$。

【讲述】同理，除钯元素外，d区元素的原子价电子排布式为 $(n-1)d^{1\sim9}ns^{1\sim2}$。ds区的元素原子价电子排布式为 $(n-1)d^{10}ns^{1\sim2}$。f区的元素原子价电子排布式为 $(n-2)f^{0\sim14}(n-1)d^{0\sim2}ns^2$。

【板书】见板书。

【讲述】原子结构决定了元素在周期表中的位置，同时，元素在周期表中的位置又体现了元素的原子结构。在s区中，价电子总数等于主族序数；d区中，价电子总数等于副族序数，但价电子总数等于8、9、10的元素在第Ⅷ族；ds区中，价电子中s能级上的电子总数等于副族序数。

【讲述】在p区元素中，价电子总数等于主族序数，但价电子总数为2或8的元素在0族；f区包括镧系和锕系，都在第ⅢB族，只需根据价电子层的 n 值判断周期即可。

环节三：归纳总结

【总结】本节课我们在化学2相关知识的基础上，学习了原子结构与元素周期表的关系，知道了元素周期表的形成过程，可将元素周期表的横行分为七个周期，纵行分为7个主族、7个副族、1个第Ⅷ族和1个0族。并且按照原子核外电子排布，将元素周期表划分为5个区，不同区域的名字来自按构造原理排布核外电子时最后填入电子的能级的符号，利用元素周期表的分区可以判断元素在周期表中的位置以及各区元素原子外围电子排布及性质特点。请同学们课后完成课本22页的第1~3题，并预习下节课“元素周期律”的有关内容。

七、板书设计

1.2.1 原子结构与元素周期表

一、原子结构与元素周期表的关系

（一）原子核外电子排布与周期的划分

1. 元素周期系的形成：随着元素原子核电荷数的递增，每出现碱金属，就开始建立一个新的电子层，随后最外层上的电子逐渐增多，最后达到8个电子，出现稀有气体，形成一个周期，循环往复形成周期系

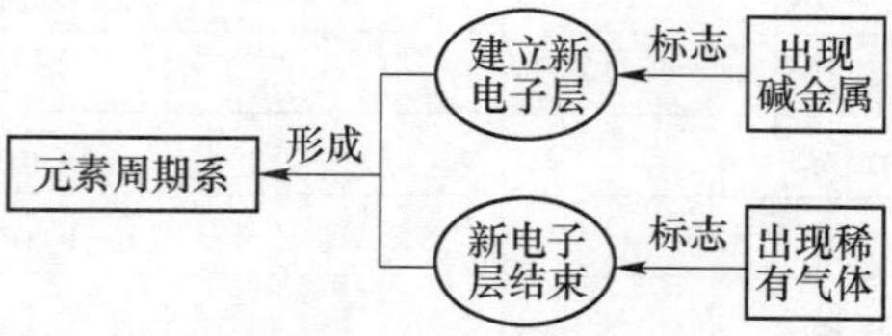

2. 元素周期系形成的原因：元素原子核外电子排布的周期性变化

（二）原子核外电子排布与族的划分

1. 价电子层：价电子所处的能层称为价电子层

价电子：价电子层上的电子

2. 族的划分依据是原子的价层电子排布

（1）同主族元素原子的价层电子排布完全相同，价电子全部排布在 ns 或 nsnp 轨道上。主族序数=最外层电子数=价电子数

（2）稀有气体的价电子排布为 $1s^2$或 ns^2np^6

（3）副族同一纵列原子的价层电子排布基本相同。价电子排布为（n−1)$d^{1\sim10}ns^{1\sim2}$，ⅢB~ⅦB 族的价电子数与族序数相同，第ⅠB、ⅡB 族和第Ⅷ族的价电子数与族序数则不相同

二、元素周期表的分区

1. 按电子排布式中最后填入电子的能级符号可将元素周期表分为 s、p、d、f 4 个区，而第ⅠB、ⅡB 族这 2 个纵列中元素的核外电子可理解为先填满了（n−1)d 能级而后再填充 ns 能级而得名 ds 区

2. 各分区和族的关系

第ⅠA、ⅡA 元素属 s 区

第ⅢA、ⅣA、ⅤA、ⅥA、ⅦA 五个主族元素和稀有气体属于 p 区

过渡元素分布在 d 区和 ds 区，其中镧系和锕系元素属 f 区

第ⅠB、ⅡB 族这 2 个纵列的元素属于 ds 区

3. 各区元素的价电子排布式

s 区：$ns^{1\sim2}$

p 区：$ns^2np^{1\sim6}$(除 He 外)

d 区：$(n-1)d^{1\sim9}ns^{1\sim2}$(除 Pd 外)

ds 区：$(n-1)d^{10}ns^{1\sim2}$

f 区：$(n-2)f^{0\sim14}(n-1)d^{0\sim2}ns^2$

第2课时　元素周期律（一）

一、教材分析

本节课选自人教版高中《化学（选修3）》第一章“原子结构与性质”第二节“原子结构与元素性质”。依据课程标准“认识元素的原子半径和第一电离能等元素的性质的周期性变化，知道原子核外电子排布呈现周期性变化是导致元素性质周期性变化的主要原因”的要求，本节课安排了“原子半径、电离能”等教学内容。

本节课以化学2中元素周期律和本章第一节“原子核外电子排布规律”为基础，从原子结构进入到元素性质的学习。教科书首先通过“学与问”环节引出元素周期律，然后从能层数和核电荷数两个因素入手深入分析了原子半径的周期性递变规律，并通过原子、阳离子和阴离子间半径大小的比较，深入探讨了能层与核电荷数对原子半径的影响。最后通过复习元素金属性和非金属性，引出定量角度描述电子得失能力的物理量——第一电离能，并结合图表数据分析以及书写原子核外电子排布图，分析第一电离能的变化规律和出现偏差的原因，通过“学与问”栏目探讨电离能与金属活泼性间的关系，并通过分析图表讨论电离能的跳跃与元素化合价之间的关系。

本节课既是本章第一节“原子的核外电子排布规律、能量最低原理”等知识的应用与延伸，也为后面学习元素的性质、共价键以及分子的性质奠定了知识基础。

二、学情分析

从知识储备方面来说，学生通过必修知识的学习，已经能从原子结构的角度，并结合元素周期表和元素周期律定性判断原子得失电子的难易，但是缺乏定量角度描述原子得失电子能力的知识。教科书通过对电离能定义的描述、电离能变化规律及其本质的讨论，引导学生在化学2中学习元素周期律相关知识的基础上，进一步建立起新的对“位（元素在周期表中的位置）—构（原子结构）—性（元素性质）”三者关系的认识。从能力方面来说，高二的学生已经具备独立思考、探究、知识迁移的能力，但在应用方面稍有不足。图表的分析，涉及学生观察与分析、信息提取与加工、归纳和整理等多种能力的综合应用，有助于提高学生的科学探究能力，服务于学生的终身发展。

三、教学目标

核心知识	（1）掌握原子半径的变化规律。 （2）认识主族元素电离能的变化与核外电子排布的关系。 （3）认识原子结构与元素周期性的关系，了解元素周期性的应用价值
核心能力	（1）通过复习元素周期表中元素原子半径、氧化性和还原性的递变规律，归纳总结元素原子半径大小的比较规律，强化知识迁移与归纳总结的能力。 （2）通过图表分析元素原子电离能的递变规律，提升信息提取、数据分析与加工的能力
核心品质	通过建立新的“位—构—性”三者的关系，能从宏观和微观结合上收集证据，能依据证据从不同视角分析问题，推出合理的结论

四、教学重点和难点

（1）教学重点：元素的原子半径、第一电离能的周期性变化；电离能与原子得失电子能力的关系。

（2）教学难点：元素的电离能与原子得失电子能力的关系。

五、知识框架

元素的性质
- 原子半径
  - 决定因素：核电荷数和能层数
  - 大小比较
    - 同周期：从左到右原子半径递减
    - 同主族：从上到下原子半径递增
  - 离子半径大小
    - 同一元素：阴离子 > 原子，原子 > 阳离子，低价态阳离子 > 高价态阳离子
      $r(F^-) > r(F)$　$r(Fe) > r(Fe^{2+}) > r(Fe^{3+})$
    - 相同能层数：核电荷数越多，半径越小
      $r(O^{2-}) > r(F^-) > r(Na^+) > r(Mg^{2+}) > r(Al^{3+})$
    - 最外层电子数相同：能层数越大半径越大
- 电离能
  - 概念：气态电中性基态原子失去一个电子转化为气态基态正离子所需要的最低能量叫做第一电离能
  - 规律
    - 同周期：从左到右电离能逐渐增大
      但第ⅡA 族 > 第ⅢA 族，第ⅤA 族 > 第ⅥA 族
    - 同主族：从上到下电离能逐渐减小
  - 应用
    - 根据电离能数据，确定元素核外电子的排布
    - 根据电离能数据，确定元素在化合物中的化合价
    - 判断元素的金属性、非金属性强弱

六、教学过程

环节一：导入新课

【导入】 在化学 2 中，我们已学习了元素周期律和元素周期表的相关知识，上节课也对元素周期表进行了更深入的学习。我们知道元素性质是由元素的原子结构决定的，那具体会影响哪些性质呢？本节课我们就一起来学习“元素周期律”的有关知识。

【板书】 见板书。

环节二：展开新课

1. 元素周期律

【提问】 请同学们回忆在元素周期表中，同周期的主族元素从左到右，最高正化合价和最低负化合价、金属性和非金属性的变化有什么规律？

【讲述】 同周期的主族元素从左到右，元素的最高正化合价和最低负化合价逐渐升高；金属性逐渐减弱，非金属性逐渐增强。在元素周期表中，元素的性质随核电核数递

增发生周期性的递变的规律称为元素周期律。

【板书】见板书。

2. 元素原子半径

【过渡】元素周期律的内涵丰富多样，原子半径、电离能、电负性等的周期性变化，是元素周期律的重要内容。下面，我们来探讨原子半径、电离能和电负性的周期性变化。

【提问】通过前面的学习，我们知道原子是一种客观实体，它的大小对其性质有着重要的影响。那么，元素的原子半径与原子的核外电子排布有关吗？在元素周期表中，元素原子半径的变化是否有规律可循？

【投影】主族元素原子半径的周期性变化示意图

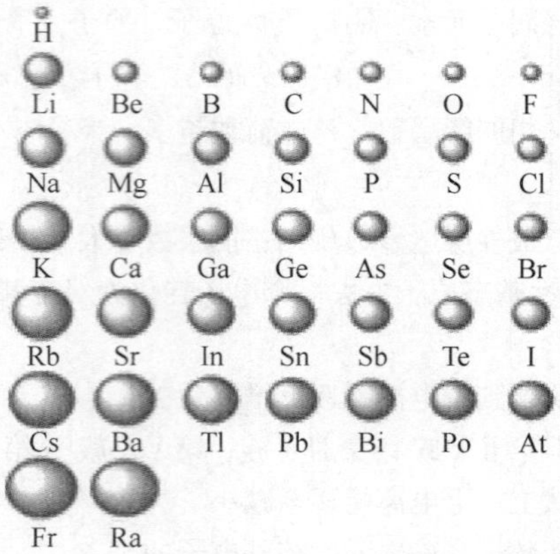

【讲述】通过化学 2 的学习，我们知道在元素周期表中，同一周期从左到右，随着核电荷数的递增，原子半径是逐渐减小的；同一主族从上到下，随着核电荷数和电子层数的递增，原子半径是逐渐增大的。

【提问】请同学们思考，我们该如何理解原子半径的这种周期性变化趋势？

【讲述】由于同一周期元素电子层数相同，从左到右，随着核电荷数的递增，质子对核外电子的吸引力越大，这使原子的半径逐渐缩小。

【讲述】在同一主族中，从上到下原子的核电荷数逐渐增加，使原子的半径有变小的趋势，同时，核外电子的能层数增多使原子的半径有变大的趋势。实际上在同主族元素中，核外电子能层数的增加对原子半径大小的影响占了主导地位，因此从上到下原子半径递增。这两个因素综合的结果使各种原子的半径发生周期性变化。

【讲述】由此可见，原子半径大小的影响因素有两方面：一是电子的能层数，电子的能层越多，电子之间的负电排斥使原子半径增大；二是核电荷数，核电荷数越大，核对电子的引力就越大，使原子半径缩小。

【板书】见板书。

【练习】1. 你能比较出下列原子的半径大小吗？

（1）C、N、O、F；（2）Si、C、N；（3）Li、Na、K、Rb

2. 你能比较出下列离子的半径大小吗？

（1）F^-、Cl^-、Br^-、I^-；（2）Na^+、Mg^{2+}、Al^{3+}、F^-、O^{2-}

【提问】比较同一周期和同一主族元素原子半径大小，需要观察电子的能层数和核电荷数，那该如何比较不同离子的半径？

【讲解】比较同种元素的粒子半径时，如比较 Fe、Fe^{2+}、Fe^{3+}的半径大小，由于同种元素的不同粒子具有相同的核电荷数，而 Fe 比 Fe^{2+}、Fe^{3+}多一个电子层，Fe^{3+}的核外电子总数小于 Fe^{2+}的核外电子总数，所以 $r(Fe) > r(Fe^{2+}) > r(Fe^{3+})$。

【讲述】对于电子层结构相同的离子，如比较 Na^+、Mg^{2+}、Al^{3+}、F^-、O^{2-}的半径大小，由于核电荷数依次减小，原子核对核外电子的吸引力依次减小，因此 $r(O^{2-}) > r(F^-) > r(Na^+) > r(Mg^{2+}) > r(Al^{3+})$。带相同电荷的离子，电子层数越多，半径越大，如 $r(F^-) < r(Cl^-) < r(Br^-) < r(I^-)$。

【讲述】对于核电荷数、电子层数均不同的离子，可选一种离子参照比较，如比较 K^+与 Mg^{2+}的半径大小，可选 Na^+为参照。由于 K^+和 Na^+是带相同电荷、但电子层数不同的离子，K^+有三个电子层，Na^+有两个电子层。因此，K^+的离子半径大于 Na^+的离子半径。由于 Na^+和 Mg^{2+}属电子层结构相同的离子，而 Na^+的核电荷数小于 Mg^{2+}的核电荷数，因此 Na^+的离子半径大于 Mg^{2+}的离子半径。

【讲述】由此可见，我们可以通过“三看”比较微粒半径的大小。“一看”电子的能层数：当电子的能层数不同时，能层数越多，半径越大。“二看”核电荷数：当电子的能层数相同时，核电荷数越大，半径越小。“三看”核外电子数：当电子的能层数和核电荷数均相同时，核外电子数越多，半径越大。

【板书】见板书。

3. 电离能

【练习】请同学们写出第三周期及第ⅤA 族元素原子的价电子排布；请同学们根据写出的价电子排布分析元素周期表中元素原子得失电子能力的变化规律。

【讲述】同学们写的是电子排布式还是价电子排布式呢？对得失电子的分析是否正确呢？其实在科学研究和生产实践中，仅有定性的分析往往是不够的，为此，人们用电离能、电负性来定量的衡量或比较原子得失电子能力的强弱。首先我们一起来学习“电离能”。

【讲述】电离能是指气态原子或气态离子失去一个电子所需的最低能量，单位是 kJ/mol，符号是 I，其中我们把气态电中性基态原子失去一个电子转化为气态基态正离子所需要的最低能量称为第一电离能，其符号为 I_1。

【板书】见板书。

【投影】第三周期元素（除 Ar）的第一电离能的变化

	Na	Mg	Al	Si	P	S	Cl
第一电离能/$kJ \cdot mol^{-1}$	496	738	577	786	1012	999	1256

第ⅤA 族元素的第一电离能的变化

	N	P	As	Sb	Bi
第一电离能/$kJ \cdot mol^{-1}$	1402	1012	947	834	703

【提问】根据上表，请同学们思考第一电离能随核电荷数的递增有什么规律？

【讲述】实际上，电离能反映的是原子或离子得失电子的能力，电离能越大，越难失电子。第三周期元素的原子从左向右得电子能力逐渐增强，第一电离能逐渐增大；但 Mg 与 Al 和 P 与 S 的第一电离能反常，总体来说，同一周期，原子第一电离能逐渐增大，从第ⅤA 族元素的原子第一电离能表中可以看出，第ⅤA 族元素的原子第一电离能逐渐减小，第ⅤA 族原子从上到下失电子能力逐渐增强，即同一主族元素自上而下第一电离能逐渐减小。

【板书】见板书。

【投影】元素的第一电离能的周期性变化示意图

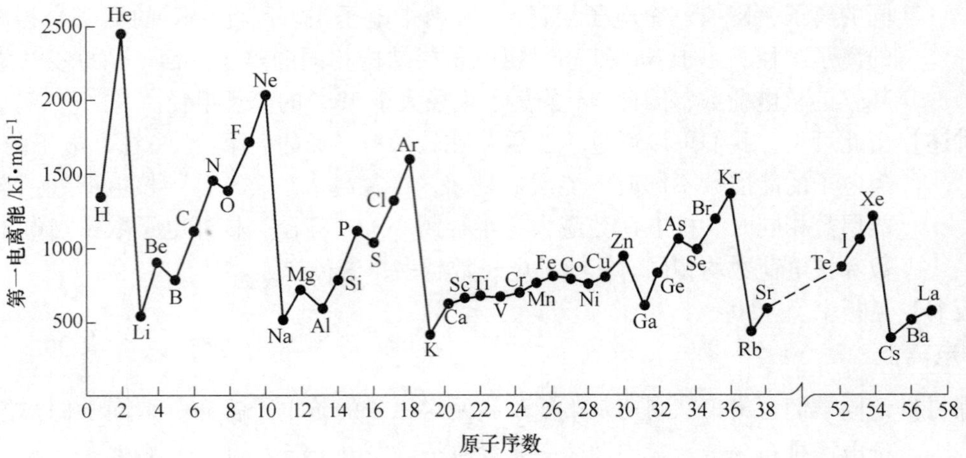

【提问】观察图我们可以发现从左往右原子失电子能力增强，因此第一电离能逐渐增大，但 Mg 的第一电离能比 Al 的大，P 的第一电离能比 S 的大，这是为什么呢？

【讲述】请同学们写出这些原子的电子排布式，从我们前面学习的电子排布的特殊性来理解这一问题。

【讲述】通过前面的学习，我们知道洪特规则指出了电子排布的特殊性，当能量相同的原子轨道在全充满（p^6或 d^{10}）、半充满（如 p^3或 d^5）和全空（p^0或 d^0）状态时，体系的能量较低，原子较稳定。

【讲述】Mg($1s^2 2s^2 2p^6 3s^2 3p^0$) 价电子排布处于全满和全空状态，能量较低，比较稳定，所以不易失去电子，第一电离能反常高。P($1s^2 2s^2 2p^6 3s^2 3p^3$) 价电子排布处于全满和半满状态，也比较稳定，所以不易失去电子，第一电离能也是反常高。

【讲述】通过观察可以发现，对同一周期的元素而言，除 H 外碱金属元素的第一电离能最小，稀有气体元素的第一电离能最大。从左到右，元素的第一电离能在总体上呈现由小到大的变化趋势，表示元素原子越来越难失去电子。短周期元素的这种递变更为明显，这是同周期元素原子电子层数相同，随着核电荷数的增大和原子半径的减小，核对外层电子的有效吸引作用依次增强的必然结果。

【讲述】同主族元素，自上而下第一电离能逐渐减小，表明自上而下原子越来越易失去电子。这是因为同主族元素原子的价电子数相同，原子半径逐渐增大，原子核对核外电子的有效吸引作用逐渐减弱。过渡元素的第一电离能的变化不太规则，随元素原子序数的增加从左到右略有增加。这是因为对这些元素的原子来说，增加的电子大部分排布在（$n-1$）d 轨道上，核对外层电子的有效吸引作用变化不是太大。

【讲述】 总之，第一电离能的周期性递变规律是原子半径、核外电子排布周期性变化的结果。

【提问】 请同学们思考碱金属元素的电离能与金属活泼性有什么关系？

【讲述】 第一电离能越小，越易失电子，金属的活泼性就越强。因此碱金属元素的第一电离能越小，金属的活泼性就越强。

【投影】 Na、Mg、Al 的逐级电离能

	Na	Mg	Al
各级电离能 /kJ·mol^{-1}	496	738	578
	4562	1415	1817
	6912	7733	2745
	9543	10540	11575
	13353	13630	14830
	16610	17995	18376
	20114	21703	23293

【提问】 根据上表，请同学们思考为什么原子的逐级电离能越来越大？这些数据与钠、镁、铝的化合价有什么关系？

【讲述】 同一种元素的逐级电离能的大小关系：$I_1 < I_2 < I_3 < I_4 < I_5 < \cdots$即一个原子的逐级电离能是逐渐增大的。这是因为随着电子的逐个失去，阳离子所带的正电荷数越来越多，再要失去一个电子需克服的电性引力也越来越大，消耗的能量也越来越多。Na 的 I_1 比 I_2 小很多，电离能差值很大，说明失去第一个电子比失去第二电子容易得多，所以 Na 容易失去一个电子形成+1 价离子；Mg 的 I_1 和 I_2 相差不多，而 I_2 比 I_3 小很多，所以 Mg 容易失去两个电子形成+2 价离子；Al 的 I_1、I_2、I_3 相差不多，而 I_3 比 I_4 小很多，所以 Al 容易失去三个电子形成+3 价离子。

【讲述】 电离能的突跃变化，说明核外电子是分能层排布的。这是因为同一能层中的各级电离能差别相对较小，不同能层中的各级电离能相差很大。而电离能突然变大时，说明电子的能层发生了变化。

【讲述】 由此规律我们也可以得出电离能的具体应用，即首先我们可以根据电离能数据，确定元素核外电子的排布。如 Li 的 $I_1 \ll I_2 < I_3$，表明 Li 原子核外的三个电子排布在两个能层上（K、L 能层），且最外层上只有一个电子。又如 Na 的第一到第七电离能数据分别为 496、4562、6912、9543、13353、16610、20114。从中明显看出第一、第二电离能之间有突跃，故可判断 Na 最外层只有一个电子。

【讲述】 然后，我们可以根据电离能数据确定元素在化合物中的化合价。如 K 的 $I_1 \ll I_2 < I_3$，表明 K 原子易失去一个电子形成+1 价阳离子；Mg 的 I_1 和 I_2 相差不多，而 I_2 比 I_3 小很多，所以 Mg 原子易失去两个电子形成+2 价阳离子。

【讲述】最后，我们可以判断元素的金属性、非金属性强弱：一般来说，第一电离能越小，气态金属原子越易失电子，元素的金属性越强（稀有气体除外）；第一电离能越大，气态金属原子越难失去电子，元素的非金属性越强。

【板书】见板书。

环节三：归纳总结

【总结】本节课我们主要学习了元素原子半径、电离能相关的知识，希望通过今天的学习，同学们对元素周期律有更清晰地认识，在之前知识的基础上，加深对元素原子性质的理解，课下及时巩固今天所学知识，同时完成课本 22 页第 8、9 题。

七、板书设计

1.2.2　元素周期律（一）

一、元素原子半径

（一）影响原子半径大小的因素

1. 电子的能层数：电子的能层越多，电子之间的负电排斥使原子半径增大
2. 核电荷数：核电荷数越大，核对电子的引力就越大，使原子半径缩小

（二）原子半径的递变规律

1. 同周期：从左至右，核电荷数越大，半径越小
2. 同主族：从上到下，能层数越大，半径越大

（三）三看法比较粒子半径大小

1. “一看层”：先看电子层数，电子层数越多，一般微粒半径越大
2. “二看核”：若电子层数相同，则看核电荷数，核电荷数越大，微粒半径越小
3. “三看电子”：若电子层数、核电荷数均相同，则看核外电子数，电子数多的半径大

二、元素的电离能

（一）元素第一电离能的概念与意义

1. 概念：气态电中性基态原子失去一个电子转化为气态基态正离子所需要的最低能量叫做第一电离能。元素第一电离能符号：I_1
2. 元素第一电离能的意义：可以衡量元素的原子失去一个电子的难易程度。第一电离能数值越小，原子越容易失去一个电子；第一电离能数值越大，原子越难失去一个电子

（二）元素第一电离能变化规律

1. 元素第一电离能的变化规律

（1）对同一周期的元素而言，从左到右，元素的第一电离能在总体上呈现从小到大的变化趋势，表示元素原子越来越难失去电子

（2）同主族元素，自上而下第一电离能逐渐减小，表明自上而下原子越来越易失去电子

（3）具有全充满、半充满及全空的电子构型的元素稳定性较高，其电离能数值较大。如稀有气体的电离能在同周期元素中最大，N 为半充满、Mg 为全充满状态，其电离能均比同周期相邻元素大

2. 电离能的应用

（1）根据电离能数据，确定元素核外电子的排布

（2）根据电离能数据，确定元素在化合物中的化合价

（3）判断元素的金属性、非金属性强弱：I_1 越大，元素的非金属性越强；I_1 越小，元素的金属性越强

第3课时　元素周期律（二）

一、教材分析

本节课选自人教版高中《化学（选修3）》第一章“原子结构与性质”第二节“原子结构与元素的性质”。依据课程标准“认识元素的电负性呈现周期性变化，了解元素周期律的应用价值”的要求。本节课安排了“元素电负性、对角线规则”等教学内容。

本节课的内容以化学2及上节课所学元素周期律相关知识为基础，首先通过提问元素原子半径、电离能的概念和规律，引出元素的另一个参数——电负性。向学生提供电负性数据让学生自主分析元素电负性的周期性变化规律，引导学生归纳元素电负性大小与原子在化合物中吸引电子能力、元素金属性和非金属性强弱、氧化性强弱的关系。利用电负性推测形成化合物化学键的类型，学会判断化合物的类型，以及会判断化合物中元素原子所显的电性。通过“科学探究”栏目要求学生查阅资料弄清楚对角线规则是什么，在此基础上重点讲解铝元素和铍元素的对角线规则，并用元素的电负性解释对角线规则。

本节课的内容起到了概括总结的作用，学习本节课的知识需要清楚键合电子的概念，需要学生了解形成化合物的作用力——共价键，复习共价键的形成以及书写方法，从数据例证的角度总结归纳与电负性相关的元素性质，使学生系统地学习元素的性质，同时又为第二章共价键的学习打下基础。

二、学情分析

在知识储备方面，通过化学2模块的学习，学生已经熟知形成化合物的作用力、化合物的形成过程和电子表达式，但并不知道为什么共价化合物的元素原子有显正电的，也有显负电的。本节课采用数据分析、知识迁移的方法帮助学生解释这一抽象问题，了解电负性的周期性变化规律和原子核外电子周期性排列有关。本节课结合对角线规则，联系已经学过的镁、铝、硅元素性质，学习元素锂、铍和硼的元素性质。从能力方面来说，本书内容提高了学生知识迁移、数据分析、归纳整理的能力。

三、教学目标

核心知识	（1）了解元素电负性的含义，能应用元素的电负性说明元素的某些性质。 （2）能根据元素的电负性资料，解释元素的“对角线”规则。 （3）能从物质结构决定性质的视角解释一些化学现象，预测物质的有关性质
核心能力	通过自主探究掌握电负性与原子结构的关系，进一步认识物质结构与性质之间的关系，提高分析问题和解决问题的能力
核心品质	通过查阅资料学习对角线规则，能用数据、图表、符号等处理信息，识别化学中常见的物质模型和化学反应的理论模型，能将化学事实和理论模型之间进行关联和合理匹配

四、教学重点和难点

（1）教学重点：电负性的意义和应用。

（2）教学难点：电负性的应用。

五、知识框架

- 电负性
  - 键合电子：元素相互化合时，原子中用于形成化学键的电子称为键合电子
  - 概念：用来描述不同元素的原子对键合电子吸引力的大小
  - 意义：元素的电负性越大，表示其原子在化合物中吸引电子的能力越强；反之，电负性越小，相应原子在化合物中吸引电子的能力越弱
  - 大小标准：以F的电负性为4.0作为相对标准
  - 电负性应用
    - 元素的电负性与元素的金属性和非金属性的关系
    - 电负性与化合价的关系
    - 判断化学键类型
  - 对角线规则
    - 概念：对角线规则为元素周期表中处于对角线位置的元素，电负性数值相近，性质相似

Li	Be	B	
	Mg	Al	Si

六、教学过程

环节一：导入新课

【讲述】上节课我们学习了原子半径、电离能相关知识，知道在元素周期表中，原子半径和电离能呈现一定的规律，利用电离能可以判断气态基态原子失电子能力的大小，从而判断元素金属性和非金属性。第一电离能是原子失电子能力的定量描述，那么原子得电子能力又如何定量去描述呢？本节课我们将学习判断元素金属性和非金属性的另一个参数——电负性。

【板书】见板书。

环节二：展开新课

1. 元素的电负性

【提问】化学 2 中我们学过两种元素的原子化合依靠的是一种作用力，这种作用力是什么？

【讲述】元素相互化合，可理解为原子之间产生化学作用力，这种使离子相结合或原子相结合的作用力被形象地称为化学键，根据原子间共用电子对或得失电子，将化学键分为共价键和离子键。在形成化学键的过程中，原子中用于形成化学键的电子称为键合电子。

【板书】见板书。

【讲述】形成共价键的过程中，根据电子对是否偏移，可以将其分为极性共价键和非极性共价键。电子对发生偏移是由于原子对键合电子的吸引力不同，电子对不发生偏移是因原子对键合电子的吸引力相同。我们将元素的原子在化合物中吸引电子能力的大小用电负性表示。

【板书】见板书。

【讲述】电负性的概念是由美国化学家鲍林提出的，鲍林利用实验数据进行了理论计算，以氟的电负性为 4.0 作为相对标准，得出了各元素的电负性（稀有气体未计）。元素的电负性越大，表示其原子在化合物中吸引电子的能力越强；反之，电负性越小，相应原子在化合物中吸引电子的能力越弱。

【板书】见板书。

【提问】同周期元素、同主族元素电负性如何变化？如何理解这些变化规律？根据电负性大小，判断氧元素的非金属性与氯元素的非金属性哪个强？

【讲述】金属元素的原子越容易失电子，对键合电子的吸引能力越小，电负性越小，其金属性越强；非金属元素的原子越容易得电子，对键合电子的吸引能力越大，电负性越大，其非金属性越强；故可以用电负性来度量金属性与非金属性的强弱。周期表从左到右，元素的电负性逐渐变大；周期表从上到下，元素的电负性逐渐变小。

【投影】

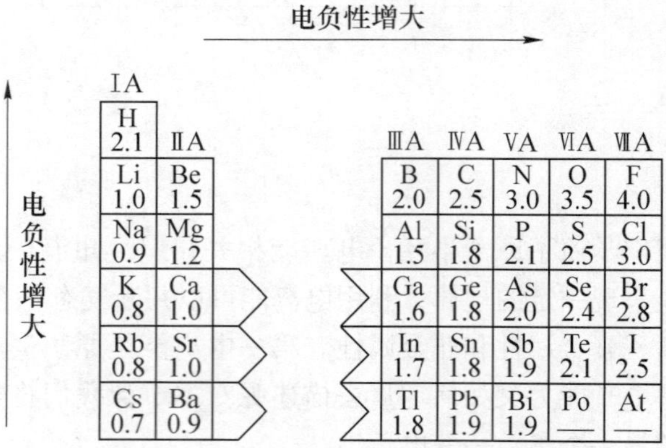

【讲述】同周期元素从左往右，电负性逐渐增大，表明金属性逐渐减弱，非金属性逐渐增强，氧化性增强，还原性减弱。同主族元素从上往下，电负性逐渐减小，表明元素的金属性逐渐增强，非金属性逐渐减弱，氧化性减弱，还原性增强。可以看出，随着原子序数的递增，元素的电负性与原子半径一样呈周期性变化。

【讲述】同周期元素从左往右，电负性逐渐增大，原子对键合电子的吸引力也就越大，因此形成的气态氢化物越稳定；同主族元素从上往下，电负性逐渐减小，原子对键合电子的吸引力也就越小，因此形成的气态氢化物越不稳定。

【板书】见板书。

【讲述】电负性大的元素集中在元素周期表的右上角，电负性小的元素位于元素周期表的左下角。通过电负性的变化规律图可以看出：元素的电负性可以用于判断一种元素是金属元素还是非金属元素，以及元素的活泼性。通常，电负性小于 1.8 的元素，一般是金属元素；电负性大于 1.8 的元素，一般是非金属元素。非金属元素的电负性越大，非金属元素越活泼；金属元素的电负性越小，金属元素越活泼。例如，氟的电负性为 4，是非金属性最强的非金属元素；铯的电负性为 0.7，是金属性最强的金属元素。而位于非金属三角区边界的“类金属”（如锗、锑等）的电负性在 1.8 左右，它们既有金属性，又有非金属性。

【板书】见板书。

【讲述】在元素周期表中第一电离能最大的是 He 元素，电负性最大的是 F 元素。

【讲述】利用电负性可以判断化合物中元素化合价的正负；电负性大的元素易呈现负价，电负性小的元素易呈现正价。

【板书】见板书。

【讲述】电负性数值的大小能够衡量元素在化合物中吸引电子能力的大小。电负性数值小的元素在化合物中吸引电子的能力弱，元素的化合价为正值；电负性数值大的元素在化合物中吸引电子的能力强，元素的化合价为负价。例如，钠的电负性是 0.9，H 的电负性是 2.1，因此 NaH 中 Na 显正价，H 显负价。

【讲述】根据原子的价电子是得失还是共用，将化学键分为离子键和共价键。原子间价电子通过得失形成离子键，共价键则是通过共用电子对形成。

【提问】请同学们总结形成共价键和离子键的元素电负性差值有什么规律？

【讲述】活泼金属和活泼非金属电负性差值较大，一般电负性差值大的元素原子间形成的主要是离子键，通常形成离子键的元素电负性差值大于 1.7；电负性差值小于 1.7 或相同的非金属原子之间形成的主要是共价键；当电负性差值为零时，通常形成非极性共价键，当电负性差值不为零时易形成极性共价键。

【板书】见板书。

【讲述】化学 2 中我们学过离子键的成键条件是活泼金属和活泼非金属，共价键的形成条件是非金属元素的原子。请同学们观察 Al、Be 和 Cl 的电负性，判断 $AlCl_3$、$BeCl_2$ 的成键方式。

【讲述】元素周期表中，Al 和 Be 是金属元素，Cl 是活泼非金属元素。Al 和 Be 的电负性都是 1.5，Cl 的电负性是 3，Al 和 Be 与 Cl 电负性差值都是 1.5，电负性差值小于 1.7，所以，虽然 $AlCl_3$ 和 $BeCl_2$ 都是由金属元素和非金属元素形成的化合物，但键型都为共价键。

【讲述】除了 $AlCl_3$ 和 $BeCl_2$，还有很多由金属和非金属元素形成的化合物的键型是共价键，也就是说根据元素类型并不能准确判断化合物成键的键型。

2. 元素的对角线规则

【过渡】Al 和 Be 的电负性都是 1.5，请同学们观察元素周期表主族元素与右下方的主族元素的电负性大小，有没有相同或者相近的？

【投影】Li-Mg、Be-Al、B-Si 在周期表中的位置

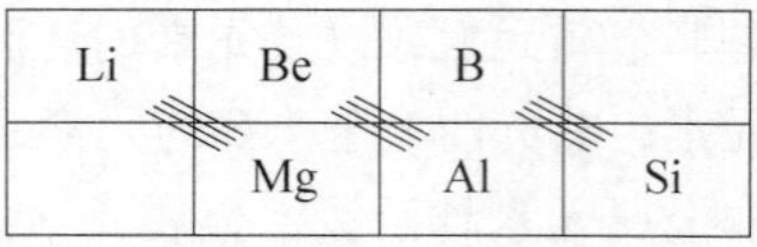

【讲述】Li-Mg、Be-Al、B-Si 在周期表中处于对角线的位置，Li、Mg 的电负性分别为 1.0、1.2；Be、Al 的电负性分别为 1.5、1.5；B、Si 的电负性分别为 2.0、1.8。它们的电负性接近，对键合电子的吸引力相当，因此有些性质是相似的，这一规律被称为“对角线规则”。

【板书】见板书。

【讲述】Li、Mg 在空气中燃烧产物分别为 Li_2O、MgO，而不是对应的过氧化物。$Be(OH)_2$、$Al(OH)_3$均为两性氢氧化物，硼和硅的含氧酸盐都能形成玻璃且互熔，由此可以看出对角线规则的合理性。

【副板书】$4Li + O_2 \xlongequal{点燃} 2Li_2O$；$2Mg + O_2 \xlongequal{点燃} 2MgO$

【练习】请写出 $Be(OH)_2$与 HCl、NaOH 反应的化学方程式。

【讲述】$Al(OH)_3$是两性氢氧化物，与酸反应生成盐和水，与碱反应生成对应的偏铝酸盐和水。Al 和 Be 的电负性都是 1.5，有相近的化学性质，因此在书写 $Be(OH)_2$与 HCl、NaOH 的反应时，可以对比 $Al(OH)_3$与酸或碱的反应写出对应的化学反应方程式。

【副板书】$Be(OH)_2 + 2HCl \xlongequal{} BeCl_2 + 2H_2O$；

$Be(OH)_2 + 2NaOH \xlongequal{} Na_2BeO_2 + 2H_2O$

环节三：归纳总结

【投影】

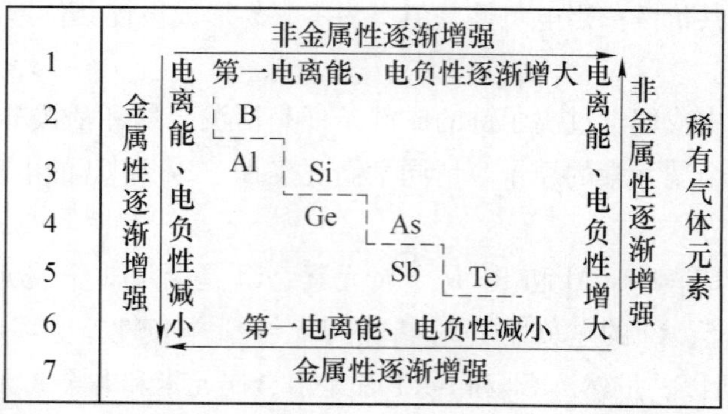

【总结】本节课我们主要学习了判断元素金属性和非金属性的另一个参数——电负性。通过这两节课我们学习了原子半径、电离能、电负性的周期性变化规律，在元素周期表中，同主族元素从上到下原子半径逐渐增大，第一电离能逐渐减小，电负性逐渐减小。同周期元素从左到右，原子半径逐渐减小，电负性逐渐增大，通常情况下电离能逐渐增大，但第ⅡA 族、第ⅤA 族元素原子的价电子排布分别为 ns^2、ns^2np^3，为全满和半满结构，这两族元素原子第一电离能反常大于相邻元素。稀有气体电离能为同周期中最大，比较电负性大小时，不考虑稀有气体元素。除此之外，我们还要注意电离能和电负性间的关系。

七、板书设计

1.2.3　元素周期律(二)

一、元素的电负性

（一）电负性的有关概念与意义

1. 键合电子与电负性：元素相互化合时，原子中用于形成化学键的电子称为键合电子。电负性用来描述不同元素的原子对键合电子吸引力的大小

2. 电负性的意义：电负性越大的原子，对键合电子的吸引力越大

3. 电负性大小的标准：以氟的电负性为 4.0 作为相对标准

（二）电负性的变化规律

随原子序数的递增，元素的电负性呈周期性变化

1. 同周期，自左到右，元素的电负性逐渐增大，元素的非金属性逐渐增强、金属性逐渐减弱

2. 同主族，自上到下，元素的电负性逐渐减小，元素的金属性逐渐增强、非金属性逐渐减弱

（三）电负性的应用

1. 判断元素的金属性和非金属性及其强弱

（1）金属的电负性一般小于 1.8，非金属的电负性一般大于 1.8，而位于非金属三角区边界的“类金属”（如锗、锑等）的电负性则在 1.8 左右，它们既有金属性，又有非金属性

（2）金属元素的电负性越小，金属元素越活泼；非金属元素的电负性越大，非金属元素越活泼

2. 判断元素的化合价

（1）电负性数值小的元素的原子在化合物中吸引电子的能力弱，元素的化合价为正值

（2）电负性数值大的元素的原子在化合物中吸引电子的能力强，元素的化合价为负值

3. 判断化学键的类型

（1）如果两个成键元素原子间的电负性差值大于 1.7，它们之间通常形成离子键

（2）如果两个成键元素原子间的电负性差值小于 1.7，它们之间通常形成共价键

二、元素的对角线规则

在元素周期表中，某些主族元素与其右下方的主族元素（如图）的有些性质是相似的（如硼和硅的含氧酸盐都能形成玻璃，且互熔），被称为“对角线规则”

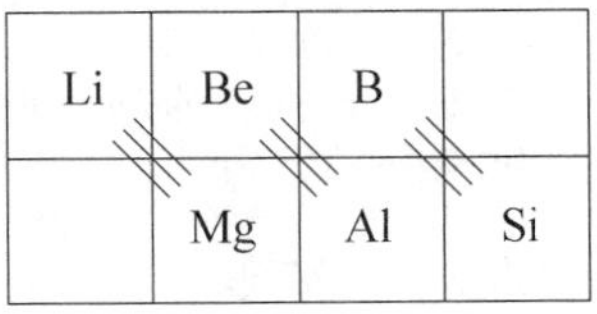

第二章　分子结构与性质

本章知识框架

- 分子结构与性质
  - 共价键
    - 共价键的形成与特征
      - 共价键的形成
        - 概念：原子间通过共用电子对所形成的相互作用，叫做共价键
        - 成键的粒子：一般为非金属原子（相同或不相同）或金属原子与非金属原子
        - 键的本质：原子间通过共用电子对（即电子云重叠）产生的强烈作用
        - 键的形成条件：非金属元素的原子之间形成共价键，大多数电负性之差小于1.7的金属与非金属原子之间形成共价键
      - 共价键的特征
        - 方向性
        - 饱和性
    - 共价键的类型
      - 按共用电子对数目分类
        - 单键
        - 双键
        - 三键
      - 按共用电子对是否偏移分类
        - 非极性键
        - 极性键
      - 按电子云的重叠方式分类
        - σ 键
        - π 键
    - 共价键参数
      - 键能
        - 定义：气态基态原子形成 1mol 化学键释放的最低能量
        - 单位：kJ/mol
      - 键长
        - 定义：键长是指形成共价键的两个原子之间的核间距
        - 键长与共价键的稳定性之间的关系：共价键的键长越短，往往键能越大，这表明共价键越稳定，反之亦然
      - 键角：键角是指在多原子分子中，两个共价键之间的夹角
    - 等电子原理
      - 等电子原理：原子总数相同、价电子总数相同的分子具有相似的化学键特征，它们的许多性质是相近的
      - 等电子体：满足等电子原理的分子称为等电子体
  - 分子的立体构型
    - 价层电子对互斥理论
      - 常见分子的立体构型
        - 三原子分子的立体构型有直线形和 V 形两种
        - 四原子分子大多数采取平面三角形和三角锥形两种立体构型
        - 五原子分子的可能立体构型更多，最常见的是正四面体
      - 价层电子对互斥理论
        - 价层电子对互斥理论（VSEPR）：分子中的价层电子对包括 σ 键电子对和中心原子上的孤电子对，由于电子对的相互排斥作用，而趋向尽可能彼此远离，分子尽可能采取对称的立体构型，以减小斥力
      - σ 键电子对 = 中心原子结合的原子数
      - 中心原子孤电子对数 = $1/2(a-xb)$
        - a 表示中心原子的价电子数
          - 对于主族元素：a = 最外层电子数
          - 对于阳离子：a = 价电子数 − 离子电荷数
          - 对于阴离子：a = 价电子数 + | 离子电荷数 |
        - x 表示与中心原子结合的原子数
        - b 表示与中心原子结合的原子最多能接受的电子数，氢为 1，其他原子 = 8 − 该原子的价电子数
    - 杂化轨道理论
      - 轨道的杂化与杂化轨道
        - 概念
          - 轨道的杂化：原子内部能量相近的原子轨道重新组合形成与原轨道数相等的一组新轨道的过程
          - 杂化轨道：杂化后形成的新的能量相同的一组原子轨道
        - 杂化轨道类型
          - sp
          - sp^2
          - sp^3
      - 杂化类型的判断方法
        - 杂化轨道只能用于形成 σ 键或者用来容纳孤电子对，而两个原子之间只能形成一个 σ 键
        - 杂化轨道数 = 中心原子孤电子对数 + 中心原子结合的原子数，再由杂化轨道数判断杂化类型

- 分子结构与性质
  - 分子的立体构型
    - 配合物理论简介
      - 配位键
        - 概念：由一个原子单方面提供孤电子对，而另一个原子提供空轨道接受孤电子对形成的共价键，即“电子对给予—接受键”，是一类特殊的共价键
        - 表示方法：配位键可以用 A→B 来表示，其中 A 是提供孤电子对的原子，B 是接受孤电子对的原子
      - 配位化合物
        - 概念：把金属离子（或原子）与某些分子或离子（称为配体）以配位键结合形成的化合物称为配位化合物，简称配合物
        - 形成条件
          - 配体有孤电子对
          - 中心原子有空轨道
        - 组成
          - 中心原子是提供空轨道接受孤电子对的原子
          - 配体是提供孤电子对的离子或分子
          - 配位数是直接与中心原子形成的配位键的数目
  - 分子的性质
    - 键的极性
      - 极性键：由不同原子形成，电子对发生偏移
      - 非极性键：由同种原子形成，电子不发生偏移
    - 分子的极性
      - 定义
        - 极性分子：正电中心和负电中心不重合
        - 非极性分子：正电中心和负电中心重合
      - 分子极性的判断方法
        - 只含有非极性键的双原子分子或多原子分子大多是非极性分子
        - 含有极性键的双原子分子都是极性分子
        - 含有极性键的多原子分子，立体构型对称的是非极性分子；立体构型不对称的是极性分子
    - 分子间作用力
      - 范德华力
        - 概念：分子之间存在着一种较弱的相互作用力，叫做范德华力
        - 影响因素
          - 分子结构和组成相似的物质相对分子质量越大，范德华力越强
          - 分子的极性越大，范德华力越强
        - 对物质性质的影响：结构相似，范德华力越大，物质的熔、沸点越高
      - 氢键
        - 概念：氢原子与电负性很大、半径很小的原子 X(F、O、N) 以共价键形成强极性键 H—X，这个氢原子吸引另一个键上电负性大、半径小的原子 Y，形成的相互作用叫做氢键（以 X—H…Y 表示）
        - 分类：分子间氢键与分子内氢键
        - 特征：比化学键小，比范德华力大
        - 影响因素
          - X 和 Y 的电负性越大，氢键越强
          - Y 的半径越小，形成的氢键越强
        - 对物质性质的影响
          - 形成分子间氢键时，物质的熔沸点升高，溶解度增大
          - 形成分子内氢键时，物质的熔沸点下降
          - 水结冰时，体积膨胀，密度减小
    - 溶解性
      - 相似相溶原理
        - 极性溶剂如水易溶解极性物质
        - 非极性溶剂（如苯、汽油、四氯化碳等）一般能溶解非极性物质
        - 含有相同官能团的物质互溶，如水中含羟基能溶解含羟基的醇、酚、羧酸
      - 影响物质溶解性的因素
        - 内因：相似相溶原理
        - 外因：影响固体溶解度的主要因素是温度；影响气体溶解度的主要因素是温度和压强
        - 其他因素：如果溶质与溶剂之间能形成氢键，则溶解度增大，且氢键越强，溶解性越好。如：NH_3
    - 手性
      - 概念：原子组成和排列方式相同，但不重合，且互为镜像关系的两种物质，互称为手性异构体
      - 手性碳原子的判断：同一个 C 原子连接 4 个不同的原子或原子团，为手性碳原子
      - 手性分子的判断：一般来说，分子中有手性碳原子即为手性分子
    - 无机含氧酸酸性
      - 经验规律：将酸改写成 $(HO)_mRO_n$ 的形式，n 值越大，酸性越强
      - 规律
        - 同主族，从上向下，非金属性减弱，最高价氧化物对应水化物酸性减弱
        - 同周期，从左至右，非金属性增强，最高价氧化物对应水化物酸性增强
        - 同一元素，不同价态的元素含氧酸酸性高价大于低价

第一节　共　价　键

第 1 课时　共价键的特征与类型

一、教材分析

本节课选自人教版高中《化学（选修 3）》第二章“分子结构与性质”第一节“共价键”。依据课程标准“认识物质是由原子、离子、分子等微粒构成的，微粒之间存在不同类型的相互作用，认识离子键、共价键的本质和特征，认识原子间通过原子轨道重叠形成共价键，了解共价键具有饱和性和方向性，知道根据原子轨道的重叠方式，共价键可以分为 σ 键和 π 键等类型”的要求，本节课安排了“σ 键和 π 键的特征和类型”等教学内容。

化学 2 中已经介绍了共价键和离子键，用电子式的方式描述了原子间形成化学键的过程，本节课在已有知识的基础上，运用第一章学过的电子云和原子轨道的知识进一步认识和理解共价键。从最外层电子排布和能量最低原理的角度认识共价键的主要特征有饱和性和方向性，通过各原子不同能级电子的电子云轮廓图，很形象地引出了共价键的主要类型 σ 键和 π 键。让同学们动手从微观角度书写原子的核外电子排布式，再将原子相互化合形成分子的过程用电子式表达，使学生在电子云和原子轨道的基础上体会轨道重叠形成共价键的过程，认识 σ 键和 π 键形成的区别，进一步加深学生对电子云和原子轨道的理解，从而认识 σ 键和 π 键的形成过程。

本节课的内容拓展了化学 2 中化学键的知识，也是对第一章电子云、原子轨道、能量最低原理的应用，形象的解释了共价键的特征和性质，又通过共价键知识的学习与迁移，为后面学习共价键的参数、分子的立体结构以及价层电子对互斥理论、杂化轨道理论、配位化合物理论打下知识基础。

二、学情分析

从知识储备方面来说，通过化学 2 的学习，学生已经了解共价键的概念与实质，会用电子式描述常见化合物的形成过程，并在第一章学习了原子的电子云和原子轨道。但不知道原子形成化合物的时候电子是如何结合的，原子轨道是如何重叠的，本节课采用模型和动画演示，直观形象的演示原子形成化合物的微观电子云、原子轨道重叠过程，帮助学生进一步深入理解共价键。从能力方面来说，学生已经具备了单个原子各能级电子运动轨道模型的空间印象，但对于多个原子靠近形成化合物时，原子的最外层电子是否参与反应？电子的电子云是否发生变化、如何变化学生并没有清晰的空间概念，通过本节课的学习提高了学生的表达能力和空间想象能力。

三、教学目标

核心知识	（1）复习化学键的概念，能用电子式表示常见物质的离子键或共价键的形成过程。 （2）知道共价键的主要类型 σ 键和 π 键。 （3）掌握 σ 键和 π 键的明显差别
核心能力	通过复习单个原子各能级电子的轨道模型知识，学习形成化合物时原子轨道重叠方式，强化运用抽象概念的方法类比归纳各知识点共性和差异性的能力
核心品质	通过模型和动画演示，直观形象的演示原子形成化合物的微观电子云、原子轨道重叠过程，能理解、描述和表示化学中常见的认知模型，指出模型表示的具体含义，并运用理论模型解释或推测物质的组成、结构、性质与变化

四、教学重点和难点

（1）教学重点：σ 键和 π 键的特征和性质。

（2）教学难点：σ 键和 π 键的特征。

五、知识框架

- 共价键的类型与特征
  - 共价键的形成与特征
    - 共价键的形成
      - 概念：原子间通过共用电子对所形成的相互作用，叫做共价键
      - 成键的粒子：一般为非金属原子（相同或不相同）或金属原子与非金属原子
      - 键的本质：原子间通过共用电子对（即电子云重叠）产生的强烈作用
      - 键的形成条件：非金属元素的原子之间形成共价键，大多数电负性之差小于 1.7 的金属与非金属原子之间形成共价键
    - 共价键的特征
      - 方向性：在形成共价键时，原子轨道重叠的愈多，电子在核间出现的概率越大，所形成的共价键就越牢固，因此共价键将尽可能沿着电子出现概率最大的方向形成，所以共价键具有方向性
      - 饱和性：按照共价键的共用电子对理论，一个原子有几个未成对电子，便可和几个自旋状态相反的电子配对成键，这就是共价键的“饱和性”
  - 共价键的类型
    - 按共用电子对数目分类
      - 单键
      - 双键
      - 三键
    - 按共用电子对是否偏移分类
      - 非极性键
      - 极性键
    - 按电子云的重叠方式分类
      - σ 键：两个原子的成键轨道沿着键轴的方向以“头碰头”的方式重叠
      - π 键：两个原子的成键轨道以“肩并肩”的方式重叠

六、教学过程

环节一：导入新课

【导入】通过已学过的知识，我们知道元素原子通过共用电子对形成共价键，因为电子在核外一定的空间运动，所以共用电子对的电子云要发生重叠，它们又是如何重叠形成共价键的呢？这就是我们本节课所要学的知识“共价键的特征与类型”。

【板书】见板书。

环节二：展开新课

1. 共价键的形成

【过渡】我们在化学 2 的课程中简单学习了共价键的相关知识，现在请同学们回顾一下共价键的定义、本质以及成键元素。

【讲述】共价键是指原子之间通过共用电子对所形成的相互作用，其本质是原子间通过共用电子对产生的强烈作用，成键元素一般为非金属元素。但上节课学习了电负性后，我们知道大多数电负性之差小于 1.7 的金属与非金属原子之间也形成共价键，因此共价键的成键元素一般为非金属元素（相同或不相同）或金属元素与非金属元素，判断是否形成共价键是根据电负性之差是否小于 1.7。

【板书】见板书。

【提问】如何用电子云和原子轨道的概念来进一步理解共价键？用电子云描述氢原子形成氢分子的过程？两个成键原子为什么能通过共用电子对相结合？

【投影】H_2 的形成过程

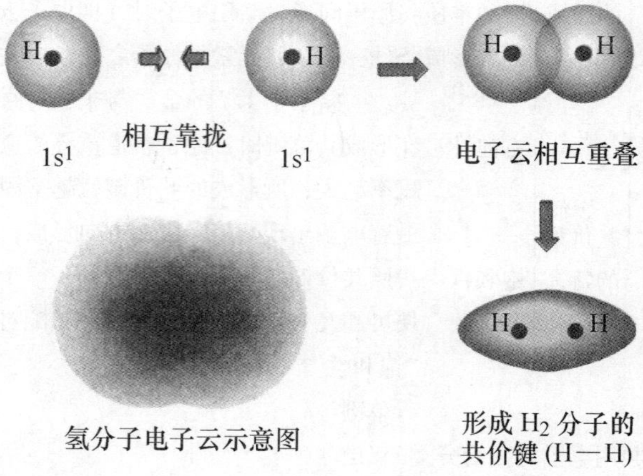

【讲述】以氢原子为例，当两个 H 原子相互靠近且达到一定距离时，两个 1s 轨道将发生重叠。如投影所示电子云图可形象表示。

【讲述】两个氢原子核外电子的自旋状态相反时，它们接近到一定距离，两个 1s 轨道重叠，电子在两原子核间出现的机会较大。随着核间距减小，核间电子出现的机会增大，体系能量逐渐下降，达到能量最低状态。核间距进一步减小时，原子间的斥力使体系能量迅速上升，排斥作用将氢原子推回到平衡位置。电子云在两个原子核间重叠，意味着电子出现在核间的概率增大，电子带负电，因而可以形象地说，核间电子好比在核间架起一座带负电的桥梁，把带正电的两个原子核“黏结”在一起。

【讲述】两个氢原子核外电子的自旋状态相同时，当它们相互接近，排斥力总是占主导地位，这样的两个氢原子不能形成氢气分子。

【提问】根据刚才的分析过程，请同学们思考共价键的形成需满足什么条件?

【讲述】通过上述分析可知共价键形成的本质是成键原子相互接近，原子轨道发生重叠，自旋状态相反的未成对电子形成共用电子对。

【讲述】由此我们总结出共价键形成的条件：一是两原子电负性相同或相近，二是一般成键原子有未成对电子，三是成键原子的原子轨道在空间上发生重叠。

【板书】见板书。

【讲述】同类分子（如 HX）中成键原子电子云（原子轨道）重叠程度越大，形成的共价键越牢固，分子结构越稳定。如 HX 的稳定性：HF > HCl > HBr > HI。

【讲述】由于在化学反应中，一般是原子的最外层电子发生变化，为了分析化学反应实质的方便，我们引进了只表示元素原子最外层电子的式子——电子式。

【讲述】电子式是指用小黑点（或×）表示原子最外层电子。我们也可以用结构式表示，即用一条短线表示一对共用电子。

【板书】见板书。

2. 共价键的特征

【过渡】共价键是常见化学键之一，它的本质是在原子之间形成共用电子对，你能用电子式表示 H_2、HCl、Cl_2 分子的形成过程吗?

【投影】HCl 的形成过程

$$H\cdot + \cdot\underset{\cdot\cdot}{\overset{\cdot\cdot}{Cl}}: \longrightarrow H:\underset{\cdot\cdot}{\overset{\cdot\cdot}{Cl}}:$$

【讲述】以 HCl 为例，氢原子和氯原子各有一个未成对电子，要达到稳定结构，需各结合一个电子，因此一个氯原子只能结合一个氢原子，一个氢原子也只能结合一个氯原子，因此 H_2Cl 分子是不存在的。同理不可能有 H_3、Cl_3 分子。

【讲述】按照共价键的共用电子对理论，一个原子有几个未成对电子，便可和几个自旋状态相反的电子配对成键，这表明共价键具有饱和性。共价键的饱和性决定了各种原子形成分子时相互结合的数量关系，决定了共价化合物的分子组成。

【板书】见板书。

【讲述】除 s 轨道是球形对称外，其他原子轨道在空间都具有一定的分布特点。共价键形成时，两个参与成键的原子轨道总是尽可能沿着电子出现概率最大的方向重叠，而且原子轨道重叠越多，电子在两核间出现的概率越大，形成的共价键越牢固。

【讲述】电子所在的原子轨道都有一定的形状，所以要取得最大重叠，共价键必然有方向性。

【板书】见板书。

【讲述】共价键的方向性决定了分子的立体构型，但并不是所有的共价键都具有方向性。

例如，s 轨道是球形的，故两个 s 轨道的电子云相互重叠时就没有方向性。

3. 共价键的类型

【讲述】如果共价键中成键原子吸引电子的能力不同，共用电子对就偏向吸引电子能力强的原子，偏离吸引电子能力较弱的原子，使得共价键中正电荷中心和负电荷中心不相重合，共价键显极性。

【讲述】同种原子形成共价键，共用电子对不发生偏移，这样的共价键称为非极性键；不同种原子形成共价键，共用电子对偏向吸引电子能力强的一方，这样的共价键称为极性键。因此，根据共价键中共用电子对的偏移程度可将共价键分为极性键和非极性键。

【板书】见板书。

【讲述】由于共用电子对数的不同，可以将共价键分为单键、双键和三键，如乙烯分子中 C 原子之间共用两对电子，形成双键，乙炔分子中 C 原子之间共用三对电子，形成三键。

【板书】见板书。

【过渡】通过前面的分析，我们知道氢分子是由两个 1s 轨道相互靠拢，电子云相互重叠，形成 H_2 分子的共价键 H—H。在形成过程中，H 原子的两个 s 轨道以头碰头的方式相互重叠时，重叠程度最大，所形成的键最牢固，分子最稳定，我们称此共价键为 σ 键，σ 键以原子核连线为轴，呈轴对称。

【板书】见板书。

【设问】H_2 分子中的 σ 键由两个 s 电子重叠形成，可称为 s-s σ 键。s 电子和 p 电子，p 电子和 p 电子重叠是否也能形成 σ 键呢?

【投影】HCl 和 Cl_2 的形成过程

【讲述】我们看一看 HCl 和 Cl_2 中的共价键，HCl 分子中的共价键是由氢原子提供的未成对电子 1s 的原子轨道和氯原子提供的未成对电子 3p 原子轨道重叠形成的，而 Cl_2 分子中的共价键是由 2 个氯原子各提供 1 个未成对电子的 3p 原子轨道重叠形成的。都是以“头碰头”的方式相互重叠，重叠程度最大，呈轴对称。

【讲述】H_2 分子里的 σ 键是由两个 s 电子重叠形成的，可称为 s-s σ 键，HCl 中的 σ 键是由 s 电子和 p 电子重叠形成的，称为 s-p σ 键，Cl_2 中的 σ 键是由 p 电子和 p 电子重叠形成的，称为 p-p σ 键。

【板书】见板书。

【讲述】形成 σ 键的原子轨道重叠程度较大，故 σ 键有较强的稳定性。共价单键为 σ 键，共价双键和三键中通常含一个 σ 键。

【投影】π 键的形成

【讲述】p 电子有三个轨道，若 p 轨道各提供 1 个未成对电子，则两个电子在成键时以“头碰头”的方式重叠，若 p 轨道各提供 2 个未成对电子，其中一对电子在成键时以“头碰头”的方式重叠，另一对电子以“肩并肩”形式重叠。在形成共价键时，未成对电子的原子轨道采取“肩并肩”的方式重叠，这种共价键叫 π 键。

【板书】见板书。

【讲解】两个 s 轨道只能形成 σ 键，不能形成 π 键。对比两个 p 电子形成的 σ 键和 π 键可以发现，σ 键是由两个原子的 p 电子以“头碰头”的方式重叠形成的，而 π 键是由两个原子的 p 电子以“肩并肩”的方式重叠形成的，π 键的电子云形状与 σ 键的电子云形状有明显差别，每个 π 键的电子云由两块组成，分别位于由两原子核构成平面的两侧，如果以它们之间包含原子核的平面为镜面，它们互为镜像，这种特征称为镜面对称。π 键与 σ 键不同，σ 键的强度较大，π 键不如 σ 键牢固，比较容易断裂，因而含有 π 键的化合物与只有 σ 键的化合物的化学性质不同，含有 π 键物质的化学性质更活泼。如我们熟悉的乙烷和乙烯，乙烯的化学性质比乙烷更活泼。

【板书】见板书。

【讲述】π 键通常存在于双键或三键中，以上由原子轨道相互重叠形成的 σ 键和 π 键总称价键轨道，是分子结构的价键理论中最基本的组成部分。

【讲述】共价分子中不一定含有 σ 键，如稀有气体分子中不含有化学键。也不一定含有 π 键，只有分子中含有双键和三键时，才含有 π 键。并不是所有的原子轨道都能形成 π 键，只有 p 能级的原子轨道才能形成 π 键。共价单键是 σ 键，而共价双键中有一个 σ 键，另一个是 π 键，共价三键由一个 σ 键和两个 π 键组成。

【投影】σ 键和 π 键的比较

键的类型	σ 键	π 键
原子轨道重叠方式	两个原子的成键轨道沿着键轴的方向以“头碰头”的方式重叠	两个原子的成键轨道以“肩并肩”的方式重叠
原子轨道重叠部位	两原子核之间，在键轴处	键轴上方和下方，键轴处为零
原子轨道重叠程度	大	小
键的强度	较大	较小
化学活泼性	不活泼	活泼
示意图	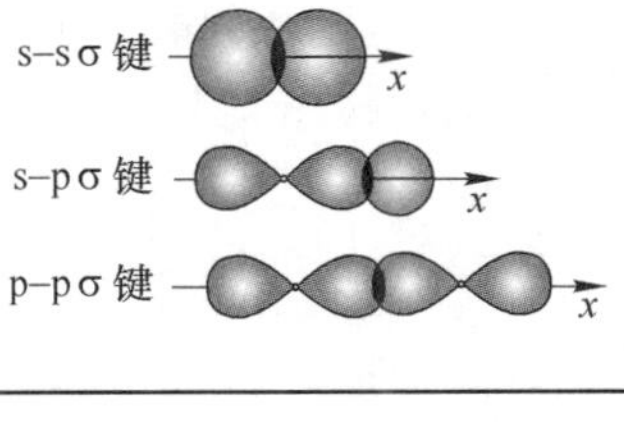	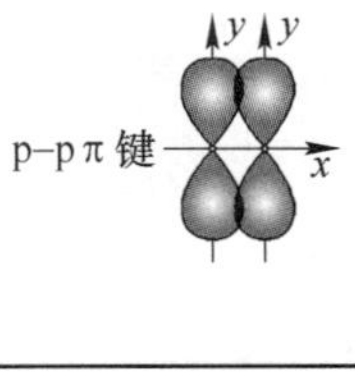

【小结】从成键方式可以看出，σ 键中两个原子的成键轨道沿着键轴的方向以“头碰头”的方式重叠，呈轴对称，原子轨道重叠程度大，键的强度较大。π 键中两个原子的成键轨道以“肩并肩”的方式重叠，呈镜面对称，原子轨道重叠程度小，键的强度较小，化合物较活泼。

环节三：归纳总结

【总结】本节课我们主要学习了共价键的相关内容，知道了共价键的三种分类方法。共价键的形成过程，其中 σ 键以“头碰头”的方式重叠，π 键中两个原子的成键轨道以“肩并肩”的方式重叠，键的强度较小，因此化合物较活泼。课程内容理论性强，需要同学们课下多做练习，巩固本节课知识。

七、板书设计

2.1.1 共价键的特征与类型

一、共价键的形成与特征

（一）共价键的形成

1. 概念：原子间通过共用电子对所形成的相互作用，叫做共价键
2. 成键的粒子：一般为非金属元素原子（相同或不相同）或金属元素原子与非金属元素原子
3. 键的本质：原子间通过共用电子对（即电子云重叠）产生的强烈作用
4. 键的形成条件：非金属元素的原子之间形成共价键，大多数电负性之差小于 1.7 的金属与非金属原子之间形成共价键

（二）共价键的特征

1. 饱和性

按照共价键的共用电子对理论，一个原子有几个未成对电子，便可和几个自旋状态相反的电子配对成键，这就是共价键的“饱和性”

2. 方向性

除 s 轨道是球形对称外，其他原子轨道在空间都具有一定的分布特点。在形成共价键时，原子轨道重叠的愈多，电子在核间出现的概率越大，所形成的共价键就越牢固，因此共价键将尽可能沿着电子出现概率最大的方向形成，所以共价键具有方向性

二、共价键的类型

（一）共价键的分类

1. 按共用电子对数目分类
   - 单键：如 H—H
   - 双键：如 C ═ C
   - 三键：如 N ≡ N
2. 按共用电子对是否偏移分类
   - 非极性键：如 Cl—Cl
   - 极性键：如 H—Cl
3. 按电子云的重叠方式分类
   - σ 键
   - π 键

（二）σ键与π键

键的类型	σ键	π键
原子轨道重叠方式	两个原子的成键轨道沿着键轴的方向以“头碰头”的方式重叠	两个原子的成键轨道以“肩并肩”的方式重叠
原子轨道重叠部位	两原子核之间，在键轴处	键轴上方和下方，键轴处为零
原子轨道重叠程度	大	小
键的强度	较大	较小
化学活泼性	不活泼	活泼
示意图	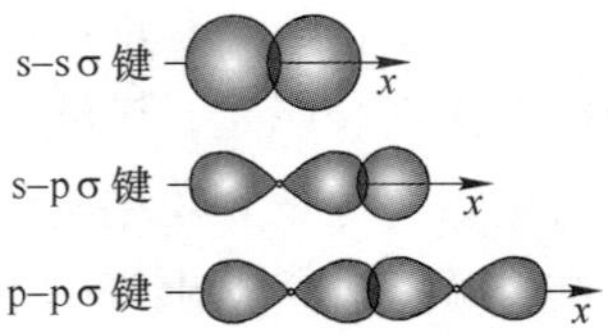	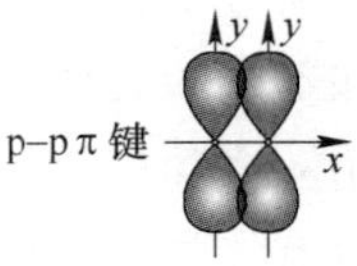

第2课时　共价键的键参数与等电子原理

一、教材分析

本节课选自人教版高中《化学（选修3)》第二章“分子结构与性质”第一节“键参数”，依据课程标准“认识共价键的键能、键长和键角可以用来描述键的强弱和分子的空间结构”的要求，本节课安排了“共价键的键能、键长、键角和等电子原理”等教学内容。

在化学键和电离能等有关知识基础上，教科书首先通过分析原子得失电子时能量的变化引出了键能的概念。通过数据的分析与归纳介绍了键能和共价键强度的关系，将键能应用到化学反应中，帮助学生理解键能的变化与化学反应吸热放热的关系。其次根据数据分析键长和键能的关系，进一步分析得出键长越短，键能越大。然后直接引出键角，进一步通过键角解释共价键的方向性以及键角与分子立体结构的关系。最后在分子的立体构型基础上，以氮气与一氧化碳为例，结合数据分析得出等电子原理。

本节课的内容在教科书中起着承上启下的作用，一方面是对前面所学的化学键，电离能、共价键相关知识的延伸与拓展，另一方面为后面第二节学习分子立体构型的相关知识奠定基础。

二、学情分析

从知识储备方面来说，通过化学2的学习，学生已经知道化学反应的实质是新化学键的形成与旧化学键的断裂，而化学键形成需要释放能量，化学键断裂需要吸收能量，但学生并不知道化学键形成释放的能量与共价键强弱的关系，共价键的强弱与什么因素有关。本节课在共价键和电离能的基础上讲述共价键的键能和影响键能的因素，了解多原子分子中的共价键如何排列形成空间立体分子，从而学习共价键的键参数键能、键长、键角对分子的影响。从能力方面来说，高二的学生已经具备了一定的空间想象能力，为本节课的学习奠定了良好的基础。

三、教学目标

核心知识	（1）知道键能、键长、键角等键参数的概念。 （2）能用键参数——键能、键长、键角解释简单分子的某些性质。 （3）知道等电子原理，能利用等电子原理推测部分物质的结构和性质
核心能力	通过比较氮气和一氧化碳的立体结构，学习等电子体相关知识，强化运用类比、归纳、判断、推理的方法学习新知识的能力
核心品质	通过共价键键参数的学习，在分子水平上进一步形成有关物质结构的基本观念，能从物质结构决定性质的视角解释分子的某些性质，并预测物质的有关性质

四、教学重点和难点

（1）教学重点：用键能、键长、键角等键参数说明简单分子的某些性质，等电子原理。

（2）教学难点：键角，等电子原理。

五、知识框架

- 共价键的键参数与等电子原理
  - 共价键参数
    - 键能
      - 定义：键能是气态基态原子形成 1mol 化学键释放的最低能量
      - 单位：kJ/mol
    - 键长
      - 定义：键长是指形成共价键的两个原子之间的核间距
      - 键长与共价键的稳定性之间的关系：共价键的键长越短，往往键能越大，这表明共价键越稳定，反之亦然
    - 键角：键角是指在多原子分子中，两个共价键之间的夹角
  - 等电子原理
    - 等电子原理：原子总数相同、价电子总数相同的分子具有相似的化学键特征，它们的许多性质是相近的
    - 等电子体：满足等电子原理的分子称为等电子体。如 CO 和 N_2 具有相同的原子总数和相同的价电子总数，属于等电子体，它们的许多性质相似

六、教学过程

环节一：导入新课

【导入】 通过前面的学习，我们知道 N_2 与 H_2 在常温下很难反应，必须在高温下才能发生反应，而 F_2 与 H_2 在冷暗处就能发生化学反应，这是为什么呢？

【讲述】 N_2 中 N 原子之间是共价三键，由一个 σ 键和两个 π 键组成；F_2 中 F 原子之间是共价单键，共价单键是 σ 键。化学 2 中我们知道化学反应的本质是旧化学键的断裂和新化学键的形成，化学键的断裂要吸收能量，断一个 σ 键和两个 π 键吸收的能量大于断一个 σ 键所吸收的能量，所以，N_2 与 H_2 在常温下很难反应，必须在高温下才能发生反应，而 F_2 与 H_2 在冷暗处就能发生化学反应。

【过渡】 共价键是一种重要的化学键。为了表征共价键的某些性质，化学上引入了键参数，本节课就让我们一起来学习“共价键的键参数与等电子原理”的有关知识。

【板书】 见板书。

环节二：展开新课

1. 共价键参数

【讲述】 在第一章讨论过原子的电离能，我们知道，原子失去电子要吸收能量。反过来，原子结合电子，要释放能量。因此，原子相互结合形成共价键，放出能量，由此形成了键能的概念。键能是气态基态原子形成 1mol 化学键释放的最低能量。例如，形成 1mol H—H 键释放的最低能量为 436. 0kJ，形成 1mol N≡N 键释放的最低能量为 946kJ，这些能量就是相应化学键的键能，通常取正值。

【板书】 见板书。

【讲述】键能的单位是 kJ/mol。固态或液态的某物质断键要先吸收部分能量，进行升华或汽化，因此为了确保释放能量最低，应为气态原子。

【投影】卤素原子氢化物的键能

共价键	H—F	H—Cl	H—Br	H—I
键能/$kJ\cdot mol^{-1}$	568	431.8	366	298.7

【提问】若使 2mol H—Cl 键断裂为气态原子，则发生的能量变化是多少？表中最难断裂的共价键是哪个，最易断裂的共价键是哪个？请同学们由表中键能数据大小说明键能与分子稳定性的关系。

【讲述】断键需要吸收能量，1mol H—Cl 的键能是 431.8kJ，则 2mol H—Cl 键断裂为气态原子，发生的能量变化是吸收 863.6kJ 的能量。表中数据从左到右依次减小，即断裂为气态原子需要吸收的能量依次降低，因此共价键最难断裂的是 H—F，最易断裂的是 H—I。键能大小说明键能与分子稳定性的关系：HF、HCl、HBr、HI 的键能依次减小，说明四种分子的稳定性依次减弱，即 HF 分子最稳定，最难分解，HI 分子最不稳定，最易分解。

【投影】部分共价键的键能

键	键能/$kJ\cdot mol^{-1}$	键	键能/$kJ\cdot mol^{-1}$
H—H	436.0	N≡N	946
F—F	157	N—O	176
Cl—Cl	242.7	N═O	607
Br—Br	193.7	O—O	142
I—I	152.7	O═O	497.3
C—C	347.7	C—H	413.4
C═C	615	O—H	462.8
C≡C	812	N—H	390.8
C—O	351	H—F	568
C═O	745	H—Cl	431.8
N—N	193	H—Br	366
N═N	418	H—I	298.7

【讲述】根据共价键的键能大小可以判断共价键的稳定性。原子间形成共价键时，原子轨道重叠程度越大，体系能量降低越大，释放能量越多，形成的共价键的键能越大，共价键越牢固。

【板书】见板书。

【讲述】根据共价键键能可以判断分子的稳定性。一般来说，结构相似的分子，共价键的键能越大，分子越稳定。如 HX 的稳定性：HF > HCl > HBr > HI 。

【板书】见板书。

【讲述】共价键键能的大小可用于判断物质反应活性的强弱。例如比较 N 原子和 P 原子以及 N_2 和 P_4 的反应活性。由于非金属性 N 大于 P，即 N 比 P 更容易得到电子，因此 N 原子有更大的反应活性；而 P—P 键的键能为 201kJ/mol，N≡N 键的键能为 946kJ/mol，因此 N≡N 键在化学反应中更难破坏，即 N_2 比 P_4 的反应活性小。再如，H—F 键、O—H 键、N—H 键的键能依次为 568kJ/mol、462.8kJ/mol、390.8kJ/mol。由键能数据可知，N—H 键、O—H 键、H—F 键的键能依次增大，化学键越来越稳定，所以 N_2、O_2、F_2 与 H_2 的反应能力依次增强。

【板书】见板书。

【讲述】利用键能可以计算反应热。键能与反应热的关系为 $\Delta H = E$（反应物总键能）- E（生成物总键能）。若反应物总键能 > 生成物总键能，即 $\Delta H>0$，则反应为吸热；若反应物总键能 < 生成物总键能，即 $\Delta H<0$，则反应为放热。

【板书】见板书。

【练习】某些共价键的键能数据如下表（单位：kJ/mol）：

共价键	H—H	Cl—Cl	Br—Br	H—Cl	H—I
键能	436	243	193	432	298
共价键	I—I	N≡N	H—O	H—N	
键能	151	946	463	393	

（1）把 1mol Cl_2 分解为气态原子时，需要________（填“吸收”或“放出”）________ kJ 能量。

（2）由表中所列化学键形成的单质分子中，最稳定的是________，最不稳定的是________；形成的化合物分子中最稳定的是________。

（3）试通过键能数据估算下列反应的反应热：

$H_2(g) + Cl_2(g) \xlongequal{} 2HCl(g)$ $\Delta H =$ ____________。

【讲述】键能是指气态基态原子形成 1mol 化学键释放的最低能量，新键形成释放能量，旧键断裂吸收能量，根据能量守恒定律，断开 1mol Cl—Cl 键吸收的能量等于形成 1mol Cl—Cl 键释放的能量。键能越大，化学键越稳定，越不容易断裂，化学性质越稳定，因此最稳定的单质为 N_2，最不稳定的单质是 I_2，最稳定的化合物是 H_2O，最不稳定的化合物是 HI。ΔH = 反应物键能之和 - 生成物键能之和 = (436+243-2×432) kJ/mol = -185kJ/mol。

【过渡】键能作为定量衡量化学键强弱的一个参数，除此之外，还有另外一个定量衡量化学键强弱的参数——键长。

【讲述】形成共价键的两个原子之间的核间距称为键长。因此原子半径决定化学键的键长，原子半径越小，共价键的键长越短。

【板书】见板书。

【投影】某些共价键的键长

键	键长/pm	键	键长/pm
H—H	74	C≡C	120
F—F	141	C—H	109
Cl—Cl	198	O—H	96
Br—Br	228	N—H	101
I—I	267	N≡N	110
C—C	154	Si—Si	235
C═C	133	Si—O	162

【讲述】 以 Cl_2 和 Br_2 为例，通过查阅表格，我们知道 Cl—Cl 键的键长为 198pm，键能为 242.7kJ/mol，Br—Br 键的键长为 228pm，键能为 193.7kJ/mol，而 Cl_2 比 Br_2 稳定。由此可以看出键长越短，往往键能越大，共价键越牢固，含有该共价键的分子越稳定。

【讲述】 例如，在 HF、HCl、HBr、HI 中，分子的共用电子对数相同，都为 1 对，由于 F、Cl、Br、I 的原子半径依次增大，所以 H—F 键、H—Cl 键、H—Br 键、H—I 键的稳定性越来越弱，因此从 HF、HCl、HBr 到 HI，分子越来越不稳定。氧族元素气态氢化物的稳定性递变规律可用类似的方法加以解释。

【讲述】 请同学们注意，并非所有的共价键都满足“键长越短，键能越大”。例如，卤素单质中，F 原子的半径最小，因此 F—F 键键长最短，但 F—F 键的键能并不是最大的。这是因为卤族元素中，F 的原子半径最小，F_2 分子中两个 F 原子核之间的距离最近，排斥力最大，因此 F—F 键的键能并不是最大的。与 Cl_2 相比，F_2 的稳定性更差，F—F 键更易断裂，性质更活泼。

【过渡】 分子的稳定性由键能和键长决定，键长也能决定分子的空间构型，另一个决定分子的空间构型的因素是共价键之间的夹角。

【讲述】 在多原子分子中，两个共价键之间的夹角称为键角。

【投影】 常见分子立体构型及其键角

分子立体构型	键角	实　例
正四面体形	109°28′	CH_4、CCl_4
平面形	120°	苯、乙烯、BF_3 等
三角锥形	107°	NH_3
V 形（角形）	105°	H_2O
直线形	180°	CO_2、CS_2、CH≡CH

【讲述】 例如，三原子分子 CO_2 的结构式为 O═C═O，它的键角为 180°，是一种直线形分子。三原子分子 H_2O 的 H—O—H 键角为 105°，是一种 V 形分子。多原子分子的键角一定，表明共价键具有方向性。键角是描述分子立体结构的重要参数，分子的许多性质都与键角有关。多原子分子中共价键之间有键角，表明共价键具有

方向性。这与前面所学共价键特征是一致的。

【板书】见板书。

【投影】氨气分子的立体构型示意图

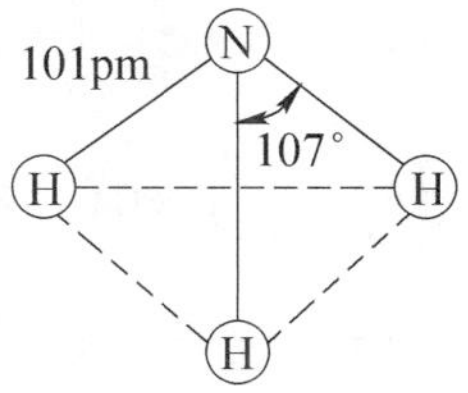

【讲述】键能与键长是衡量共价键稳定性的参数，键角是描述分子立体构型的参数。一般来说，如果知道分子中的键长和键角，这个分子的立体构型就确定了。如氨分子的 H—N—H 键角是 107°，N—H 键的键长是 101pm，就可以断定氨分子是三角锥形分子。

【小结】

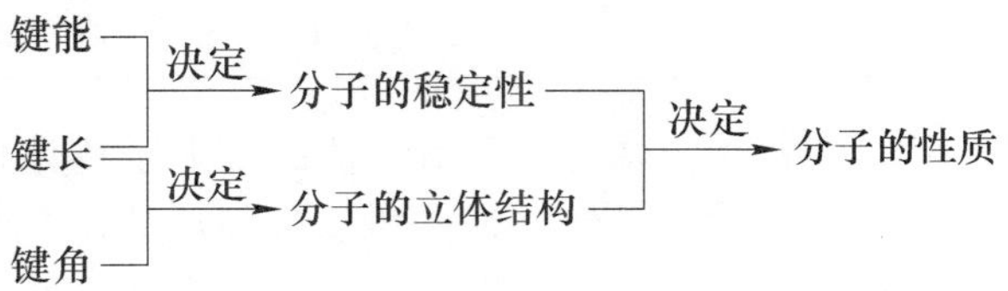

2. 等电子原理

【投影】CO 和 N_2 的某些性质

分　子		N_2	CO
结构	原子数	2	2
	电子数	14	14
	价电子数	10	10
	立体构型	直线形	直线形
性质	沸点/℃	−195.81	−191.49
	熔点/℃	−210.00	−205.05
	液体密度/$g\cdot cm^{-3}$	0.796	0.793

【提问】请同学们仔细观察表格，你们能得出什么结论？

【讲述】表中数据表明 CO 分子和 N_2 分子在许多性质上十分相似，这些相似性，可以归结为它们具有相等的价电子总数，导致它们具有相似的化学结构，由此形成了等电子原理的概念即原子总数相同、价电子总数相同的分子具有相似的化学键特征，它们的许多性质是相近的。

【板书】见板书。

【讲述】满足等电子原理的分子称为等电子体。如 CO 和 N_2 具有相同的原子总数和相同的价电子总数，属于等电子体，它们的许多性质相似。互为等电子体的物质可以是分子和分子、分子和离子、离子和离子。

【讲述】等电子体必须满足微粒所含原子数目相同、微粒所含价电子总数相同两个条件。等电子体的价电子数可以由其电子式或构成微粒的原子的价电子数来判断，即电子式中的键合电子和孤电子对数之和为价电子总数。离子中各原子的价电子数之和与离子所带电荷相加或相减即得价电子总数。如 NO_2^- 的价电子总数为 $5+6\times2+1=18$。

【提问】请同学们思考，我们学过的等电子物质还有哪些？试举例。

【投影】常见的等电子体

类 型	实 例	空间构型
双原子 10 电子的等电子体	N_2、CO、NO^+、C_2^{2-}、CN^-	直线形
三原子 16 电子的等电子体	CO_2、CS_2、N_2O、NO_2^+、N_3^-、$BeCl_2(g)$	直线形
三原子 18 电子的等电子体	NO_2^-、O_3、SO_2	V 形
四原子 24 电子的等电子体	NO_3^-、CO_3^{2-}、BO_3^{3-}、CS_3^{2-}、BF_3、$SO_3(g)$	平面三角形
五原子 32 电子的等电子体	SiF_4、CCl_4、BF_4^-、SO_4^{2-}、PO_4^{3-}	正四面体形

【讲述】综上，我们可以得出以上常见的等电子体的价电子总数相同，而组成原子核外电子总数不一定相同。等电子体的许多性质是相近的，立体构型是相同的。利用等电子体可以判断一些简单分子或离子的立体构型；也可以利用等电子体在性质上的相似性制造新材料，以及利用等电子原理针对某物质找等电子体。

环节三：归纳总结

【总结】本节课我们学习了共价键参数和等电子原理，知道共价键参数包括键角、键长、键能，其中键角和键长决定分子的空间构型，键长和键能决定分子的稳定性，键长越短、键能越大，分子越稳定；此外，知道等电子是指原子总数相同、价电子总数相同的分子，此类分子立体构型相同，许多性质是相近的，利用等电子原理，可以制造很多性质相似的材料。请同学们课下完成课本 34 页的第 3~5 题并预习下节课“价层电子对互斥理论”的有关内容。

七、板书设计

2.1.2 共价键的键参数与等电子原理

一、共价键参数

（一）键能

1. 定义：键能是气态基态原子形成 1mol 化学键释放的最低能量
2. 单位：kJ/mol

（二）键长

1. 定义：键长是指形成共价键的两个原子之间的核间距，因此原子半径决定化学键的键长，原子半径越小，共价键的键长越短
2. 键长与共价键的稳定性之间的关系：共价键的键长越短，往往键能越大，这表明共价键越稳定，反之亦然

（三）键角

1. 定义：键角是指在多原子分子中，两个共价键之间的夹角

2. 常见分子的立体构型

分子立体构型	键角	实　例
正四面体形	109°28′	CH_4、CCl_4
平面形	120°	苯、乙烯、BF_3 等
三角锥形	107°	NH_3
V 形（角形）	105°	H_2O
直线形	180°	CO_2、CS_2、$CH\equiv CH$

（四）对分子性质的影响

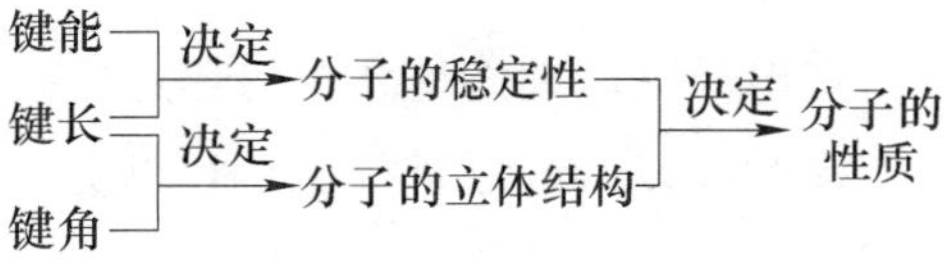

二、等电子原理

（一）等电子原理：原子总数相同、价电子总数相同的分子具有相似的化学键特征，它们的许多性质是相近的

（二）等电子体：满足等电子原理的分子称为等电子体。如 CO 和 N_2 具有相同的原子总数和相同的价电子总数，属于等电子体，它们的许多性质相似

第二节　分子的立体构型

第1课时　价层电子对互斥理论

一、教材分析

本节课选自人教版高中《化学（选修3）》第二章“分子结构与性质”第二节“分子的立体构型”。依据课程标准“结合实例了解共价键分子具有特定的空间结构，可运用相关理论和模型进行解释和预测，知道分子的结构可以通过波谱、晶体X射线衍射等技术进行测定”的要求，本节课安排了“形形色色分子的立体构型以及价层电子对互斥理论”等教学内容。

分子的立体构型以及价层电子互斥理论是高考的热点。教科书首先从三原子分子CO_2和H_2O、四原子分子CH_2O和NH_3以及五原子分子CH_4的分子式、结构式和分子的立体结构模型出发，指出不同分子的结构不同，性质也不同，使学生对分子的立体构型产生兴趣，并通过资料卡片中各种分子实物和结构的展示，引发学生思考科学家是如何“看到”并研究分子结构的。随后在“科学视野”栏目中介绍红外光谱仪分析分子的立体构型，又以问题“CO_2和H_2O都是三原子分子，为什么一个是直线形，另一个却是V形？”引出价层电子对互斥理论。最后通过比较孤对电子和成键电子间的排斥力大小，结合能量最低原理解释原子电子云轮廓最大重叠原理，从价电子的角度分析了含有相同原子数的分子立体构型多样性、复杂性的原因，通过价层电子互斥理论建立VSEPR模型，判断常见分子和离子的立体构型。

本节课在共价键知识的基础上，进一步介绍了分子的立体结构，并根据价层电子对互斥理论对简单分子结构的多样性和复杂性进行了介绍，为后面学习“杂化轨道理论”和“分子的性质”等有关知识奠定了基础，使学生能从分子结构的角度认识物质的性质，在教科书中具有“承上启下”的作用。

二、学情分析

从知识储备方面来说，通过前面的学习，学生已经掌握了共价键和简单分子的结构式，学生对分子的结构认识已经达到“识记”层面，但并未发展到“理解—预测”层面。本节课的知识理论性较强，是学生从原子结构到分子结构的过渡，理论的建立和模型的建立都需要一定的逻辑推理能力和想象力，概括性比较强，需要学生借助多媒体手段或者道具进一步掌握这一知识。从能力方面来说，学生已经具备了一定的空间想象能力和合作交流能力，为本节课的学习奠定了良好的基础。

三、教学目标

核心知识	（1）掌握一些典型分子的立体结构。 （2）认识分子结构的多样性和复杂性，理解价层电子对互斥理论。 （3）掌握运用价层电子对互斥理论，判断分子的空间立体构型
核心能力	通过运用价层电子对互斥理论，对典型分子立体结构进行探究，学会运用观察、比较、分类及归纳的学习方法，强化信息加工和科学探究能力
核心品质	通过观察分子的立体结构，能理解、描述和表示化学中常见的认知模型，指出模型表示的具体含义，并运用理论模型解释或推测物质的组成、结构、性质与变化

四、教学重点和难点

（1）教学重点：分子的立体结构；利用价层电子对互斥模型预测分子的立体结构。

（2）教学难点：价层电子对互斥理论。

五、知识框架

- 价层电子对互斥理论
  - 常见分子的立体构型
    - 三原子分子的立体构型有直线形和 V 形两种
    - 四原子分子大多数采取平面三角形和三角锥形两种立体构型
    - 五原子分子的可能立体构型更多，最常见的是正四面体
  - 价层电子对互斥理论
    - 价层电子对互斥理论（VSEPR）：分子中的价层电子对包括 σ 键电子对和中心原子上的孤电子对，由于电子对的相互排斥作用，而趋向尽可能彼此远离，分子尽可能采取对称的立体构型，以减小斥力
  - 价层电子对
    - σ 键电子对 = 中心原子结合的原子数
    - 中心原子孤电子对数 = $1/2(a-xb)$
      - a 表示中心原子的价电子数
        - 对主族元素：a = 最外层电子数
        - 对于阳离子：a = 价电子数 − 离子电荷数
        - 对于阴离子：a = 价电子数 + | 离子电荷数 |
      - x 表示与中心原子结合的原子数
      - b 表示与中心原子结合的原子最多能接受的电子数，氢为 1，其他原子 = 8−该原子的价电子数

六、教学过程

环节一：导入新课

【导入】在宏观世界中，花朵、蝴蝶、冰晶等诸多物质展现出规则与和谐的美。科学巨匠爱因斯坦曾感叹：“在宇宙的秩序与和谐面前，人类不能不在内心发出由衷的赞叹，激起无限的好奇”。实际上，宏观的秩序与和谐源于微观的规则与对称。通常，不同的分子具有不同的空间构型。例如，甲烷分子呈正四面体形、氨分子呈三角锥形、苯环呈正六边形。那么，这些分子为什么具有不同的空间构型呢？本节课我们一起来学习“价层电子对互斥理论”的有关知识。

【板书】见板书。

环节二：展开新课

1. 常见分子的立体构型

【过渡】分子中所含有的原子个数与它们的空间构型有何关系？同为三原子分子，CO_2 和 H_2O 分子的空间结构却不同，这是什么原因导致的？同为四原子分子，CH_2O 与 NH_3 分子的空间结构也不同，这是什么原因导致的？

【练习】写出 C、H、N、O 的电子式，根据共价键的饱和性讨论 C、H、N、O 的成键情况。

【投影】C、H、N、O 的成键情况

原　子	H	C	N	O
电子式	$\cdot H$	$\cdot\dot{\underset{\cdot}{C}}\cdot$	$\cdot\ddot{\underset{\cdot}{N}}\cdot$	$\cdot\ddot{\underset{..}{O}}\cdot$
可形成共用电子对数	1	4	3	2
成键情况	1	4	3	2

【讲述】通过观察上表可以看出，不同原子电子式不同，可形成的电子对数目不同，共价键的饱和性不同。

【练习】写出 CO_2、H_2O、NH_3、CH_2O、CH_4 的电子式和结构式；根据电子式、结构式描述 CO_2、H_2O、NH_3、CH_2O、CH_4 的成键情况，分析分子内的原子总数、孤对电子数及空间结构。

【投影】

分　子	CO_2	H_2O	NH_3	CH_2O	CH_4
电子式	$:\ddot{O}::C::\ddot{O}:$	$H:\ddot{\underset{..}{O}}:H$	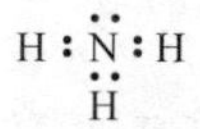		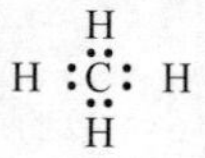
结构式	O＝C＝O	H—O—H	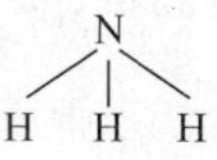	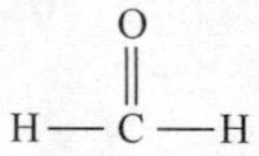	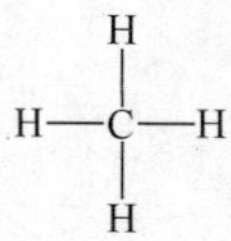
原子总数	3	3	4	4	5
孤对电子数	无	2	1	无	无
空间结构	直线形	V 形	三角锥形	平面三角形	正四面体

【讲述】通过观察，我们知道由于构成分子的原子总数不同，并且含有相同数目原子的分子中含有的共价键具有方向性和饱和性。因此，会导致键长和键角不同，而键长和键角决定了分子的立体结构。

【讲述】大多数分子是由两个以上原子构成的，于是就有了分子中的原子的空间关系问题，这就是所谓“分子的立体结构”。如 CO_2 分子呈直线形，两个 C ═ O 键的键角为 180°，而 H_2O 分子呈 V 形，两个 H—O 键的键角为 105°。

【讲述】CO_2 与 CS_2、H_2O 与 H_2S 互为等电子体，依据元素周期律推测分子的立体结构，CS_2 呈直线形，H_2S 呈 V 形。CO_2 与 CS_2、H_2O 与 H_2S 都是三原子分子，由此得三原子分子的立体结构有直线形和 V 形两种。

【板书】见板书。

【讲述】大多数四原子分子采取平面三角形和三角锥形两种立体结构。例如，甲醛（CH_2O）分子呈平面三角形，键角约 120°；氨分子呈三角锥形，键角 107°。

【板书】见板书。

【讲述】五原子分子的立体结构更多，最常见的是正四面体形，如甲烷分子的立体结构是正四面体形，键角为 109°28′。

【板书】见板书。

【讲述】分子中原子不是固定不动的，而是不断振动的。所谓分子立体结构其实只是分子中的原子处于平衡位置时的模型。当一束红外线透过分子时，分子会吸收跟它的某些化学键的振动频率相同的红外线，再记录到图谱上呈现吸收峰。通过计算机模拟，可以得知各吸收峰是由哪一个化学键、哪种振动方式引起的，结合这些信息，可分析出分子的立体结构。

2. 价层电子对互斥理论

【过渡】CO_2 和 H_2O 都是三原子分子，为什么 CO_2 呈直线形而 H_2O 呈 V 形？CH_2O 和 NH_3 都是四原子分子，为什么 CH_2O 呈平面三角形而 NH_3 呈三角锥形？为了探究其原因，发展了许多研究分子立体结构的理论。

【讲述】1940 年，希吉维克（Sidgwick）和坡维尔（Powell）在总结实验事实的基础上提出了一种简单的理论模型，用以预测简单分子或离子的立体结构。这种理论模型后经吉列斯比（R. J. Gillespie）和尼霍尔姆（Nyholm）在 20 世纪 50 年代加以发展，命名为价层电子对互斥模型，简称 VSEPR（Valence Shell Electron Pair Repulsion）。

【板书】见板书。

【讲述】分子的空间构型与成键原子的价电子有关。价层电子对互斥模型可以用来预测分子的立体结构。应用这种理论模型，分子中的价电子对（包括成键电子对和孤电子对），由于相互排斥作用，而趋向尽可能彼此远离以减小斥力，分子尽可能采取对称的空间构型。

【提问】请同学们思考价电子对间的斥力又是怎么样的？价电子对间的斥力与哪些因素有关？

【讲述】电子带负电，电子对相互靠近时，电子对之间的夹角越小，排斥力越大。由于成键电子对受两个原子核的吸引，所以电子云比较紧缩，而孤对电子只受到中心原子的吸引，电子云比较“肥大”，对邻近电子对的斥力较大，所以电子对之间的斥力大小顺序如下：孤电子对—孤电子对>孤电子对—成键电子>成键电子—成键电子。

【讲述】由于三键、双键比单键包含的电子数多，所以其斥力大小次序为三键>双键>单键，价层电子对互斥模型认为，它们之所以有这样的立体结构就是由于分子中的价电子对相互排斥的结果。

【板书】见板书。

【讲述】这种模型把分子分成以下两大类：一类是中心原子上的价电子都用于形成共价键，如 CO_2、CH_2O、CH_4 等分子中的碳原子，在这类分子中，由于价层电子对之间的相互排斥作用，它们趋向于尽可能地相互远离，成键原子的几何构型总是采取电子对排斥最小的那种结构。它们的立体结构可用中心原子周围的原子数 n 来预测，概括如下。

【投影】AB_n型分子的立体结构

AB_n	立体结构	范　例
$n=2$	直线形	CO_2、$BeCl_2$
$n=3$	平面三角形	CH_2O、BF_3
$n=4$	正四面体形	CH_4、CCl_4
$n=5$	三角双锥形	PCl_5
$n=6$	正八面体形	SF_6

【板书】见板书。

【投影】中心原子上有孤对电子的分子的空间构型

化学式	含孤电子对的VSEPR 模型	分子或离子的立体构型	分子或离子的立体构型名称
H_2O	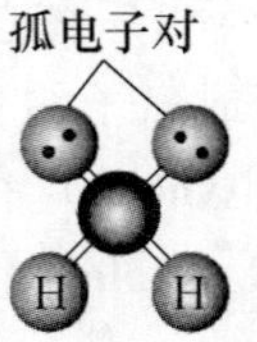	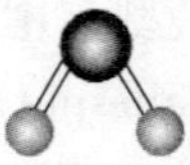	V 形
NH_3	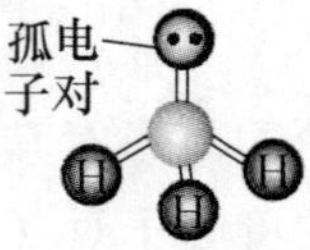	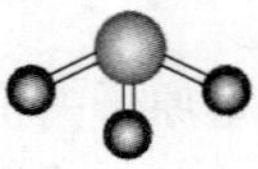	三角锥形
HCN	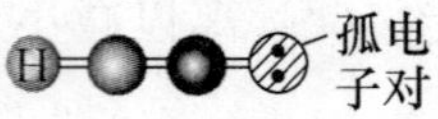	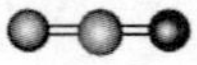	直线形
H_3O^+	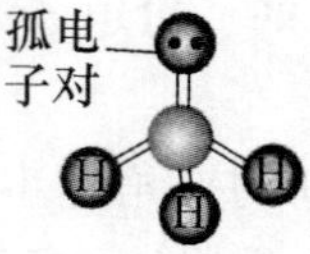	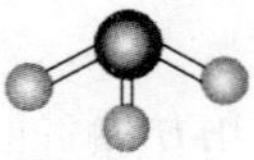	三角锥形
SO_2	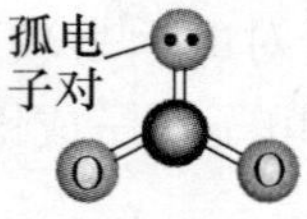	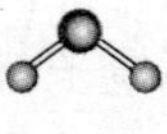	V 形

【讲述】另一类是中心原子上有孤对电子的分子，如 H_2O 和 NH_3，对于这类分子，首先建立四面体模型，每个键占据一个方向（多重键只占据一个方向），孤对电子也要占据中心原子周围的空间，并参与互相排斥。例如，H_2O 和 NH_3 的中心原子上分别有 2 对和 1 对孤对电子，跟中心原子周围的 σ 键加起来都是 4，它们相互排斥，形成四面体，因而 H_2O 分子呈 V 形，NH_3 分子呈三角锥形。

【板书】见板书。

【讲述】以上分析中，原子的价电子一类是形成了共价键，一类是形成了孤电子对。因此，利用价层电子对互斥理论时，首先要根据原子的最外层电子数，判断中心原子上有没有孤电子对，然后再根据中心原子结合的原子数目，判断分子的空间构型。

【讲述】分子中的价层电子对包括 σ 键电子对和中心原子上的孤电子对。σ 键电子对数可由分子式确定。无论分子中有无 π 键，形成的 σ 键电子对和中心原子结合的原子个数是一样的。这里把中心原子结合的原子数称为“配位原子数”，即 σ 键电子对数等于与中心原子结合的原子个数。

【板书】见板书。

【讲述】中心原子上的价电子除形成共价键外，另外一部分用于形成孤电子对。因此，孤电子对数等于中心原子的价电子数减去成键电子数，再除以 2。成键电子数等于与之相连的配原子的成键电子数，配原子的成键电子数等于配原子达到稳定结构所需电子总数。因此，对于 AB_n 型分子（A 为中心原子，B 为配位原子），分子的孤电子对数等于中心原子的价电子数减去每个配原子达到稳定结构所需电子数乘以配原子个数。

【板书】见板书。

【投影】价层电子对数＝中心原子所成 σ 键数 + 中心原子孤电子对数 $= n + 1/2(a - xb)$

【讲述】以 AB_n 型分子为例，式中 a 为中心原子 A 价电子数，对于主族元素来说，价电子数等于原子的最外层电子数，b 为配位原子 B 最多能接受的电子数。H 为 1，其他原子等于“8-该原子的最外层电子数”，x 即为分子式中的 x 值，即配位原子的个数。

【板书】见板书。

【讲述】请同学们注意，在计算孤电子对数时，如果讨论的是离子，则应加上或减去与离子电荷相应的电子数，若为阳离子，则 a 为中心原子的价电子数减去离子的电荷数；若为阴离子，则 a 为中心原子的价电子数加上离子的电荷数。

【板书】见板书。

【练习】完成下列表格。

分子或离子	中心原子	a	x	b	中心原子上的孤电子对数
H_2O					
SO_2					
NH_4^+					
CO_3^{2-}					

【讲述】VSEPR 模型与分子的立体构型不一定一致，分子的立体构型指的是成键电子对的立体构型，不包括孤电子对（未用于形成共价键的电子对）。两者是否一致取决于中心原子上有无孤电子对，当中心原子上无孤电子对时，两者的构型一致；当中心原子上有孤电子对时，两者的构型不一致。

【提问】请同学们思考价层电子对数是 2、3、4 的分子或离子所对应的 VSEPR 模型是什么？

【投影】价层电子对数目与价层电子对构型关系

价层电子对数目	2	3	4
价层电子对构型	直线	三角形	四面体

【讲述】原子的价层电子对数目决定价层电子对构型，价层电子对互斥模型说明的是价层电子对的空间构型，包括孤电子对。当价层电子对数等于 2 时，价层电子对空间构型呈直线形，当价层电子对数等于 3 时，价层电子对构型呈平面三角形，当价层电子对数等于 4 时，价层电子对构型呈四面体。

【板书】见板书。

【讲述】根据分子中成键电子对数和孤电子对数，可以确定相应的稳定的分子几何构型。价层电子对互斥模型对少数化合物判断不准，不能适用于过渡金属化合物，除非金属具有全满、半满或全空的 d 轨道。价层电子对互斥模型说明的是价层电子对的空间构型，包括孤电子对；而分子的立体构型指的是成键电子对的空间构型，不包括孤电子对。

【练习】请应用 VESPR 理论，判断下列粒子的构型：CH_4、ClO_3^-、PCl_5

【讲述】在 CH_4 中，C 有 4 个电子，4 个 H 提供 4 个电子，C 的价层电子总数为 8 个，价层电子对为 4 对，C 的价层电子对的排布为正四面体，由于价层电子对全部是成键电子对，因此 CH_4 的空间构型为正四面体。在 ClO_3^- 中，Cl 有 7 个价电子，O 不提供电子，再加上得到的 1 个电子，价层电子总数为 8 个，价层电子对为 4 对。Cl 的价层电子对的排布为四面体，四面体的 3 个顶角被 3 个 O 占据，余下的一个顶角被孤对电子占据，因此 ClO_3^- 为三角锥形。在 PCl_5 中，P 有 5 个价电子，5 个 Cl 分别提供 1 个电子，中心原子共有 5 对价层电子对，价层电子对的空间排布方式为三角双锥，由于中心原子的价层电子对全部是成键电子对，因此 PCl_5 的空间构型为三角双锥形。

【小结】对于中心原子上无孤电子对的分子，VSEPR 模型就是分子的立体构型；对于中心原子上有孤电子对的分子，中心原子上的孤电子对也要占据中心原子周围空间，并互相排斥，使分子呈现不同的立体构型，确定分子立体构型的方法是在 VSEPR 模型的基础上，略去孤电子对在价层电子对互斥模型中占有的空间，剩下的就是分子的立体构型。常见分子的 VSEPR 模型和分子的立体构型如表所示。

【投影】常见分子的 VSEPR 模型和分子的立体构型

σ 键电子对数	孤电子对数	价层电子对数	电子对的排列方式	VSEPR 模型	分子或离子的立体构型	实　例
2	0	2	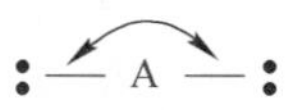	直线形	直线形	$HgCl_2$、$BeCl_2$、CO_2
3	0	3	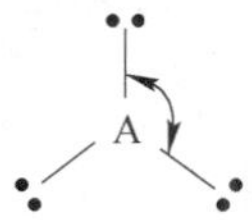	三角形	平面三角形	BF_3、BCl_3
2	1		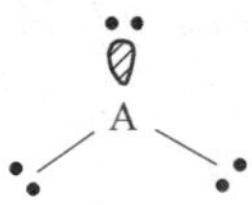		V 形	$SnBr_2$、$PbCl_2$
4	0	4	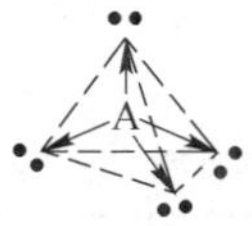	四面体形	正四面体形	CH_4、CCl_4
3	1		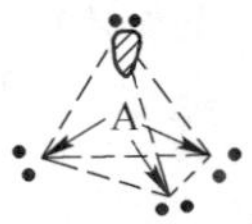		三角锥形	NH_3、NF_3
2	2		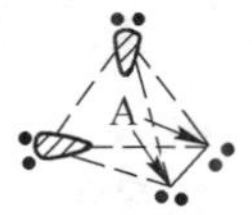		V 形	H_2O

环节三：归纳总结

【总结】 分子的立体构型内容要求同学们注重理解和计算，价层电子对互斥理论的相关计算和应用在高考选做题中出现概率大，是历年考题的常考项，通过本节课的学习，同学们要学会计算分子的价层电子对数，利用价层电子对互斥理论，判断价层电子对互斥模型和分子的立体构型。本节课内容理论性较强，请同学们课后复习有关知识，完成课本 44 页的第 1 题并预习下节课“杂化轨道理论”的有关内容。

七、板书设计

2.2.1　价层电子对互斥理论

一、常见分子的立体构型

（一）三原子分子的立体构型有直线形和 V 形两种

（二）四原子分子大多数采取平面三角形和三角锥形两种立体构型

（三）五原子分子的可能立体构型更多，最常见的是正四面体

二、价层电子对互斥理论

（一）价层电子对互斥理论（VSEPR）

分子中的价层电子对包括 σ 键电子对和中心原子上的孤电子对，由于电子对的相互排斥作用，而趋向尽可能彼此远离，分子尽可能采取对称的立体构型，以减小斥力

（二）价层电子对的确定方法

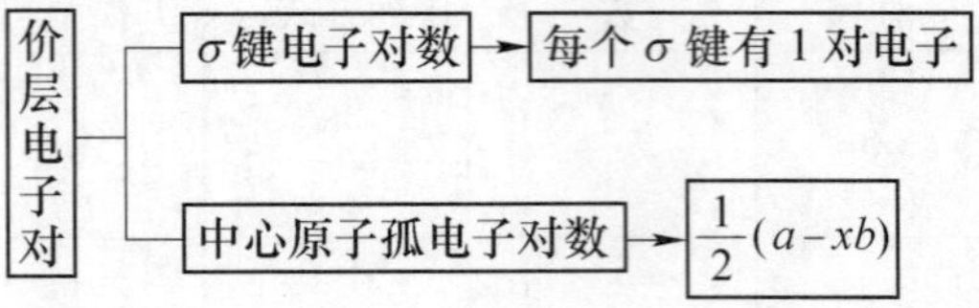

1. a 表示中心原子的价电子数

   对主族元素：a=最外层电子数

   对于阳离子：a=价电子数 - 离子电荷数

   对于阴离子：a=价电子数 +| 离子电荷数|

2. x 表示与中心原子结合的原子数

3. b 表示与中心原子结合的原子最多能接受的电子数，氢为1，其他原子＝8-该原子的价电子数

（三）常见分子的VSEPR模型和空间构型

σ键电子对数	孤电子对数	价层电子对数	电子对的排列方式	VSEPR 模型	分子或离子的立体构型	实　例
2	0	2	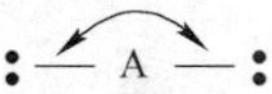	直线形	直线形	$HgCl_2$、$BeCl_2$、CO_2
3	0	3	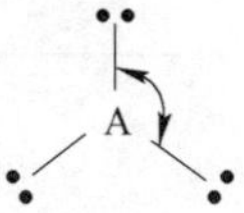	三角形	平面三角形	BF_3、BCl_3
2	1		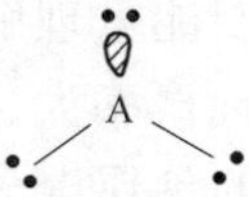		V形	$SnBr_2$、$PbCl_2$
4	0	4	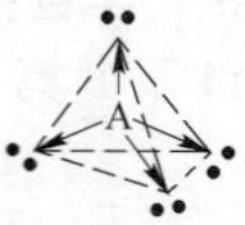	四面体形	正四面体形	CH_4、CCl_4
3	1		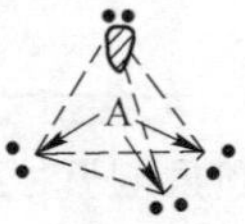		三角锥形	NH_3、NF_3
2	2		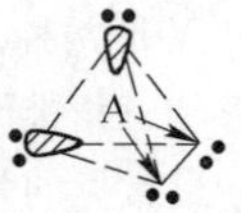		V形	H_2O

第2课时　杂化轨道理论

一、教材分析

本节课选自人教版高中《化学（选修3）》第二章“分子结构与性质”第二节“分子的立体构型”。依据课程标准“认识共价分子结构的多样性和复杂性，运用相关理论和模型进行解释和预测分子或离子的立体结构”的要求，本节课安排了“杂化轨道理论”这一教学内容。

价层电子对互斥理论和杂化轨道理论是价键理论的重要组成，在学习了原子核外电子排布规律和共价键的基础上，教科书首先以甲烷为例，归纳甲烷分子共价键类型及参数，分析中心原子碳原子的核外电子排布，发现用前面学过的“价层电子对互斥理论”无法解释甲烷分子的空间构型，产生矛盾，通过原子轨道建构甲烷分子的立体空间构型，引出杂化轨道理论。然后运用动画介绍三种杂化类型以及杂化轨道的要点和轨道成分比例，将抽象理论具体化。最后结合之前学习的价层电子对互斥理论，解释形形色色的分子立体构型的多样性和复杂性，并判断常见分子的杂化轨道数及杂化轨道类型。

杂化轨道理论位于共价键和价层电子对互斥理论之后，对价键理论进行了完善和丰富，很好地解释了多原子分子的空间构型，并且形象地解释了原子之间的成键方式、有关物质的空间结构及其稳定性，为后续配合物和晶胞的学习奠定了基础。因此杂化轨道理论在教材中起着承上启下的作用。

二、学情分析

从知识储备方面来说，学生已经学习了原子的结构与性质、共价键和价层电子对互斥理论，学会了运用价层电子对互斥理论来判断简单分子的空间构型。但部分学生对原子结构和价层电子对互斥理论仍掌握地不好，且价层电子对互斥理论仍解释不了一些分子的空间结构，需要本节课的知识延伸拓展学生对分子结构的认识，完善价键理论。从能力方面来说，高二学生思维敏捷，好奇心强，动手能力强，已经具备了一定的空间想象能力和合作交流能力，而本节内容对学生空间想象力和抽象思维能力要求较高，学生学习仍有一定的困难。

三、教学目标

核心知识	（1）认识杂化轨道理论的要点。 （2）了解有机化合物中碳的成键特征。 （3）学会运用杂化轨道理论判断简单分子或离子的构型
核心能力	通过运用比较、讨论、归纳、综合的学习方法学习杂化轨道理论，强化分析、归纳、综合的能力和空间想象能力
核心品质	通过分析图表、观察分子空间构型，学会运用杂化轨道理论判断多原子分子的空间立体构型，能从宏观和微观结合上收集证据，能依据证据从不同视角分析问题，推出合理的结论

四、教学重点和难点

（1）教学重点：杂化轨道理论的要点。

（2）教学难点：杂化轨道理论。

五、知识框架

- 杂化轨道理论
  - 轨道的杂化与杂化轨道
    - 概念
      - 轨道的杂化：原子内部能量相近的原子轨道重新组合形成与原轨道数相等的一组新轨道的过程
      - 杂化轨道：杂化后形成的新的能量相同的一组原子轨道
    - 杂化轨道类型
      - sp
      - sp^2
      - sp^3
  - 杂化类型的判断方法
    - 杂化轨道只能用于形成 σ 键或者用来容纳孤电子对，而两个原子之间只能形成一个 σ 键
    - 杂化轨道数=中心原子孤电子对数+中心原子结合的原子数，再由杂化轨道数判断杂化类型

六、教学过程

环节一：导入新课

【导入】上节课我们学习了价层电子对互斥理论，知道价层电子对数等于孤电子对数加 σ 键个数，根据价层电子对数可以判断价层电子对互斥模型和分子的空间构型，本节课我们学习判断分子空间构型的另一个理论——杂化轨道理论。

【板书】见板书。

环节二：展开新课

1. 杂化轨道理论

【提问】根据价层电子对互斥理论，预测甲烷分子的空间构型是什么？键角是多少？

【讲述】根据价层电子对互斥理论，甲烷分子的 σ 键数等于 4，孤电子对数等于 0，价层电子对数等于 4，甲烷分子呈正四面体结构，它的 4 个 C—H 键的键长相同，H—C—H 的键角为 109°28′。

【讲述】按照价键理论，原子之间若要形成共价键，它们的价电子中应当有未成对的电子，碳原子的价电子排布为 $2s^22p^2$，也就是说，它只有两个未成对的 2p 电子，若碳原子与氢原子结合，则应形成 CH_2；即使碳原子的一个 2s 电子受外界条件影响跃迁到 2p 空轨道，使碳原子具有四个未成对电子，然而，碳原子的 4 个价层原子轨道是 3 个相互垂直的 2p 轨道和 1 个球形的 2s 轨道，用它们跟 4 个氢原子的 1s 原子轨道重叠，不可能得到正四面体构型的甲烷分子。

【提问】请同学们思考甲烷分子的正四面体构型是怎样形成的？

【讲述】为了解决这一矛盾，鲍林提出了杂化轨道理论。杂化轨道理论也是一种价键理论，

是美国化学家鲍林为了解释分子的立体构型提出的，它较好地解决了分子的立体构型与价键理论之间的矛盾。杂化轨道理论指出，在外界条件影响下，原子内部能量相近的原子轨道重新组合的过程称为原子轨道的杂化，组合后形成的一组新的原子轨道，称为杂化原子轨道，简称杂化轨道。

【板书】见板书。

【讲述】杂化轨道理论认为：在形成分子时，通常存在激发、杂化、轨道重叠等过程。但应注意，原子轨道的杂化，只有在形成分子的过程中才会发生，而孤立的原子是不可能发生杂化的。同时只有能量相近的原子轨道才能发生杂化，而1s轨道与2p轨道由于能量相差较大，它是不能发生杂化的。

【讲述】杂化过程中，原子轨道总数不变，即杂化轨道的数目与参与杂化的原子轨道数目相等，轨道的形状发生变化，但杂化轨道的形状相同，能量相等。杂化改变了原子轨道的形状、方向。杂化使原子的成键能力增加，中学阶段一般考虑的杂化是指s轨道和p轨道之间的杂化。

【板书】见板书。

【投影】甲烷分子的杂化方式

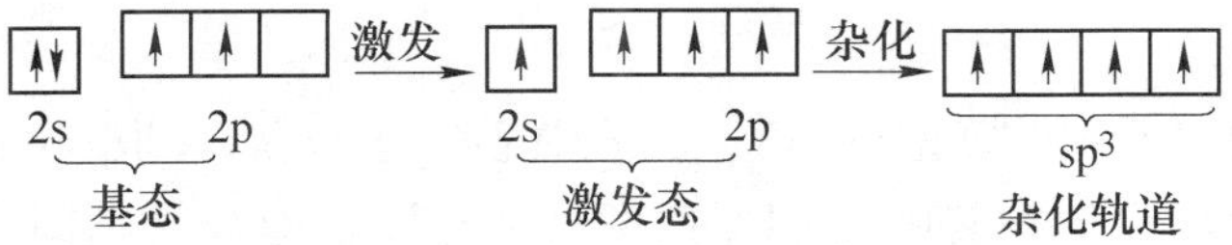

【讲述】形成甲烷分子时，中心原子C的价电子排布式为$2s^2 2p^2$，当它与氢原子形成甲烷分子时，其2s轨道中的一个电子吸收能量跃迁到2p轨道上。但此时各个轨道的能量并不相同，于是一个2s轨道和三个2p轨道“混杂”起来，形成能量相等、成分相同的四个轨道，称为sp^3杂化轨道。由于电子的相互排斥，四个sp^3杂化轨道将均匀分布并且保持最大夹角，所形成的立体构型为正四面体且夹角为109°28′。这四个杂化轨道分别与4个氢原子的1s轨道重叠，形成4个相同的sp^3-sσ键，从而形成CH_4分子。由于四个C—H键完全相同，所以CH_4分子为正四面体结构，键角为109°28′。

【投影】sp^3杂化

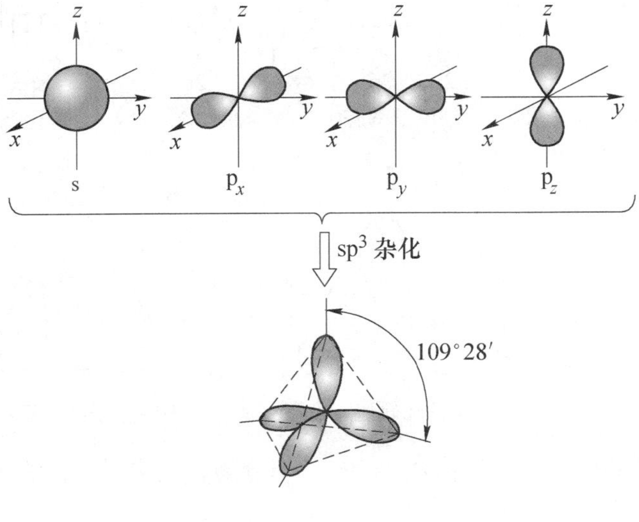

【讲述】 同甲烷分子的杂化相似，1 个 s 轨道与 3 个 p 轨道间的杂化称为 sp^3 杂化。杂化后得到 4 个 sp^3 杂化轨道，每个杂化轨道的 s 成分为 1/4，p 成分为 3/4，它们的空间取向是四面体结构，相互的键角为 109°28′。

【板书】 见板书。

【讲述】 我们需要格外注意的是杂化轨道只用于形成 σ 键或者用来容纳孤电子对。

【提问】 用价层电子对互斥理论预测 H_2O 和 NH_3 分子的空间构型如何？键角是多少？

【讲述】 按照价层电子对互斥模型，我们知道 H_2O 和 NH_3 的 VSEPR 模型跟甲烷分子一样，也是四面体型的，因此它们的中心原子也是采取 sp^3 杂化的。所不同的是，水分子的氧原子的 sp^3 杂化轨道有 2 个是由孤电子对占据的，而氨分子的氮原子的 sp^3 杂化轨道有 1 个是由孤电子对占据的。由于孤电子对参与互相排斥，会使分子的构型与杂化轨道的形状有所区别。因此 H_2O 的空间构型呈 V 形，NH_3 的空间构型呈三角锥形。

【讲述】 当分子采取 sp^3 杂化，杂化轨道全部用于容纳分子中心原子的成键电子对时，分子的立体构型和杂化轨道的立体构型相同，呈正四面体形。否则呈 V 形或三角锥形。

【板书】 见板书。

【讲述】 凡属于 VESPR 模型的 AY_4 分子中心原子 A 都采取 sp^3 杂化类型。例如 CH_4、NH_3、H_2O 等。其中像 CH_4 这类与中心原子键合的是同一种原子，因此分子呈高度对称的正四面体构型，其中的 4 个 sp^3 杂化轨道自然没有差别，这种杂化类型称为等性杂化。而像 NH_3、H_2O 这类物质的中心原子的 4 个 sp^3 杂化轨道用于容纳不同的 σ 键或孤电子对，这样的 4 个杂化轨道显然有差别，称为不等性杂化。

【板书】 见板书。

【讲述】 除 sp^3 杂化轨道外，还有 sp 杂化轨道和 sp^2 杂化轨道。sp^2 杂化轨道由 1 个 s 轨道和 2 个 p 轨道杂化而得。

【投影】 BF_3 分子的杂化方式

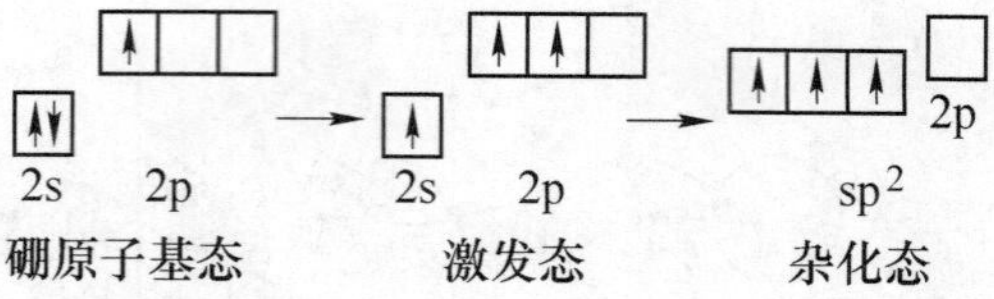

sp²杂化轨道示意图

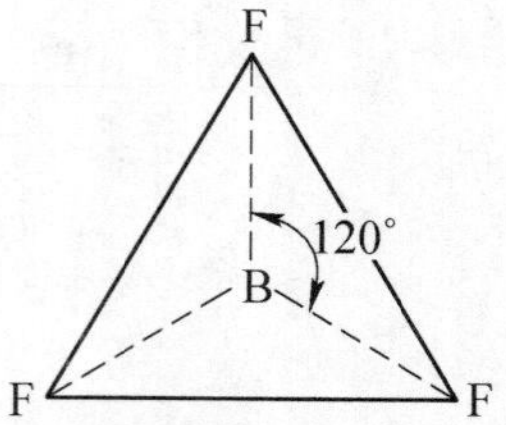

BF_3分子结构示意图

【讲述】 硼原子的价电子层结构是 $2s^22p_x^1$，当硼与氟反应时，B 的一个 2s 电子激发到一个空的 2p 轨道中，使 B 原子的价电子结构变成 $2s^1 2p_x^1 2p_y^1$。但此时各个轨道的能量并不完全相同，于是一个 2s 轨道和 2 个 2p 轨道“混杂”起来，形成能量相等、成分相同的三个 sp^2 杂化轨道。由于电子的相互排斥，B 原子的三个 sp^2 杂化轨道将位于同一平面内并互成 120°的夹角。当三个 sp^2 杂化轨道分别与氟原子的一个 2p 轨道重叠形成 3 个相同的 sp^2-p 的 σ 键时，由于 3 个 sp^2 杂化轨道在同一平面上且夹角为 120°，所以 BF_3 分子的立体构型是平面三角形，键角是 120°。

【讲述】 同 BF_3 分子的形成一样，sp^2 杂化轨道是由一个 s 轨道和两个 p 轨道杂化而得。每个杂化轨道的 s 成分为 1/3，p 成分为 2/3，三个杂化轨道分布在同一平面上，呈平面三角形，互成 120°的夹角。

【板书】 见板书。

【讲述】 应当注意的是，杂化过程中还有未参与杂化的 p 轨道，可用于形成 π 键，而杂化轨道只用于形成 σ 键或者用来容纳未参与成键的孤电子对。而没有填充电子的空轨道一般都不参与杂化。

【投影】 乙烯分子的杂化方式

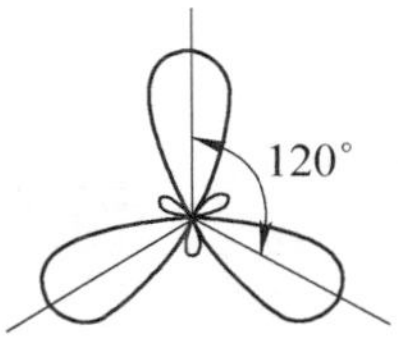

sp^2 杂化轨道

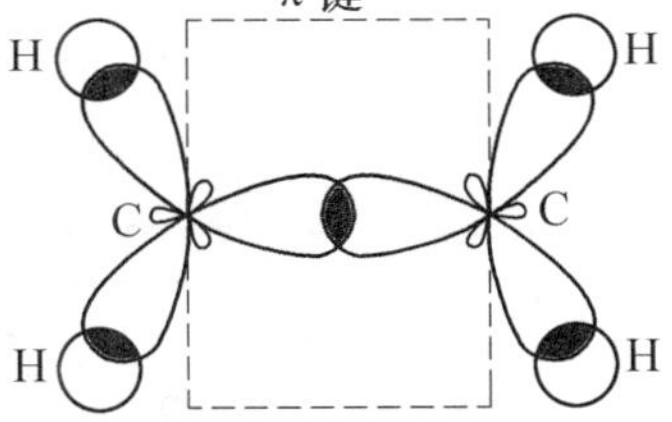

乙烯分子结构示意图

【讲述】 乙烯分子中的碳原子的原子轨道采用 sp^2 杂化。其中两个碳原子间各用一个 sp^2 杂化轨道形成 σ 键，两个 sp^2 杂化轨道与氢原子形成 σ 键，两个碳原子各用一个未参加杂化的 2p 原子轨道形成 π 键。

【投影】 苯分子的杂化方式

大 π 键

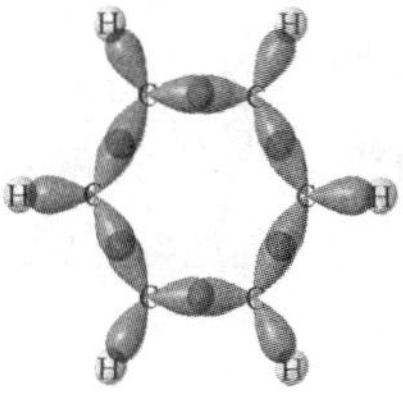

C_6H_6

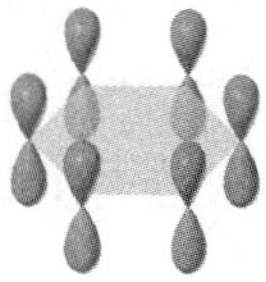

C_6H_6 的大 π 键（离域键）

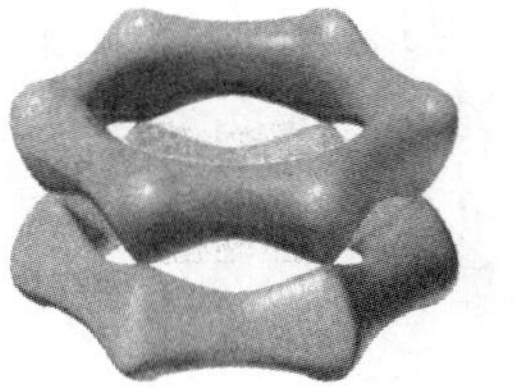

【讲述】 根据杂化轨道理论，形成苯分子时每个碳原子中的原子轨道发生 sp^2 杂化，由此形成的三个 sp^2 杂化轨道在同一平面上，这样，每个碳原子的两个 sp^2 杂化轨道上的电子分别与邻近的两个碳原子的 sp^2 杂化轨道上的电子配对形成 σ 键，于是六个碳原子组成一个正六边形的碳环；每个碳原子的另一个 sp^2 杂化轨道上的电子分别与一个氢原子的 1s 电子配对形成 σ 键。与此同时，每个碳原子还有一个与

碳环平面垂直的未参加杂化的2p轨道，它们均含有一个未成对电子。这六个碳原子的2p轨道相互平行，它们以“肩并肩”的方式相互重叠，从而形成含有6个电子，6个原子的π键，人们把这种在多原子间形成的多电子的π键称为“大π键”，所以，在苯分子中，整个分子呈平面正六边形，6个碳碳键完全相同，键角皆为120°。正是由于苯分子所具有的这种结构特征，使得它表现出特殊的稳定性，而不像乙烯那样容易被酸性高锰酸钾溶液氧化或使溴的四氯化碳溶液褪色。

【提问】 用价层电子对互斥理论预测 SO_2 分子的空间构型如何？键角是多少？

【讲述】 按照价层电子对互斥模型，我们知道 SO_2 分子的VSEPR模型跟 BF_3 分子一样，也是平面三角形的，因此它们的中心原子也是采取 sp^2 杂化的。所不同的是，SO_2 分子的S原子的 sp^2 杂化轨道有1个是由孤电子对占据的，由于孤电子对参与互相排斥，会使分子的构型与杂化轨道的形状有所区别。因此 SO_2 分子空间构型呈V形。

【讲述】 当分子采取 sp^2 杂化，杂化轨道全部用于容纳分子中心原子的成键电子对时，分子的立体构型和杂化轨道的立体构型相同，呈平面三角形，否则呈V形。

【板书】 见板书。

【投影】 $BeCl_2$ 分子的杂化方式

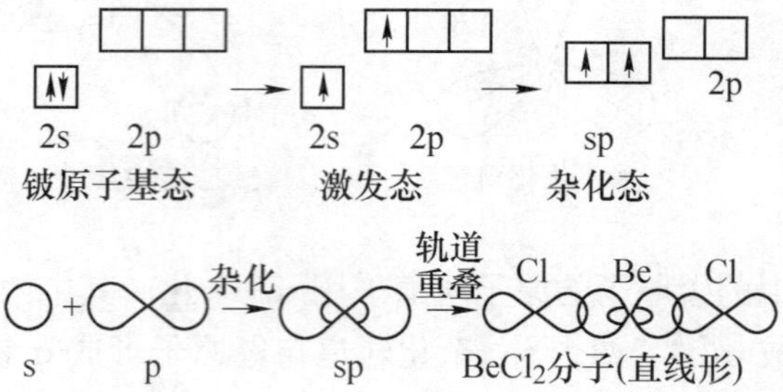

【讲述】 Be原子的价电子层结构是 $2s^2$，从表面上看Be原子似乎不能形成共价键，但在激发状态下，Be原子的一个2s电子进入2p轨道，经过杂化形成能量相等、成分相同的两个sp杂化轨道，由于电子的相互排斥，杂化轨道间的夹角为180°。Be原子与Cl化合时，两个杂化轨道分别与氯原子中的3p轨道重叠，形成两个sp-pσ键，从而形成 $BeCl_2$ 分子。$BeCl_2$ 分子的空间构型为直线形。

【讲述】 sp杂化轨道由1个s轨道和1个p轨道杂化而得。杂化后得到2个sp杂化轨道，每个杂化轨道的s成分为1/2，p成分为1/2，杂化轨道之间夹角为180°。

【板书】 见板书。

【讲述】 原子轨道发生sp杂化时，还有两个p原子轨道未发生杂化，若p轨道上有未成对电子，形成分子时2个p轨道上电子会形成π键，如CH≡CH的形成。

【讲述】 杂化轨道成键时，要满足化学键间最小排斥原理，键与键间的排斥力大小决定了键的方向，即决定了杂化轨道间的夹角。由于键角越大化学键之间的排斥力越小，对sp杂化来说，当键角为180°时，其排斥力最小，所以sp杂化轨道成键时分子呈直线形；对 sp^2 杂化来说，当键角为120°时，其排斥力最小，所以 sp^2 杂化轨道成键时，分子呈平面三角形。由于杂化轨道类型不同，杂化轨道夹角也不相同，其成键时键角也不相同，故杂化轨道的类型与分子的空间构型有关。

2. 杂化类型及分子构型的判断

【讲述】 价层电子对互斥理论和杂化轨道理论都可用于确定分子的立体构型，确定了分子或离子的 VSEPR 模型，就可以比较方便地确定中心原子的杂化轨道类型。

【讲述】 价层电子对数=中心原子所形成 σ 键数+中心原子孤电子对数，中心原子所形成 σ 键数与中心原子结合的原子数相等。杂化轨道只能用于形成 σ 键或者用来容纳孤电子对，而两个原子之间只能形成一个 σ 键，故有下列关系：杂化轨道数=中心原子孤电子对数+中心原子结合的原子数。因此可以先计算价层电子对数，判断杂化轨道数，再由杂化轨道数判断杂化类型，进而判断杂化轨道类型。

【投影】

代表物质	CO_2	CH_2O	CH_4	SO_2	NH_3	H_2O
价层电子对数	2	3	4	3	4	4
杂化轨道数	2	3	4	3	4	4
杂化类型	sp	sp^2	sp^3	sp^2	sp^3	sp^3
杂化轨道立体构型	直线形	平面三角形	正四面体形	平面三角形	四面体形	四面体形
VSEPR 模型	直线形	平面三角形	正四面体形	平面三角形	四面体形	四面体形
分子构型	直线形	平面三角形	正四面体形	V 形	三角锥形	V 形

【讲述】 无论是价层电子对互斥理论还是杂化轨道理论，我们都是为了合理的解释分子的空间构型。VSEPR 模型和杂化轨道的立体构型是一致的，略去 VSEPR 模型中的孤电子对，就是分子或离子的立体构型。根据中心原子的价层电子对数判断：若价层电子对数为 2，则中心原子发生 sp 杂化；若价层电子对数为 3，则中心原子发生 sp^2 杂化；若价层电子对数为 4，则中心原子发生 sp^3 杂化。

【讲述】 判断中心原子杂化轨道类型，可以根据杂化轨道的立体构型判断。若杂化轨道在空间的分布为正四面体或三角锥形，则中心原子发生 sp^3 杂化；若杂化轨道在空间的分布呈平面三角形，则中心原子发生 sp^2 杂化；若杂化轨道在空间的分布呈直线形，则中心原子发生 sp 杂化。

【讲述】 也可根据杂化轨道之间的夹角判断杂化类型：若杂化轨道之间的夹角为 $109°28'$，则中心原子发生 sp^3 杂化；若杂化轨道之间的夹角为 $120°$，则中心原子发生 sp^2 杂化；若杂化轨道之间的夹角为 $180°$，则中心原子发生 sp 杂化。

【讲述】 也可根据中心原子上有无 π 键及 π 键数目判断杂化类型：若没有 π 键，则为 sp^3 杂化；若有一个 π 键，则为 sp^2 杂化；若有两个 π 键，则为 sp 杂化。

【板书】 见板书。

【小结】 现在我们一起来总结一下常见分子的 VSEPR 模型及其中心原子的杂化轨道类型。

【投影】

杂化轨道类型	VSEPR 模型	典型分子	立体构型
sp		CO_2	直线形
sp^2	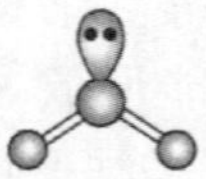	SO_2	V 形
sp^3	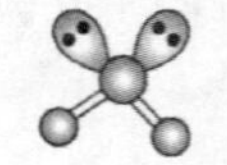	H_2O	V 形
sp^2	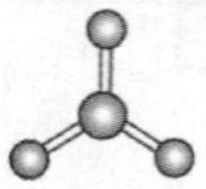	SO_3	平面三角形
sp^3	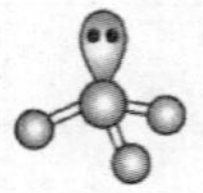	NH_3	三角锥形
sp^3	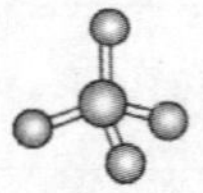	CH_4	正四面体形

环节三：归纳总结

【总结】 本节课我们学习了杂化轨道理论的相关知识，知道价层电子对互斥理论和杂化轨道理论都可用于确定分子的立体构型，确定了分子或离子的 VSEPR 模型，就可以比较方便地确定中心原子的杂化轨道类型。VSEPR 模型和杂化轨道的立体构型是一致的，略去 VSEPR 模型中的孤电子对数，就是分子（或离子）的立体构型。本节内容需要同学们结合习题巩固，课下请同学们完成课本 44 页的第 2、3 题，并预习“配合物理论”的相关内容。

七、板书设计

2.2.2　杂化轨道理论

一、杂化轨道理论

（一）轨道的杂化与杂化轨道

1. 概念

（1）轨道的杂化：原子内部能量相近的原子轨道重新组合形成与原轨道数相等的一组新轨道的过程

（2）杂化轨道：杂化后形成的新的能量相同的一组原子轨道

2. 杂化轨道类型

杂化类型	sp	sp^2	sp^3
参与杂化的原子轨道及数目	1 个 s 轨道和 1 个 p 轨道	1 个 s 轨道和 2 个 p 轨道	1 个 s 轨道和 3 个 p 轨道
杂化轨道的数目	2	3	4

（二）杂化轨道类型与分子立体构型的关系

杂化类型	sp	sp^2	sp^3
杂化轨道间的夹角	180°	120°	109°28′
立体构型	直线形	平面三角形	正四面体形
实　例	CO_2、C_2H_2	BF_3、HCHO	CH_4、CCl_4

二、杂化类型及分子构型的判断

（一）杂化类型的判断方法

杂化轨道只能用于形成 σ 键或者用来容纳孤电子对，而两个原子之间只能形成一个 σ 键，有下列关系：

杂化轨道数＝中心原子孤电子对数＋中心原子结合的原子数，再由杂化轨道数判断杂化类型

（二）杂化轨道的立体构型与微粒的立体构型

VSEPR 模型和杂化轨道的立体构型是一致的，略去 VSEPR 模型中的孤电子对，就是分子（或离子）的立体构型

代表物质	CO_2	CH_2O	CH_4	SO_2	NH_3	H_2O
价层电子对数	2	3	4	3	4	4
杂化轨道数	2	3	4	3	4	4
杂化类型	sp	sp^2	sp^3	sp^2	sp^3	sp^3
杂化轨道立体构型	直线形	平面三角形	正四面体形	平面三角形	四面体形	四面体形
VSEPR 模型	直线形	平面三角形	正四面体形	平面三角形	四面体形	四面体形
分子构型	直线形	平面三角形	正四面体形	V 形	三角锥形	V 形

第3课时　配合物理论简介

一、教材分析

本节课选自人教版高中《化学（选修3）》第二章“分子结构与性质”第二节“分子的立体构型”，依据课程标准“知道配位键的特点，认识简单的配位化合物的成键特征，了解配位化合物的存在和应用”的要求，本节课安排了“配位键和配位化合物”等教学内容。

教科书首先通过实验观察 $CuSO_4$、$CuCl_2 \cdot 2H_2O$、$CuBr_2$ 等固体及其水溶液颜色，然后分析了天蓝色的物质——四水合铜离子的结构和成键原理是由孤电子对和空轨道形成的配位键，引出配位键和配合物的概念。进而归纳配位键形成的条件“电子对给予体”（含有孤电子对）和“接受体”（含有空轨道）。然后进一步通过实验探究除了水分子以外是否还有其他的电子对给予体，说明过渡金属离子对多种配位体具有很强的结合力，因此过渡金属配合物比主族金属配合物多。最后在“科学视野”栏目中介绍了配合物种类繁多的特点，以拓宽学生的科学视野，并在“实践活动”栏目中介绍制作分子立体模型的两种方法，以激发学生的学习兴趣。

配合物理论简介位于共价键、杂化轨道理论和价层电子对互斥理论之后，借助于共价键、杂化轨道理论和价层电子对互斥理论知识，解释了配位化合物的成键特征以及成键条件，得出配位键是一种特殊的共价键，配位键是共价键的补充。理论知识学生已掌握，但将理论应用在实际生活中尚有难度，通过书写配离子的结构式及实验探究学习配合物的物理、化学性质，通过空间结构分析性质，可以加深学生对价键理论的理解。

二、学情分析

从知识储备方面来说，高二的学生已经学习了共价键、价层电子对互斥理论和杂化轨道理论，学会了运用价层电子对互斥理论来判断简单分子、离子的空间构型，并在学习铁的化合物时学习了 $Fe(SCN)_3$ 配合物。但学生当时还没有配合物概念，对其只知名称，同时对复合离子的空间构型判断仍有困难。因此本节课在共价键的基础上理解配位键并分析二者的区别，通过对配位键的理解与分析打开学生对配合物认识的大门，结合成键方式书写配合离子的结构式，结合价键理论了解简单配合物的空间构型，通过实验手段分析配合物性质，本节课拓展延伸了学生对分子结构的系统认识。从能力方面来说，本节内容对学生抽象思维能力和实验动手能力要求较高，所以采用实验分析以及探究实验手段来学习本节理论课。

三、教学目标

核心知识	（1）了解配位键、配位化合物的概念。 （2）掌握配位键、配位化合物的表示方法
核心能力	（1）通过亲自动手实验，提高实验操作能力和观察能力。 （2）通过对比共价键与配位键，强化对比分析、归纳总结的能力
核心品质	通过实验学习配位化合物的相关性质，养成良好的实验习惯，具备严谨认真的科学态度，较强的问题意识，能在与同学讨论基础上提出探究的问题和假设

四、教学重点和难点

（1）教学重点：配位键、配位化合物的概念。

（2）教学难点：配合物理论。

五、知识框架

- 配合物理论简介
  - 配位键
    - 概念：由一个原子单方面提供孤电子对，而另一个原子提供空轨道接受孤电子对形成的共价键，是一类特殊的共价键
    - 表示方法：配位键可以用 A→B 来表示，其中 A 是提供孤电子对的原子，B 是接受孤电子对的原子
  - 配位化合物
    - 配合物的概念：把金属离子（或原子）与某些分子或离子（称为配体）以配位键结合形成的化合物称为配位化合物，简称配合物
    - 形成条件
      - 配体有孤电子对
      - 中心原子有空轨道
    - 配合物的组成
      - 中心原子是提供空轨道接受孤电子对的原子
      - 配体是提供孤电子对的离子或分子
      - 配位数是直接与中心原子形成的配位键的数目
  - 配合物形成时性质的改变
    - 溶解度的改变
    - 颜色的改变
    - 稳定性改变

六、教学过程

环节一：导入新课

【导入】 在前面两节课中，我们学习了价层电子对互斥理论和杂化轨道理论，知道由杂化轨道理论和价层电子对互斥理论预测分子或离子的构型基本一致，但要注意有无孤电子对对物质空间构型的影响。本节课我们一起来学习影响分子立体构型的另一个因素——配合物理论简介。

【板书】 见板书。

环节二：展开新课

1. 配位键

【练习】 NH_3、NH_4^+ 中共价键形成的比较

【投影】

（1）N 原子与 H 原子以共价键结合成 NH_3 分子：

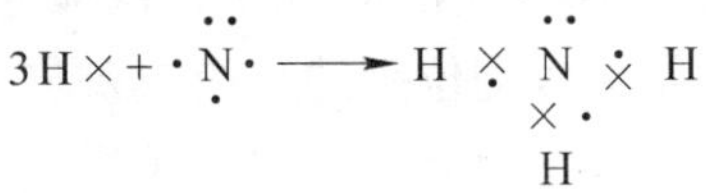

（2）NH_3 分子与 H^+结合成 NH_4^+：

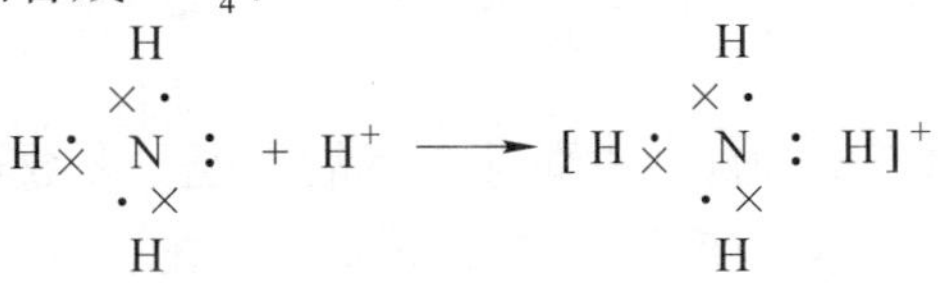

【提问】 NH_4^+ 中共价键的形成与 NH_3 相比较有何不同?

【讲述】 NH_3 中 N 上有一个孤对电子，NH_4^+ 中形成共价键时，N 原子一方提供孤电子对，H^+提供空轨道。像这样，由成键原子一方提供孤电子对，另一方提供空轨道形成的共价键称为“配位键”。

【板书】 见板书。

【实验】 实验 2-1 将下表中的少量固体溶于足量水，观察实验现象并填写表格

固　体	$CuSO_4$ 白色	$CuCl_2 \cdot 2H_2O$ 绿色	$CuBr_2$ 深褐色	NaCl 白色	K_2SO_4 白色	KBr 白色
哪些溶液呈天蓝色						
实验说明什么离子呈天蓝色，什么离子没有颜色?						

【讲述】 上述实验中呈天蓝色的物质是水合铜离子，可表示为 $[Cu(H_2O)_4]^{2+}$，叫作四水合铜离子。在四水合铜离子中，铜离子与水分子之间的化学键是由水分子提供孤电子对给予铜离子，铜离子接受水分子的孤电子对形成的，同 NH_4^+ 一样，这类“电子对给予—接受键”也是配位键

【讲述】 配位键是一种特殊类型的共价键。配位键与其他共价键的主要区别在于配位键的共用电子对是由成键原子一方单独提供的，配位键与其他共价键在键长、键角等方面是完全一样的。

【讲述】 以 NH_4^+ 为例，NH_4^+ 的立体构型是正四面体形，四个 N—H 键的键长相同，键能相同，从原子轨道杂化的角度分析来看，NH_4^+ 中 N 原子的 2s、2p 轨道进行 sp^3 杂化，形成 4 个能量完全相同的新杂化轨道，故形成的四个 N—H 键的键长、键能都相同。

【投影】 $[Cu(H_2O)_4]^{2+}$的表示

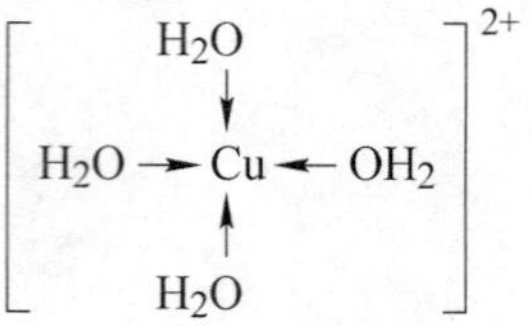

【讲述】 配位键常用 A→B 表示，其中 A 是提供孤电子对的粒子，称为配体，B 具有空轨道，是接受孤电子对的原子，称为接受体。如投影中所示的四水合铜离子的表示，Cu 离子提供空轨道，H_2O 中的 O 原子提供孤电子对。

【讲述】 配位键的形成条件是形成配位键的一个成键原子中必须含有孤电子对，如分子有 NH_3、H_2O、CO 等；离子有 Cl^-、OH^-、CN^-、SCN^-等。另一个成键原子中有空轨道。如 Al^{3+}、B 及过渡金属的原子或离子。

【板书】 见板书。

【讲述】 配位键同样具有饱和性和方向性。一般来说，多数过渡金属的原子或离子形成配位键的数目是基本不变的，如 Ag^+形成 2 个配位键；Cu^{2+}形成 4 个配位键等。

2. 配位化合物

【讲述】存在配位键的物质很多，如我们常见的 NH_4^+、H_3O^+、SO_4^{2-}、$Fe(SCN)_3$、血红蛋白等等。通常把金属离子（或原子）与某些分子或离子（称为配体）以配位键结合形成的化合物称为配位化合物，简称配合物。

【实验】实验 2-2 向盛有硫酸铜水溶液的试管中加入氨水，先形成蓝色沉淀，继续滴加氨水，沉淀溶解，得到深蓝色的透明溶液；若加入极性极小的溶剂（如乙醇），将析出深蓝色晶体。

实验操作	实验现象	有关离子方程式
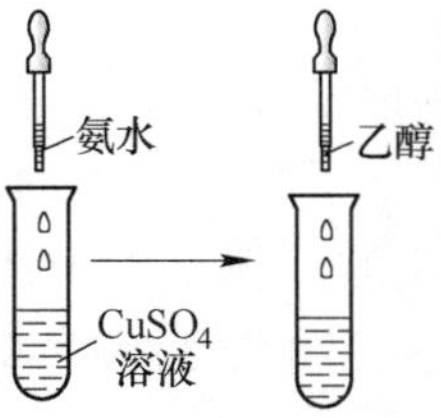	滴加氨水后，试管中先出现蓝色沉淀，氨水过量后沉淀逐渐溶解，滴加乙醇后析出深蓝色晶体 $[Cu(NH_3)_4]SO_4 \cdot H_2O$	$Cu^{2+} + 2NH_3 \cdot H_2O = Cu(OH)_2\downarrow + 2NH_4^+$、$Cu(OH)_2 + 4NH_3 = [Cu(NH_3)_4]^{2+} + 2OH^-$
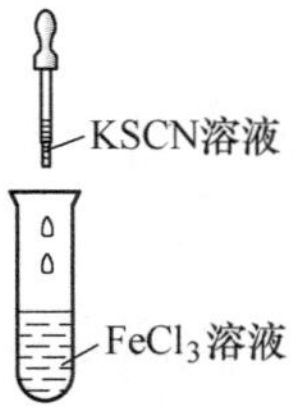	溶液颜色变血红色	$Fe^{3+} + 3SCN^- = Fe(SCN)_3$

【讲述】上述实验现象产生的原因主要是配离子的形成。以配离子 $[Cu(NH_3)_4]^{2+}$ 为例，NH_3 分子中氮原子的孤电子对进入 Cu^{2+} 的空轨道，Cu^{2+} 与 NH_3 分子中的氮原子通过共用氮原子提供的孤电子对形成配位键。配离子 $[Cu(NH_3)_4]^{2+}$ 可表示为如下形式。

【投影】$[Cu(NH_3)_4]^{2+}$ 的表示

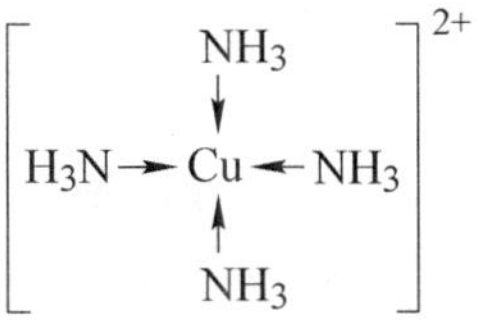

【讲述】已知配合物的品种超过数百万，是一个庞大的化合物家族。配合物通常由中心原子、配位体组成。

【投影】$[Cu(NH_3)_4]$ SO_4 配合物的组成

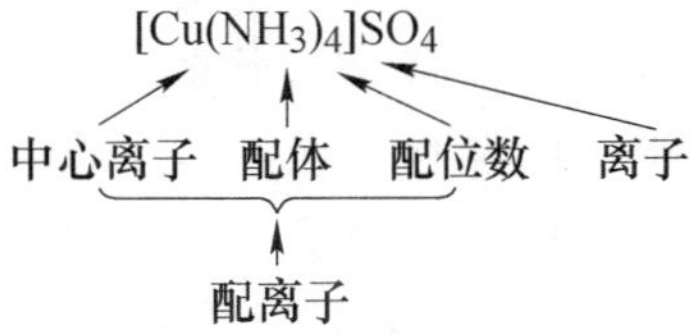

【讲述】中心原子，也称配位体的形成体，是提供空轨道接受孤电子对的原子。中心原子一般都是带正电荷的过渡金属阳离子，常见的有 Fe^{3+}、Ag^+、Cu^{2+}、Zn^{2+}，但也有

中性原子，如 $Ni(CO)_4$、$Fe(CO)_5$ 中的 Ni 和 Fe 都是中心原子。

【板书】见板书。

【讲述】配体是提供孤电子对的阴离子或分子，如 Cl^-、NH_3、H_2O 等。配体中直接同中心原子配位的原子称为配位原子。配位原子必须是含有孤电子对的原子，如 NH_3 中的 N 原子，H_2O 中的 O 原子等。

【板书】见板书。

【讲述】配位数是直接与中心原子形成的配位键的数目。一般中心原子（或离子）配位的原子（离子或分子）的配位数为 2、4、6、8。在计算中心离子的配位数时，一般是先在配离子中找出中心离子和配位体，接着找出配位原子的数目。如 $[Fe(CN)_6]^{4-}$ 中 Fe^{2+} 的配位数为 6。

【讲述】形成配合物的中心原子或离子必须存在空轨道，配体一般都存在着孤电子对。当配体接近中心原子或离子时，为了增加成键能力，中心原子或离子中的能量相近的轨道杂化，配体的孤电子对填到中心原子或离子杂化的空轨道中形成配离子。配离子的立体构型、配位数及稳定性等主要决定于杂化轨道的数目和类型。

【讲述】配合物的命名，关键在于配合物内界（即配离子）的命名。命名顺序：自右向左：配位体数（即配位体右下角的数字）—配位体名称—“合”字或—“络”字—中心离子的名称—中心离子的化合价，读作“某化某或某酸某”。例如 $[Zn(NH_3)_4]SO_4$ 读作硫酸四氨合锌（Ⅱ）。

【板书】见板书。

【讲述】配合物溶于水易电离为内界配离子和外界离子，而内界的配体离子和分子通常不能电离。如 $[Cu(NH_3)_4]SO_4 = [Cu(NH_3)_4]^{2+} + SO_4^{2-}$，而内界离子 $[Cu(NH_3)_4]^{2+}$ 电离程度很小。

【讲述】配合物具有一定的稳定性，配合物的配位键越强，配合物越稳定，当作为中心离子的金属离子相同时，配合物的稳定性与配体的性质有关。例如，血红素中的 Fe^{2+} 与 CO 分子形成的配位键比 Fe^{2+} 与 O_2 分子形成的配位键强，因此血红素中的 Fe^{2+} 与 CO 分子结合后，就很难再与 O_2 分子结合，血红素失去输氧的功能，从而导致人体 CO 中毒。

【讲述】许多过渡金属离子对多种配体具有很强的结合力，是因为过渡金属原子或离子都有接受孤电子对的空轨道，对多种配体具有较强的结合力，因而，过渡金属配合物远比主族金属配合物多。

【讲述】配合物的形成前后溶解性有一定的变化，一些难溶于水的金属化合物，形成配合物后会发生溶解。如金属氯化物、溴化物、碘化物、氰化物可以依次溶解于含过量 Cl^-、Br^-、I^-、CN^- 和氨的溶液中，形成可溶性的配合物。配合物的形成可以改变溶液颜色，当简单离子形成配合物时颜色会发生改变，如 $Fe(SCN)_3$ 的形成。利用此性质可检验离子的存在。在工业生产中，配合物的性质应用于湿法冶金、物质的分离和提纯、合成功能分子。在定量分析中，用于检验离子、作掩蔽剂、有机沉淀剂和萃取分离等。生物体内许多酶均是与金属离子有关的配合物。

【板书】见板书。

【小结】下面，我们一起总结 3 种共价键。

【投影】三种共价键的比较

类　型	共价键		
	非极性键	极性键	配位键
本　质	相邻原子间的共用电子对（电子云重叠）与原子核间的静电作用		
成键条件（元素种类）	成键原子得、失电子能力相同（同种非金属）	成键原子得、失电子能力差别较小（不同非金属或少数金属与非金属）	成键原子一方有孤电子对（配体），另一方有空轨道（中心离子）
特　征	有方向性、饱和性		

环节三：归纳总结

【总结】本节课我们主要学习了配位化合物理论简介，知道配位键是一种特殊的共价键，是由一个原子提供空轨道，另一个原子提供孤电子对形成的，配位键同样有方向性和饱和性。配位键的形成可以改变化合物的部分性质，如稳定性、溶解度、颜色等等，配合物在工业中应用广泛，有兴趣的同学课下可以继续查阅相关资料。课下，请同学们完成课本 44 页的第 4、5 题，并预习下节课“分子的性质”相关教学内容。

七、板书设计

2.2.3　配合物理论简介

一、配位键

（一）概念：由一个原子单方面提供孤电子对，而另一个原子提供空轨道接受孤电子对形成的共价键，即“电子对给予—接受键”，是一类特殊的共价键

（二）表示方法：配位键可以用 A→B 来表示，其中 A 是提供孤电子对的原子，B 是接受孤电子对的原子

例如：

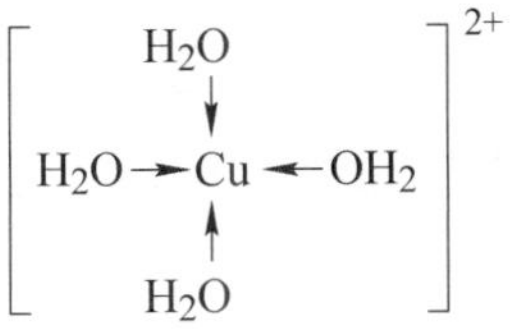

二、配位化合物

（一）配合物的概念

把金属离子（或原子）与某些分子或离子（称为配体）以配位键结合形成的化合物称为配位化合物，简称配合物

（二）形成条件

1. 配体有孤电子对
2. 中心原子有空轨道

（三）配合物的组成

配合物 $[Cu(NH_3)_4]SO_4$ 其组成如下图所示：

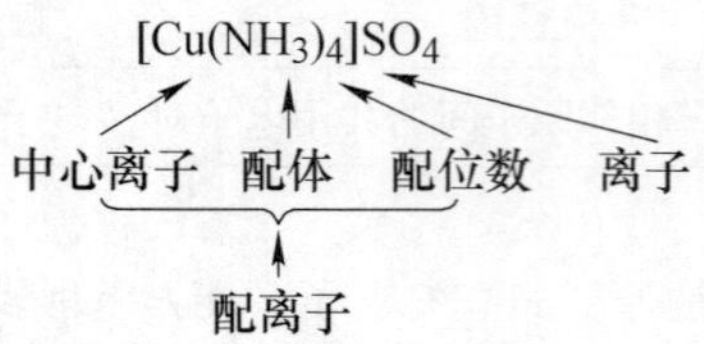

1. 中心原子是提供空轨道接受孤电子对的原子。中心原子一般都是带正电荷的过渡金属阳离子（此时又叫中心离子），最常见的有 Fe^{3+}、Ag^{+}、Cu^{2+}、Zn^{2+} 等
2. 配体是提供孤电子对的离子或分子，如 Cl^{-}、NH_3、H_2O 等。配体中直接同中心原子配位的原子叫做配位原子。配位原子必须是含有孤电子对的原子，如 NH_3 中的 N 原子，H_2O 中的 O 原子等
3. 配位数是直接与中心原子形成的配位键的数目。如 $[Fe(CN)_6]^{4-}$ 中 Fe^{2+} 的配位数为 6

（四）配合物形成时性质的改变

1. 溶解度的改变：一些难溶于水的金属化合物形成配合物后，可以溶解
2. 颜色的改变：当简单离子形成配合物时颜色会发生改变，如 $Fe(SCN)_3$ 的形成
3. 稳定性改变：形成配合物后，物质的稳定性增强

第三节　分子的性质

第 1 课时　键的极性和分子的极性

一、教材分析

本节课选自人教版高中《化学（选修 3）》第二章“分子结构与性质”第三节“分子的性质”。依据课程标准“知道分子可以分为极性分子和非极性分子，分子的极性和键的极性与分子的空间结构有关”的要求，本节课安排了“共价键的极性、分子的极性”等教学内容。

分子的极性与前面所学习的知识“电负性”“共价键的极性”有着密不可分的关系。因此教科书首先以 HCl 为例，从元素组成角度判断其所含的共价键为极性共价键，又从电负性的角度分析 HCl 中电子对偏向 Cl 原子，使 H—Cl 键的两端所带电性不同，Cl 原子显负电性，H 原子显正电性，而电子对不发生偏移的是非极性键。由此设问“分子中的共价键两端有电性差异，那分子两端有没有电性差异”引出分子极性的有关知识。然后设问“相同原子构成的分子一定是非极性分子吗?”，进而总结出影响分子极性的两个因素。最后由分子的极性和非极性得出“相似相溶”原理，进一步结合实例理解分子的结构与分子的性质之间的关系，帮助学生系统地学习分子结构的有关知识。

本节课是对“电负性”“共价键的极性”“分子的空间构型”的拓展与延伸，在这些概念以及理论的基础上解释了分子的极性和非极性。通过与键的极性作对比，加深了学生对共价键极性和电负性的理解，也利于学生对分子的极性和非极性的学习。本节课也为后面“分子的性质”有关知识的学习奠定了知识基础。

二、学情分析

从知识储备方面来说，高二的学生已经学习了共价键以及分子的空间构型，能够有效帮助学生理解分子的极性，系统性学习分子的性质与结构的关系。从能力方面来说，本节课知识的掌握需要一定的空间想象能力，借助之前所学分子的空间构型的判断，以及结合 VSEPR 模型，得出常见分子的空间立体构型，能更好地从电性偏移角度理解分子的极性和共价键的极性之间的联系，帮助学生提升知识迁移与空间想象能力。

三、教学目标

核心知识	（1）了解极性共价键和非极性共价键。 （2）掌握常见物质分子立体结构，判断极性分子和非极性分子
核心能力	（1）通过对比共价键的极性与分子的极性，掌握学习抽象概念的方法。 （2）通过各概念的区别与联系，强化判断知识点的共性和差异性的能力
核心品质	通过结合化学键的极性判断多原子分子的极性和非极性，能从原子、分子水平分析常见物质及其反应的微观特征，能运用化学符号和定量计算等手段说明物质的组成及其变化

四、教学重点和难点

（1）教学重点：多原子分子中，极性分子和非极性分子的判断。

（2）教学难点：多原子分子中，极性分子和非极性分子的判断。

五、知识框架

- 键的极性和分子的极性
  - 键的极性
    - 极性键：由不同原子形成，电子对发生偏移
    - 非极性键：由同种原子形成，电子对不发生偏移
  - 分子的极性
    - 定义
      - 极性分子：正电中心和负电中心不重合
      - 非极性分子：正电中心和负电中心重合
    - 分子极性的判断方法
      - 只含有非极性键的双原子分子或多原子分子大多是非极性分子
      - 含有极性键的双原子分子都是极性分子
      - 含有极性键的多原子分子，立体构型对称的是非极性分子；立体构型不对称的是极性分子

六、教学过程

环节一：导入新课

【导入】通过前面的学习，我们知道共价键是两个原子间通过共用电子对产生的静电作用，根据共价键的成键方式将共价键分为 σ 键和 π 键。我们也知道杂化轨道只用于形成 σ 键或者用来容纳未参与成键的电子，未参与杂化的 p 轨道可用于形成 π 键。本节课我们一起来学习“键的极性和分子的极性”的有关知识。

【板书】见板书。

环节二：展开新课

1. 极性键和非极性键

【提问】请同学们思考由相同或不同原子间形成的共价键，共用电子对在两原子之间是否发生偏移？

【讲述】一般说来，由不同原子间形成的共价键，电子对会发生偏移，是极性键。即不同原子电负性不一样，对键合电子的吸引力大小不一样，电子对会发生偏移。

【讲述】由不同原子形成的共价键，成键原子中电负性大的原子对键合电子的吸引力大，原子显负电性（δ^-）；电负性小的原子对键合电子的吸引力小，原子显正电性（δ^+）。如 H—Cl、C═O 和 C≡N 均为极性键，其电性情况分别为（δ^+）H—Cl（δ^-）、（δ^+）C═O（δ^-）和（δ^+）C≡N（δ^-）。

【板书】见板书。

【讲述】成键原子的电负性差值越大，键的极性就越强。当成键原子的电负性相差很大时，可认为成键电子对完全移到电负性很大的原子一方，这时原子转变成为离子，从而形成离子键。

【讲述】同种原子间形成的共价键电子对不发生偏移，是非极性键。即同种原子电负性一

样，对键合电子的吸引力一样，电子对不发生偏移。如 H—H、O—O 和 N≡N 等均为非极性键，成键原子不显电性。

【板书】见板书。

2. 极性分子和非极性分子

【练习】完成下列表格

共价分子	HF	N_2	H_2O	CO_2
键的极性				
整个分子电荷分布				
正电荷与负电荷中心				
分子极性				

【提问】请同学们思考共价键有极性和非极性，分子是否也有极性和非极性？由非极性键形成的分子中，正电荷的中心和负电荷的中心怎样分布？是否重合？由极性键形成的分子中，怎样找正电荷的中心和负电荷的中心？

【讲述】在分子中，正负电荷中心重合的分子称为非极性分子；正负电荷分布不均匀，中心不重合的分子称为极性分子。我们可以这样认为，分子中正电荷的作用集中于一点，是正电中心；负电荷的作用集中于一点，是负电中心。在极性分子中，正电荷中心和负电中心不重合，使分子的某一个部分呈正电性（δ^+），另一部分呈负电性（δ^-）；非极性分子的正电中心和负电中心重合。如果正电中心和负电中心重合，这样的分子就是非极性分子。

【板书】见板书。

【讲述】分子产生极性是由于分子中的原子对共用电子对的吸引力不同，导致共用电子对在原子间发生了偏移，造成分子内正电中心和负电中心不重合。分子结构不对称、电荷分布不均匀、正负电荷中心不重合的分子是极性分子；而分子结构对称、电荷分布均匀、正电中心和负电中心重合的分子是非极性分子。

【讲述】在刚才的那道练习题中，HF 和 H_2O 是由极性键形成的极性分子，N_2 是由非极性键形成的非极性分子，CO_2 是由极性键形成的非极性分子。由此可见，分子的极性是由键的极性引起的，分子的极性是分子中化学键的极性的向量和。含极性键的分子有没有极性，必须依据分子中极性键的极性的向量和是否等于零而定。如果整个分子电荷分布均匀，分子结构是空间对称的，则键的极性相互抵消，各个键的极性向量和为零，整个分子就是非极性分子，否则是极性分子。

【练习】1. 以下双原子分子中，哪些是极性分子，哪些是非极性分子？

（1）H_2；（2）O_2；（3）Cl_2；（4）HCl

2. 以下非金属单质分子中，哪个是极性分子，哪个是非极性分子？

（1）P_4；（2）C_{60}

3. 以下化合物分子中，哪些是极性分子，哪些是非极性分子？

（1）CO_2；（2）HCN；（3）H_2O；（4）NH_3；（5）BF_3；（6）CH_4；（7）CH_3Cl

【讲述】H_2、O_2、Cl_2、P_4、C_{60}都是由非极性键形成的双原子或多原子分子，正负电荷中心重合，分子结构是空间对称的，键的极性相互抵消，各个键的极性向量和为零，所以都是非极性分子。可见，由非极性键形成的双原子分子或多原子分子，一般情况下正负电荷中心重合，所以都是非极性分子。

【板书】 见板书。

【讲述】 HCl、HCN、H_2O、NH_3、CH_3Cl 是极性键形成的多原子分子，正负电荷中心不重合，各个键的极性向量和不为零，所以 HCl、HCN、H_2O、NH_3、CH_3Cl 都是极性分子。CO_2、BF_3、CH_4 也是极性键形成的多原子分子，但二氧化碳的空间构型呈直线形，BF_3 呈平面正三角形，CH_4 呈正四面体形，这三个分子空间结构对称，键的极性相互抵消，各个键的极性向量和为零，所以都是非极性分子。

【讲述】 由此可见，含极性键的多原子分子有没有极性，必须依据分子中极性键的极性的向量和是否等于零而定。含有非极性键的分子不一定就是非极性分子，含有极性键的分子不一定就是极性分子。

【板书】 见板书。

【过渡】 在进行有关分子极性的判断时，一定要具体情况具体分析。分子的极性是由分子中所含共价键的极性与分子的立体构型两方面共同决定的。判断分子极性时，由于极性分子、非极性分子的概念比较抽象，根据上述分析难以判断分子的极性。下面介绍几种简单的判断分子极性的经验规则。

【练习】 完成表格。

分　子	共价键的极性	分子中正负电荷中心	结论	举例
同核双原子分子				
异核双原子分子				
异核多原子分子	分子中各键极性的向量和为零			
	分子中各键极性的向量和不为零			

【讲述】 通过刚才的练习，我们不难发现同核双原子分子（A_2 型），即原子核相同的两个原子组成的双原子分子，分子中只含有非极性键，组成分子的原子电负性相同，分子中正负电荷中心重合。因此同核双原子分子都是非极性分子，如 H_2、O_2、N_2。

【讲述】 而对于异核双原子分子（AB 型），即原子核不相同的两个原子组成的双原子分子，分子中只含有极性键，组成分子的原子电负性不同，对电子的吸引力不一样，电负性大的原子对电子的吸引力大，电负性小的原子对电子的吸引力小，分子中正负电荷中心不重合，因此异核双原子分子都是极性分子，如 CO、HF、HCl。

【板书】 见板书。

【讲述】 多原子分子中，若化学键均为非极性键，则通常为非极性分子，如 P_4、C_{60} 等。

【板书】 见板书。

【提问】 O_3 是非极性键形成的极性分子吗？空间构型对称吗？

【讲述】 O_3 和 SO_2 是等电子体，具有相似的空间构型。根据价层电子对理论计算 SO_2 的价层电子对数，σ 键个数等于中心原子 S 连接的 O 原子个数，即 σ 键个数等于 2，孤电子对数等于 1/2×(6-2×2)，即孤电子对数为 1，孤电子对与化学键之间有排斥力，正负电荷中心不重合，因此 SO_2 是极性分子。具有相似空间构型的 O_3 正负电荷中心也不重合，所以，O_3 是非极性键形成的极性分子。

【板书】 见板书。

【讲述】 对于异核多原子分子（AB_m 型），分子中各键极性的向量和为零时，正负电荷中心重合，分子都为非极性分子，此类分子化学键都为极性键，如 CO_2、BF_3、CH_4。

【讲述】 其中，AB_2 型分子的空间构型呈直线形，键角是 180°，分子具有对称性，如 CO_2、CS_2 等；AB_3 型分子的空间构型呈平面正三角形，键角都为 120°，分子空间结构对称，如 BF_3、SO_3 等；AB_4 型分子键角为 109°28′，空间构型呈正四面体形，分子具有对称性，如 CH_4、CCl_4 等。

【讲述】 可见，若分子结构呈几何空间对称，为正某某图形，常表现为直线形、平面正三角形、正四面体形，则为非极性分子。

【板书】 见板书。

【讲述】 对于异核多原子分子（AB_m型），分子中各键极性的向量和不为零时，正负电荷中心不重合，分子都为极性分子。其中，A_2B 型分子的空间构型呈 V 形，如 H_2O、H_2S 等；AB_3 型分子的空间构型呈三角锥形，如 NH_3、PCl_3 等；或呈平面三角形，如 CH_2O，氧原子电负性大于氢原子电负性，正负电荷中心不重合，分子中各键极性的向量和不为零，分子不具有对称性，CH_2O 是极性分子；对于 AB_4 型分子，如 CH_3Cl，Cl 的电负性大于 H 的电负性，正负电荷中心不重合，分子中各键极性的向量和不为零，空间构型呈四面体型，分子不具有对称性，CH_3Cl 是极性分子。

【讲述】 含有极性键的分子，分子空间构型均匀对称，则该分子是非极性分子；分子空间构型不对称，常表现为 V 形、三角锥形、四面体形、平面三角形，此类分子是极性分子。

【板书】 见板书。

【投影】 常见分子的极性

化学式	BF_3	CO_2	PCl_5	SO_3(g)	H_2O	NH_3	SO_2
中心原子化合价绝对值	3	4	5	6	2	3	4
中心原子价电子数	3	4	5	6	6	5	6
分子极性	非极性	非极性	非极性	非极性	极性	极性	极性

【讲述】 同样，利用化合价也可判断 AB_m型分子的空间构型，若中心原子的化合价的绝对值等于该元素的价电子数，则该分子为非极性分子，此时分子的空间构型对称；若中心原子的化合价的绝对值不等于其价电子数，则分子的空间结构不对称，其分子为极性分子。

【板书】 见板书。

【讲述】 现在我们一起来总结一下判断分子极性的一般规律：（1）以极性键结合成的双原子分子是极性分子。如：HCl、HF、HBr。（2）以非极性键结合成的双原子分子或多原子分子是非极性分子。如：O_2、H_2、P_4、C_{60}。（3）以极性键结合的多原子分子，有的是极性分子也有的是非极性分子。（4）在多原子分子中，中心原子上价电子都用于形成共价键，而周围的原子是相同的原子，一般是非极性分子。

【投影】 键的极性和分子极性的关系

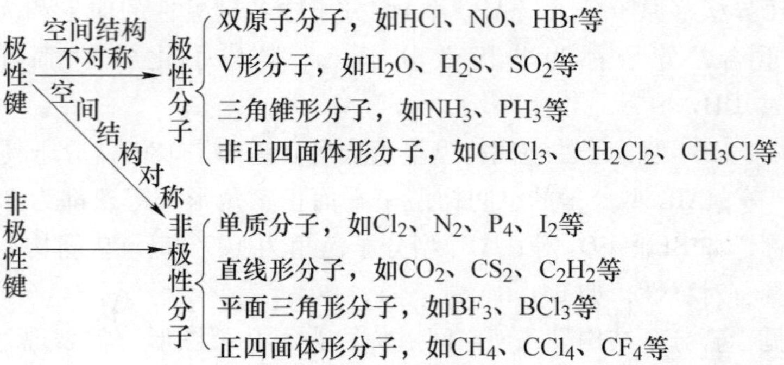

环节三：归纳总结

【总结】 本节课我们在复习共价键相关内容的基础上，学习了共价键的极性和分子的极性的相关知识，我们知道键的极性和分子的空间构型共同决定了分子的极性，空间结构对称、正负电荷中心重合的分子是非极性分子，空间结构不对称、正负电荷中心不重合的分子是极性分子，同学们在做练习题的时候，可通过我们课上所讲的两种方法准确判断分子的极性。请同学们课后完成课本 55 页的第 1 题并预习下节课“分子间作用力”的有关内容。

七、板书设计

2. 3. 1　键的极性和分子的极性

一、键的极性

共价键
- 极性键:由不同原子形成，电子对发生<u>偏移</u>
- 非极性键:由相同原子形成，电子对<u>不偏移</u>

二、分子的极性

（一）定义

分子
- 极性分子:正电中心和负电中心<u>不重合</u>
- 非极性分子:正电中心和负电中心<u>重合</u>

（二）分子极性的判断方法

分子的极性是由分子中所含共价键的极性与分子的立体构型两方面共同决定的

1. 只含有非极性键的双原子分子或多原子分子大多是非极性分子，如 O_2、H_2、P_4
2. 含有极性键的双原子分子都是极性分子，如 HCl、HF、HBr
3. 含有极性键的多原子分子，立体构型对称的是非极性分子；立体构型不对称的是极性分子

（三）常见 AB_m 型分子的极性

分子类型	分子空间构型	键角	键的极性	分子极性	常见物质
A_2	直线形（对称）	—	非极性键	非极性分子	H_2、O_2、N_2 等
AB	直线形（非对称）	—	极性键	极性分子	HX（X 为卤素）、CO、NO 等
AB_2	直线形（对称）	180°	极性键	非极性分子	CO_2、CS_2 等
A_2B	折线形（不对称）	—	极性键	极性分子	H_2O、H_2S 等
AB_3	正三角形（对称）	120°	极性键	非极性分子	BF_3、SO_3 等
AB_3	三角锥形（不对称）	—	极性键	极性分子	NH_3、PCl_3 等
AB_4	正四面体形（对称）	109°28′	极性键	非极性分子	CH_4、CCl_4 等

第2课时　分子间作用力

一、教材分析

本节课选自人教版高中《化学（选修3）》第二章“分子结构与性质”第三节“分子的性质”。依据课程标准“认识分子之间存在相互作用，知道范德华力和氢键是两种常见的分子间作用力，了解分子间氢键和分子内氢键在自然界的广泛存在及重要作用”的要求，本节课安排了“范德华力、氢键”等教学内容。

“分子间作用力”是分子间普遍存在的作用，影响着物质的物理性质。因此教科书首先联系生活实际，以实际生活中气体变为液体和固体为实例，结合分子结构的特点，得出分子之间存在一种弱相互作用力即范德华力，教科书以数据的形式确定范德华力的存在，通过对比数据并结合已有知识分析影响范德华力的因素以及范德华力的特征，通过“学与问”栏目帮助学生分析、讨论、归纳出范德华力对物质性质的影响，通过与共价键对比，加深学生对范德华力的认识。然后教科书以水为例，解释水在不同状态时密度不同的原因引出氢键，结合电负性相关知识说明氢键的存在范围、形成、本质及表示方法，并结合具体物质说明氢键的类型有分子间氢键和分子内氢键。最后结合实例分析两种氢键对物质物理性质的影响，解释氢键与化学键、范德华力之间的关系。

本节课以生活实际问题引出分子间作用力，以“电负性”“分子的极性与非极性”“分子的空间构型”为前概念，解释了分子间作用力的产生及其对物质物理性质的影响，以及物质的物理性质的差异，利用“相似相溶”原理深化巩固相关知识，为后续学习晶体的相关性质奠定了基础。因此本节课在教材中起着承上启下的作用。

二、学情分析

从知识储备方面来说，对高二的学生而言，已经学习了电负性、分子的极性与非极性，为学习分子间作用力——范德华力和氢键打下了知识基础，便于学生知识迁移，但分子间作用力是极其抽象的化学概念，学生很难通过实际的体验感知分子间作用力的存在，因而理解起来十分困难，在解释分子的物理性质上也不能正确把握要义，容易一概而论，出现误解。从能力方面来说，高二的学生逻辑性还不够严密，对于本节知识的捕获仍然有困难。

三、教学目标

核心知识	（1）掌握范德华力、氢键及其对物质性质的影响。 （2）能举例说明化学键和分子间作用力的区别。 （3）能够列举含有氢键的物质
核心能力	通过采用图表、比较、讨论、归纳的学习方法，学习影响范德华力的因素和氢键对物质性质的影响，强化根据图表分析处理信息的能力
核心品质	通过对比液态水和冰的密度大小，体会化学与生活的紧密联系，强化学生科学求实的态度，能从物质的宏观特征入手对物质及其反应进行分类和表征，能联系物质的组成和结构解释宏观现象

四、教学重点和难点

（1）教学重点：分子间作用力、氢键及其对物质性质的影响。

（2）教学难点：分子间作用力、氢键及其对物质性质的影响。

五、知识框架

- 分子间作用力
  - 范德华力
    - 概念：分子之间存在着一种较弱的相互作用力，叫做范德华力
    - 影响因素
      - 分子组成和结构相似的物质相对分子质量越大，范德华力越强
      - 分子的极性越大，范德华力越强
    - 对物质性质的影响：结构相似，范德华力越大，物质的熔、沸点越高
  - 氢键
    - 概念：氢原子与电负性很大、半径很小的原子 X(F、O、N) 以共价键形成强极性键 H—X，这个氢原子吸引另一个键上电负性大、半径小的原子 Y，形成相互作用叫做氢键（以 X—H…Y 表示）
    - 分类：分子间氢键与分子内氢键
    - 特征：比化学键小，比范德华力大
    - 影响因素
      - X 和 Y 的电负性越大，氢键越强
      - Y 的半径越小，形成的氢键越强
    - 对物质性质的影响
      - 形成分子间氢键时，物质的熔、沸点升高，溶解度增大
      - 形成分子内氢键时，物质的熔、沸点下降
      - 水结冰时，体积膨胀，密度减小

六、教学过程

环节一：导入新课

【讲述】我们知道，化学反应的实质是旧键断裂和新键形成的过程，化学键主要影响物质的化学性质，那么，物质的熔、沸点、溶解性又受什么影响呢？这节课就让我们来研究物理性质的影响因素——分子间作用力。

【板书】见板书。

环节二：展开新课

1. 范德华力

【投影】冰与水的转化和电解水示意图

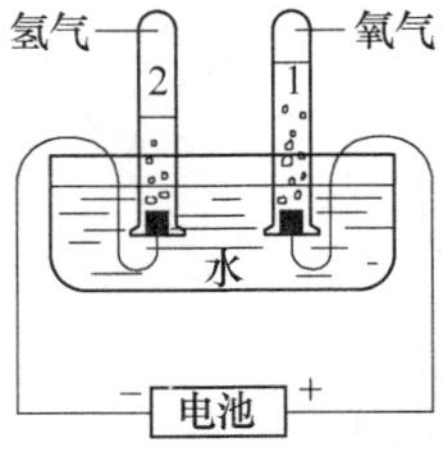

【思考】请同学们思考，水在通电条件下分解和冰与水的转化过程有何不同？

【讲述】电解水的过程是一个化学过程，而冰与水的转化过程是一个物理过程。前者的实质是破坏化学键而后者没有破坏化学键。通过对两个过程的分析，冰与水之间的

转化没有破坏化学键，而是破坏了另外的一种作用力。

【讲述】降温加压气体会液化，降温液体会凝固，这一事实表明，分子之间存在着相互作用力。范德华（van der Waals）是最早研究分子间普遍存在作用力的科学家，因而把这类分子间作用力称为范德华力。

【板书】见板书。

【讲述】范德华力广泛存在于分子之间。如液态苯、汽油等发生汽化是物理变化，需要吸收能量克服其分子间的相互作用力；降低氯气的温度时，氯气分子的平均动能逐渐减小。随着温度降低，当分子靠自身的动能不足以克服分子间相互作用力时，分子就会凝聚在一起，形成液体或固体。

【投影】某些分子的范德华力

分　子	Ar	CO	HI	HBr	HCl
范德华力/kJ · mol^{-1}	8.50	8.75	26.00	23.11	21.14

【提问】请同学们仔细观察表中的数据，你们能够得出什么结论？

【讲述】通过分析表中的数据，我们可以看出范德华力很弱，约比化学键键能小1~2个数量级。范德华力一般为2~20kJ/mol，化学键的键能一般为100~600kJ/mol。

【板书】见板书。

【讲述】化学键包括共价键和离子键，化学键影响物质的化学稳定性，即化学性质。范德华力是把分子聚集在一起的作用力，只要由分子构成的物质，都存在范德华力，范德华力主要影响物质的物理性质，表现在物质的熔点、沸点、溶解度等。范德华力只存在于由分子构成的物质之间，离子化合物、金属中不存在范德华力。范德华力越大，物质的熔、沸点越高。

【板书】见板书。

【讲述】共价键有方向性和饱和性，与共价键相比，范德华力无方向性和饱和性，只要周围空间允许，分子总是尽可能多地吸引其他分子。

【板书】见板书。

【提问】卤素单质 F_2、Cl_2、Br_2、I_2，以及 CF_4、CCl_4、CBr_4、CI_4，按其相对分子质量增大的顺序，熔、沸点有何变化规律？

【投影】

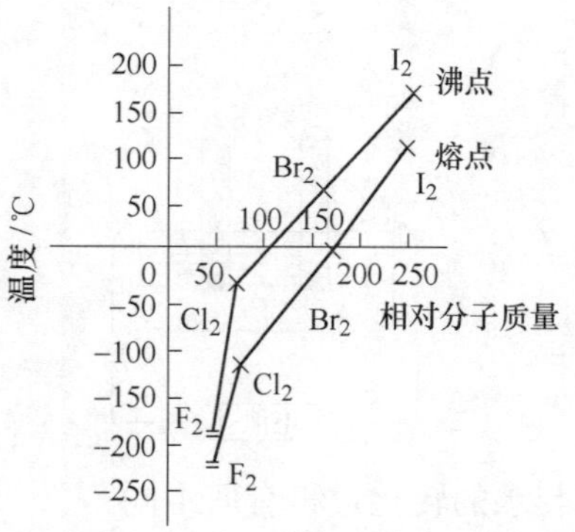

卤素单质的熔、沸点与相对分子质量的关系

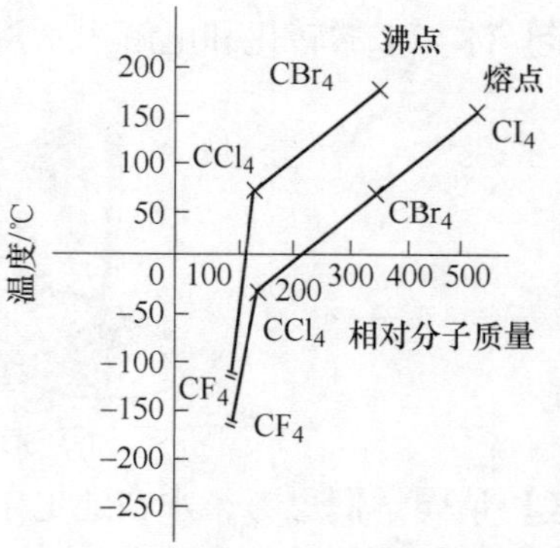

四卤化碳的熔、沸点与相对分子质量的关系

【讲述】对于卤素单质 F_2、Cl_2、Br_2、I_2 以及卤素的碳化物 CF_4、CCl_4、CBr_4、CI_4，它们结构相似，随着相对分子质量的逐渐增大，熔、沸点逐渐升高。由上述分析得出，组成和结构相似的物质，相对分子质量越大，范德华力越大，物质的熔、沸点就越高。

【板书】见板书。

【投影】CO 和 N_2 的部分性质

分　子	相对分子质量	分子的极性	熔点/℃	沸点/℃
CO	28	极性分子	-205.05	-191.49
N_2	28	非极性分子	-210.00	-195.81

【提问】请同学们仔细观察表中的数据，你们能够得出什么结论？

【讲述】对比表格中的数据，我们不难发现 CO 和 N_2 相对分子质量相同，但分子极性不同，CO 是极性分子，N_2 是非极性分子，熔、沸点 CO 均高于 N_2。可以得出，组成相似且相对分子质量相近的物质，分子极性越大（电荷分布越不均匀），其熔、沸点就越高。

【板书】见板书。

【提问】夏天经常见到许多壁虎在墙壁或天花板上爬行，却掉不下来，为什么？

【讲述】壁虎为什么能在天花板上爬行自如？这曾是一个困扰科学家一百多年的谜。用电子显微镜可观察到，壁虎的四足覆盖着几十万条纤细的由角蛋白构成的纳米级尺寸的毛。壁虎的足有多大吸引力？实验证明，如果在一个硬币大小的图上，布满 100 万条壁虎足的细毛，可以吊起 20kg 重的物体。近年来，有人用计算机模拟，证明壁虎的足与墙体之间的作用力在本质上是它的细毛与墙体之间的范德华力。

2. 氢键

【过渡】你是否知道，常见物质中，水是熔、沸点较高的液体之一？你是否知道，冰的密度比液态水的密度小？

【投影】一些氢化物的沸点

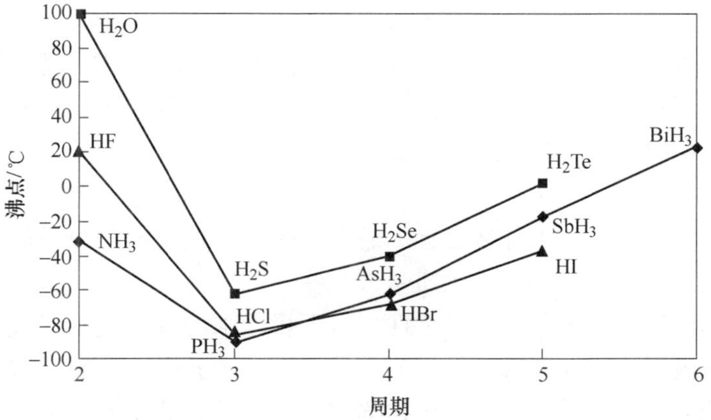

【提问】比较 H_2O 和 H_2S 的分子组成、立体构型及其物理性质，分析 H_2O 的熔、沸点比

H_2S 高的原因是什么？

【讲述】 H_2O 和 H_2S 分子组成相似，都是 V 形极性分子，常温下 H_2O 为液态，熔、沸点比 H_2S 高。在水分子中，氢原子与非金属性很强的氧原子形成共价键时，由于氧的电负性比氢大得多，所以它们之间的共用电子对就强烈地偏向氧原子，而使氢原子核几乎“裸露”出来。

【讲述】 这样带正电的氢原子核就能与另一个水分子中的氧原子的孤电子对发生一定程度的轨道重叠作用，使水分子之间作用力增强，这种分子间的作用力就是氢键，比范德华力大。由于氢键的存在，大大加强了水分子之间的作用力，使水的熔、沸点较高，硫化氢分子间不能形成氢键，故水的熔、沸点比硫化氢的高。

【讲述】 氢键是除范德华力外的另一种分子间作用力，是指已经与电负性很强的原子形成共价键的氢原子（如水分子中的氢）与另一个分子中电负性很强的原子（如水分子中的氧）之间的作用力。

【板书】 见板书。

【投影】 HF 分子中的氢键

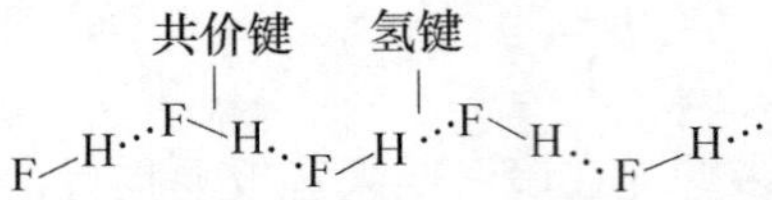

HF分子间的氢键

【讲述】 以 HF 为例，在 HF 分子中，由于 F 原子吸引电子的能力很强，H—F 键的极性很强，共用电子对强烈地偏向 F 原子，亦即 H 原子的电子云被 F 原子吸引，使 H 原子几乎成为“裸露”的质子。这个半径很小、带部分正电荷的 H 核，与另一个 HF 分子带部分负电荷的 F 原子相互吸引。这种静电吸引作用就是氢键。

【讲述】 氢键不是化学键，为了与化学键相区别，在图中用“···”来表示氢键，注意三个原子尽可能要在同一条直线上。

【板书】 见板书。

【讲述】 在用 X—H···Y 表示的氢键中，氢原子位于其间是氢键形成的最重要条件之一，同时，氢原子两边的 X 原子和 Y 原子所属元素具有较强的电负性和较小的原子半径，这是氢键形成的另一个条件。

【讲述】 由于 X 原子和 Y 原子具有强烈吸引电子的作用，氢键才能存在。这类原子应该是位于元素周期表的右上角元素的原子，主要是氮原子、氧原子和氟原子。有机物分子中含有羟基时，通常能形成氢键。

【板书】 见板书。

【提问】 请同学们思考，为什么接近水的沸点的水蒸气的相对分子质量测定值比用化学式 H_2O 计算出来的相对分子质量大一些？

【讲述】 我们能用氢键解释这种异常性，由于接近水的沸点的水蒸气中存在相当量的水分子因氢键而相互“缔合”，形成所谓“缔合分子”。因此，接近水的沸点的水蒸气的相对分子质量测定值比用化学式 H_2O 计算出来的相对分子质量大一些。

【讲述】 后来的研究证明，氢键普遍存在于已经与 N、O、F 等电负性很大的原子形成共价键的氢原子与另外的 N、O、F 等电负性很大的原子之间。例如，不仅氟化氢分子之间以及氨分子之间存在氢键，而且它们跟水分子之间也存在氢键。

【板书】见板书。

【讲述】尽管人们把氢键也称作“键”，但与化学键比较，氢键属于一种较弱的作用力，其大小介于范德华力和化学键之间，比化学键小 1~2 个数量级，不属于化学键。

【讲述】分子间有氢键的物质熔化或汽化时，除了要克服范德华力，还需额外地吸收一部分能量来克服分子间的氢键，所以这些物质的熔、沸点反常的高。第ⅤA~ⅦA 族元素的氢化物中，NH_3、H_2O、HF 的熔、沸点比其他主族元素的氢化物的熔、沸点高，这种反常行为是由于它们各自的分子间形成了氢键。

【讲述】由于含有羟基的有机物如乙醇、乙酸等存在分子间氢键，因此其熔沸点比乙醚、乙醇高得多。此类物质能形成分子间氢键，能形成分子间氢键的物质，其熔、沸点会反常的高。

【板书】见板书。

【投影】分子内氢键和分子间氢键

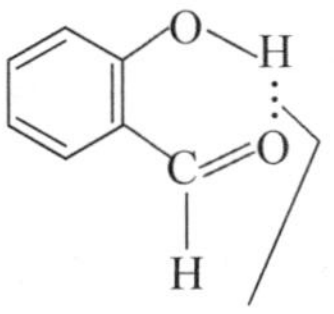

分子内氢键
邻羟基苯甲醛
熔点：2℃
沸点：196.5℃

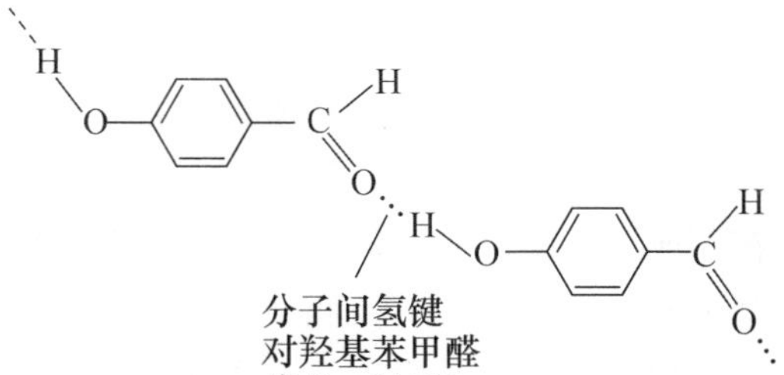

分子间氢键
对羟基苯甲醛
熔点：115℃
沸点：250℃

【讲述】氢键既可以存在于分子之间，也可存在于分子内部的原子团之间。如邻羟基苯甲醛在分子内形成了氢键，在分子之间不存在氢键，对羟基苯甲醛不可能形成分子内氢键，只能在分子间形成氢键，因而，前者的沸点低于后者的沸点。

【讲述】邻羟基苯甲醛和对羟基苯甲醛互为同分异构体。邻羟基苯甲醛中，O 和 H 距离较近，形成分子内氢键，不能再形成分子间氢键。对羟基苯甲醛，由于同一分子内的 O、H、O 距离较远，不能形成分子内氢键，而形成分子间氢键。图中数据显示对羟基苯甲醛的熔、沸点高于邻羟基苯甲醛。由此可以得出，互为同分异构体的物质，能形成分子内氢键的，其熔、沸点比能形成分子间氢键的物质熔、沸点低。

【板书】见板书。

【讲述】氢键也是一种特殊的分子间作用力，和范德华力一样，只影响物质的物理性质。除了影响熔、沸点外，还可以影响物质的溶解度。

【讲述】分子间氢键的存在增大了分子间的作用力，因此，氨气、乙醇等在水中的溶解度较大，是由于这些物质的分子能够与水分子形成氢键。如果溶质和溶剂分子间能形成氢键，则溶质的溶解度越大。

【板书】见板书。

【思考】请同学们思考当水结冰时，为什么会产生体积膨胀、密度减小的现象？

【投影】水分子间的氢键

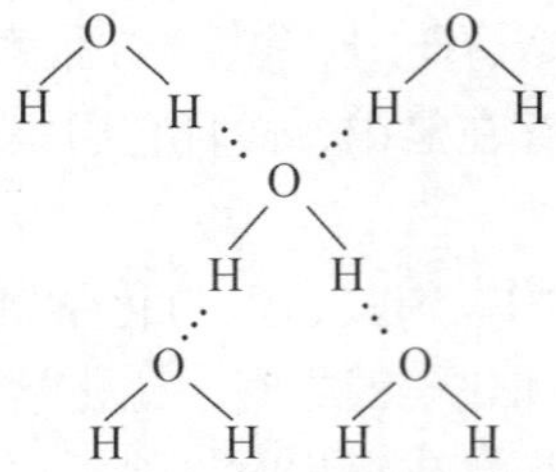

水分子间的氢键

【讲述】在水蒸气中水以单个 H_2O 分子形式存在；在液态水中，经常是几个水分子通过氢键结合起来，形成（H_2O）$_n$；在固态水（冰）中，水分子大范围地以氢键互相联结，形成相当疏松的晶体，一个水分子周围最多连接四个水分子，从而在结构中有许多空隙，造成体积膨胀，密度减少，因此冰能浮在水面上。水的这种性质对水生物生存有重要的意义。

【讲述】除此之外，接近水的沸点时，用实验测定的水蒸气的相对分子质量比用化学式 H_2O 计算出来的相对分子质量大一些。这也是由于氢键的存在使接近水的沸点的水蒸气中存在相当量的水分子相互“缔合”，形成了一些“缔合分子”的原因。

【提问】通过前面的学习，我们知道共价键有方向性和饱和性，范德华力没有方向性和饱和性这两个特征，请同学们思考氢键有没有方向性和饱和性？

【讲述】在形成氢键时，由于氢原子半径比 X、Y 原子半径小得多，当氢原子与一个 Y 原子形成氢键 X—H…Y 后，氢原子周围的空间已被占据，X、Y 原子的电子云的排斥作用将阻碍另一个 Y 原子与氢原子靠近成键，也就是说氢原子只能与一个 Y 原子形成氢键，即氢键具有饱和性。如，一个水分子周围最多缔合另外的四个水分子，形成变形四面体。

【板书】见板书。

【投影】HF、H_2O 分子间氢键示意图

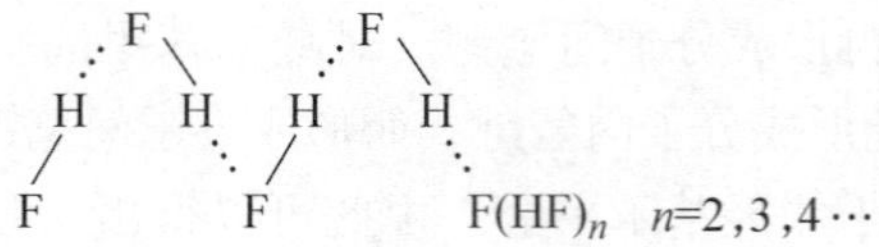

HF 分子间氢键示意图

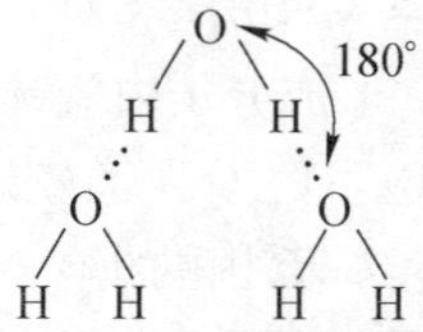

H_2O 分子间氢键示意图

【讲述】X—H 与 Y 形成分子间氢键时，3 个原子总是尽可能沿直线分布，这样可使 X 与 Y 尽量远离，使两原子间电子云的排斥作用力最小，体系能量最低，形成的氢键最强、最稳定，所以氢键还具有方向性。

【板书】见板书。

【讲述】在氢键 X—H…Y 中，氢键的键能的大小与 X、Y 的电负性大小有关，电负性越大，则键能越大，氢键越强。氢键的键能还与 X、Y 原子的半径大小有关，尤其是与 Y 原子的半径大小有关，半径越小，则键能越大，氢键越强。

【讲述】下面我们通过一张表格对共价键、范德华力、氢键进行比较。

【投影】共价键、范德华力、氢键的比较

	范德华力	氢　键	共价键
概念	分子之间普遍存在的一种相互作用力	已经与电负性很大的原子形成共价键的氢原子与另一个电负性很大的原子之间的作用力	原子间通过共用电子对所形成的相互作用
作用微粒	分子或原子（稀有气体）	氢原子、电负性很大的原子	原子
强度比较	共价键>氢键>范德华力		
影响强度的因素	（1）随着分子极性的增大而增大； （2）组成和结构相似的物质，相对分子质量越大，范德华力越大	对于X—H…Y，X、Y的电负性越大，Y原子的半径越小，作用力越大	成键原子半径越小，键长越短，键能越大，共价键越稳定
对物质性质的影响	（1）影响物质的熔点、沸点、溶解度等物理性质； （2）组成和结构相似的物质，随相对分子质量的增大，物质的熔、沸点升高，如 $F_2 < Cl_2 < Br_2 < I_2$，$CF_4 < CCl_4 < CBr_4$	分子间氢键的存在，使物质的熔、沸点升高，在水中的溶解度增大，如熔、沸点：$H_2O>H_2S$，$HF>HCl$，$NH_3>PH_3$	（1）影响分子的稳定性； （2）共价键的键能越大，分子稳定性越强

环节三：归纳总结

【总结】通过本节课的学习，我们知道了影响物质物理性质的因素——分子间作用力，包括范德华力和氢键。我们知道化学键决定物质的化学性质，键能的大小影响物质的化学性质，如稳定性；分子间作用力主要影响物质的物理性质，如熔、沸点等。要注意范德华力只存在于由分子构成的物质之间，而离子化合物和金属中不存在范德华力。在具体的习题训练中，同学们要细心。请同学们课后完成课本55页的第4~6题并预习下节课“物质的溶解性、手性和无机含氧酸的酸性”的有关内容。

七、板书设计

2.3.2　分子间作用力

一、范德华力及其对物质性质的影响

（一）概念：物质的分子之间存在一种相互作用力叫分子间作用力，又叫范德华力

（二）特征：范德华力很弱，约比化学键能小1~2数量级

（三）影响因素

1. 分子组成和结构相似的物质相对分子质量越大，范德华力越大
2. 组成相似且相对分子质量相近的分子，分子的极性越大，范德华力越大

（四）对物质性质的影响

1. 组成和结构相似的分子，相对分子质量越大，范德华力越大，物质的熔、沸点就越高
2. 组成相似且相对分子质量相近的物质，分子极性越大（电荷分布越不均匀），其熔、沸点就越高
3. 在同分异构体中，一般来说，支链数越多，熔、沸点就越低

二、氢键及其对物质性质的影响

（一）概念：由已经与电负性很大的原子（如 N、F、O）形成共价键的氢原子与另一个电负性很大的原子之间的作用力

（二）表示方法：氢键通常用 X—H…Y 表示，其中 X、Y 为 N、O、F，“—”表示共价键，“…”表示形成的氢键

（三）分类：分子间氢键、分子内氢键

（四）氢键对物质性质的影响：氢键主要影响物质的熔、沸点，分子间氢键使物质熔、沸点升高，分子内氢键使物质熔、沸点降低，水结冰时，体积膨胀，密度减小，与溶剂形成分子间氢键，溶解度增大

第3课时　物质的溶解性、手性和无机含氧酸的酸性

一、教材分析

本节课选自人教版高中《化学（选修3）》第二章“分子结构与性质”第三节“分子的性质”。依据课程标准“认识分子之间存在相互作用，知道范德华力和氢键是两种常见的分子间作用力，了解分子间氢键和分子内氢键在自然界的广泛存在及重要作用”的要求，本节课安排了“溶解性、分子的手性、无机含氧酸的酸性”等教学内容。

教科书首先通过文字叙述与图片展示的方式，介绍分子的另一性质——溶解性的影响因素，分为外在因素和内在因素两个方面，重点解释内在因素——分子的结构对溶解性的影响。通过对比蔗糖和氨气、萘和碘在水和四氯化碳中的溶解性，分析这几种物质的结构，引出“相似相溶”原理。又通过分析水和乙醇极性不同但却互溶的特点，得出分子间形成氢键可以增大溶解度，同时考虑到溶质和溶剂间如果发生化学反应也可以增大溶解度，进一步总结出影响物质溶解性的三大内在影响因素，并在“思考与交流”栏目中应用以上影响物质间溶解性的因素，以加深学生对有关知识的理解与认识。然后教科书又通过模型、动手示范、图片介绍了手性分子的含义、特点以及手性碳原子的判断，并结合实例突出手性分子在生命科学和手性药物方面的应用。最后通过对比常见无机含氧酸的酸性，分析其结构特点，得出比较无机含氧酸酸性的普遍规律。

本节课一方面是对本章理论知识的实际应用，另一方面是对分子的系统认识，以分子的手性研究激发学生对生命科学以及药物化学的兴趣，通过无机含氧酸分子酸性的比较，帮助学生对无机含氧酸的认识从表面化到实质化，促进学生对知识的系统化和理论化。

二、学情分析

从知识储备方面来说，通过本章前两节的学习，学生已经会判断分子的极性和分子是否含有氢键，已经初步建立起利用结构特征分析物质性质的思维模式。但手性分子是一个全新的概念且比较抽象难懂，学生理解起来尚有困难，对于无机含氧酸的认识还停留在经验的基础上，能从电离和对应同元素价态的角度区分强酸和弱酸、比较酸性的强弱，但还缺乏理论依据和规律系统比较无机含氧酸的酸性。同时，对于高二的学生而言，学生的抽象思维还不够成熟，逻辑思维还不够严密，对于本节知识横向、纵向迁移仍有困难。

三、教学目标

核心知识	（1）从分子结构的角度，认识“相似相溶”规律。 （2）了解“手性分子”在生命科学等方面的应用。 （3）能用分子结构的知识解释无机含氧酸分子的酸性
核心能力	通过对影响物质溶解性因素、无机含氧酸酸性判断的学习，提升分析归纳、知识迁移、综合运用知识的能力

续表

核心品质	通过学习手性分子，了解手性分子的性质，能运用所学知识分析和探讨某些化学过程对人类健康、社会可持续发展可能带来的双重影响，并对这些影响从多个方面进行评估

四、教学重点和难点

（1）教学难点：手性分子和无机含氧酸分子的酸性。

（2）教学难点：手性分子和无机含氧酸分子的酸性。

五、知识框架

- 分子的性质
  - 溶解性
    - 相似相溶原理
      - 极性溶剂（如水）易溶解极性物质
      - 非极性溶剂（如苯、汽油、四氯化碳等）能溶解非极性物质
      - 含有相同官能团的物质互溶，如水中含羟基能溶解含羟基的醇、酚、羧酸
    - 影响物质溶解的因素
      - 内因：相似相溶原理
      - 外因：影响固体溶解度的主要因素是温度；影响气体溶解度的主要因素是温度和压强
      - 其他因素
        - 如果溶质与溶剂之间能形成氢键，则溶解度增大，且氢键越强，溶解性越好。如：NH_3 易溶于水
        - 溶质与水发生反应时可增大其溶解度，如：SO_2 与水发生化学反应
  - 手性
    - 概念：原子组成和排列方式相同，但不重合，且互为镜像关系的两种物质，互称为手性异构体
    - 手性碳原子的判断：同一个 C 原子连接 4 个不同的原子或原子团，为手性碳原子
    - 手性分子的判断：一般来说，分子中有手性碳原子即为手性分子
  - 无机含氧酸酸性
    - 经验规律：将酸改写成 $(HO)_mRO_n$ 的形式，n 值越大，酸性越强
    - 规律
      - 同主族，从上向下，非金属性减弱，最高价氧化物对应水化物酸性减弱
      - 同周期，从左至右，非金属性增强，最高价氧化物对应水化物酸性增强
      - 同一元素，不同价态的元素含氧酸酸性高价大于低价

六、教学过程

环节一：导入新课

【导入】 通过前面的学习，我们知道了分子极性的判断标准以及分子间作用力对物质性质的影响。本节课我们利用已学过的分子结构理论，继续学习“物质的溶解性、手性和无机含氧酸的酸性”的有关知识。

【板书】 见板书。

环节二：展开新课

1. 溶解性

【提问】 在“碘单质的萃取”实验中，为什么碘单质在水溶液中溶解度很小，但在 CCl_4 中

溶解度很大？我们如何更进一步判断物质的溶解性？

【讲述】物质相互溶解的性质十分复杂，有许多制约因素，如温度、压强等。从分子结构的角度，存在“相似相溶”的规律。一般情况下，非极性溶质能溶于非极性溶剂，极性溶质能溶于极性溶剂。

【板书】见板书。

【讲述】CCl_4 和 I_2 都是非极性分子，而 H_2O 是极性分子，因此，碘单质在水中溶解度很小，但在 CCl_4 中溶解度很大。

【讲述】由于极性分子间的电性作用，使得极性分子组成的溶质易溶于极性分子组成的溶剂，难溶于非极性分子组成的溶剂；非极性分子组成的溶质易溶于非极性分子组成的溶剂。

【讲述】蔗糖、氨都是极性分子，易溶于极性溶剂水中，难溶于非极性溶剂四氯化碳中，萘和碘都为非极性分子，易溶于非极性溶剂四氯化碳中，而难溶于极性溶剂水中。这些都是依据“相似相溶”原理来进行解释的。

【讲述】“相似相溶”中的“相似”指的是分子的极性相似。相似相溶原理是一条经验规律，也存在不符合规律的例子，如 H_2 不溶于水也难溶于苯。

【讲述】此外，“相似相溶”还适用于分子结构的相似性。例如，乙醇的化学式为 CH_3CH_2OH，其中的—OH 与水分子的—OH 相近，因而乙醇能与水互溶；而戊醇 $CH_3CH_2CH_2CH_2CH_2OH$ 中的烃基较大，其中的—OH 跟水分子的—OH 的相似性小得多，因而它在水中的溶解度明显减小。

【投影】分子间氢键

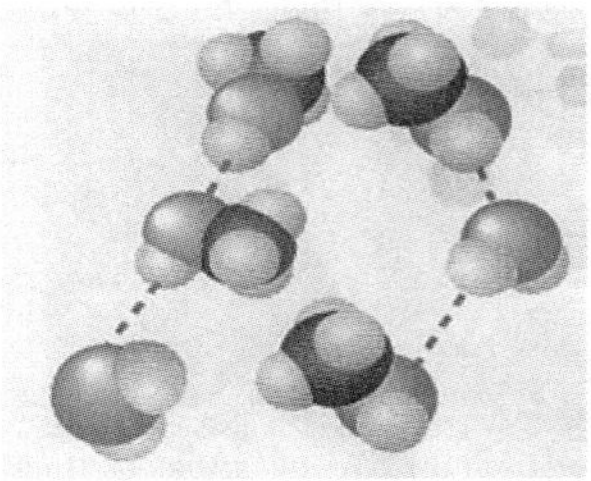

【讲述】通过上节课的学习，我们知道如果分子之间存在氢键，则溶剂和溶质之间的氢键作用力越大，溶解性越好。相反，无氢键相互作用的溶质在有氢键的水中的溶解度就比较小。

【板书】见板书。

【讲述】此外，溶质分子与溶剂分子之间的范德华力越大，则溶质分子的溶解度越大。如比较 CH_4 和 HCl 在水中的溶解情况，由于 CH_4 与 H_2O 分子间的作用力很小，故 CH_4 几乎不溶于水，而 HCl 与 H_2O 分子间的作用力较大，故 HCl 极易溶于水。

【讲述】同理，Br_2、I_2 与苯分子间的作用较大，故 Br_2、I_2 易溶于苯中，而 H_2O 与苯分子间的作用力很小，故 H_2O 很难溶于苯中。

【提问】请同学们思考 NH_3 和 CH_4 分别在水中的溶解度如何？怎样用“相似相溶”规律理解它们的溶解度不同？

【讲述】NH_3 为极性分子，CH_4 为非极性分子，而水是极性分子，根据“相似相溶”原理，NH_3 易溶于水，而 CH_4 不易溶于水。并且 NH_3 与水之间还可形成氢键，使得 NH_3 更易溶于水。

【提问】请同学们思考 NH_3 在水中能稳定存在吗？会与水发生化学反应吗？

【讲述】通过前面的学习，我们知道 NH_3 在水中会与水发生化学反应，生成一水合氨，其混合物称为氨水。所以，溶质与水发生反应时可增大其溶解度，如 SO_2 与水反应生成的 H_2SO_3 可溶于水，故 SO_2 的溶解度增大。

【板书】见板书。

【讲述】通过上面的分析，我们能够得出物质溶解度受外界因素的影响，如压强和温度，同时还可以根据“相似相溶”原理、是否形成氢键以及是否发生化学反应进一步判断物质的溶解性。

2. 手性

【投影】

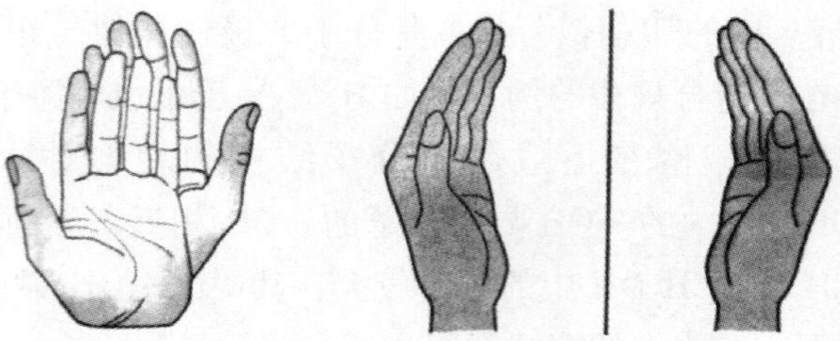

【实践】每个同学亮出自己的左右手，看能否完全重合？

【提问】请同学们举出身边显示一定对称性的物体，思考宏观物体具有对称性，构成它们的微观粒子也具有对称性吗？

【投影】

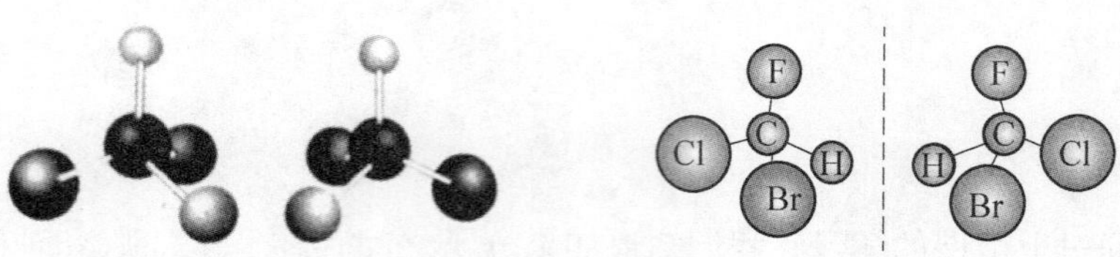

【讲述】通过观察，我们不难发现这两个分子的相同点是分子组成相同，都是 CHFClBr，从平面上看相似。不同点是在空间上完全不同，它们构成实物和镜像关系，如同左手与右手一样互为镜像，却在三维空间里不能重叠。

【讲述】像 CHFClBr 这样，具有完全相同的组成和原子排列的一对分子，如同左手与右手一样互为镜像，却在三维空间里不能重叠，互称为手性异构体。有手性异构体的分子叫作手性分子。

【板书】见板书。

【讲述】手性同分异构体（又称对映异构体、光学异构体）的两个分子互为镜像关系，即分子形式的“左撇子和右撇子”。手性分子的主要应用是有制作手性催化剂，手性催化剂只催化或主要催化一种手性分子的合成。

【投影】一种药物——“反应停”手性分子

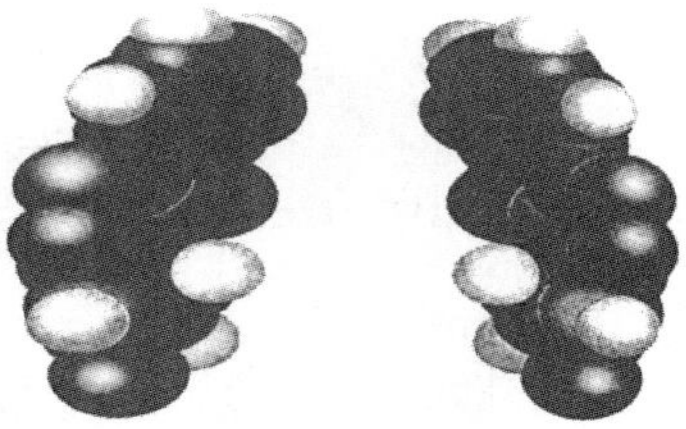

手性分子一例：一种药物——“反应停”

【讲述】手性分子在生命科学和生产手性药物方面有广泛的应用。如图所示的分子，是由一家德国制药厂在 1957 年 10 月 1 日上市的高效镇静剂，中文药名为“反应停”，它能使失眠者美美地睡个好觉，能迅速止痛并能够减轻孕妇的妊娠反应。

【讲述】然而，不久就发现世界各地相继出现了一些畸形儿，后被科学家证实，是孕妇服用了这种药物导致的。随后的药物化学研究证实，在这种药物中，只有图左边的分子才有这种毒副作用，而右边的分子却没有这种毒副作用。人类从这一药物史上的悲剧中吸取教训，不久各国纷纷规定，今后凡生产手性药物，必须把手性异构体分离开，只出售能治病的那种手性异构体的药物。

【投影】手性碳原子

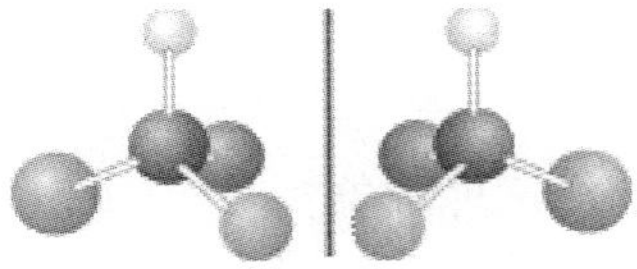

手性碳原子（中间球）

【讲述】2001 年 10 月诺贝尔化学奖授予了在手性催化反应方面取得卓著成绩的美国和日本的三位科学家。有机物分子中如果在一个碳原子上连接有 4 个不同的基团，则会形成两种不同的四面体空间构型，它们互为镜像，互称为对映异构体，如同人的左右手一样，外形相似而不能重合。科学上把这种现象称为“手性”，这样的碳原子称为手性碳原子，具有这种特性的分子称为手性分子。

【板书】见板书。

【讲述】判断某有机物是否具有手性异构体的关键，是分析其含有的碳原子是否连有四个互不相同的原子或基团。两个手性分子的性质不同，且手性有机物中必定含手性碳原子。

3. 无机含氧酸的酸性

【过渡】通过前面的学习，我们知道根据元素周期律可以比较含氧酸的酸性强弱，同一主族，自上而下，非金属元素最高价含氧酸酸性逐渐减弱；同一周期，从左到右，非金属元素最高价含氧酸酸性逐渐增强。

【讲述】通常无机含氧酸看成是由氢离子和酸根离子构成的。例如 H_2SO_4 是由 H^+ 和 SO_4^{2-} 构成，HNO_3 是由 H^+ 和 NO_3^- 构成，实际上在它们的分子结构中，氢离子却是和酸根上的一个氧相连接的，所以它们的结构式如下所示。

【副板书】

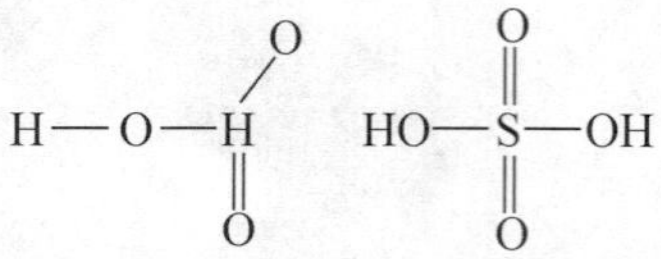

【讲述】 无机含氧酸之所以能显酸性，是因为其分子中含有—OH，而—OH 上的 H 在水分子的作用下能够电离 H^+，而显示一定的酸性。

【练习】 填写下列表格。

含氧酸	HClO	$HClO_2$	$HClO_3$	$HClO_4$
氯元素价态	+1	+3	+5	+7
非羟基氧原子数	0	1	2	3
酸性	弱酸	中强酸	强酸	最强酸

【讲述】 我们知道，H_2SO_4 和 HNO_3 是强酸，而 H_2SO_3 和 HNO_2 是弱酸，即从酸性强弱来看：$H_2SO_3 < H_2SO_4$、$HNO_2 < HNO_3$，在氯的含氧酸中也存在类似的情况，酸性强弱 $HClO < HClO_2 < HClO_3 < HClO_4$。

【讲述】 通过刚才的练习，我们可以知道同种元素的含氧酸中，成酸元素的化合价越高，其含氧酸的酸性越强。

【板书】 见板书。

【提问】 请同学们思考如何解释这种现象？

【投影】 常见无机含氧酸酸性

含氧酸	次氯酸	磷酸	硫酸	高氯酸
结构简式	Cl—OH	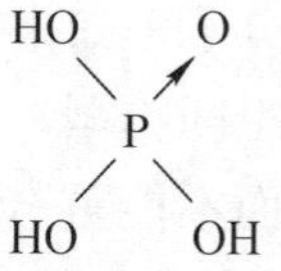	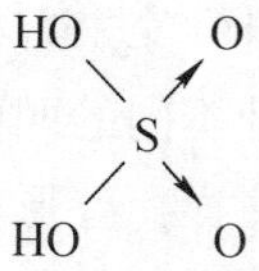	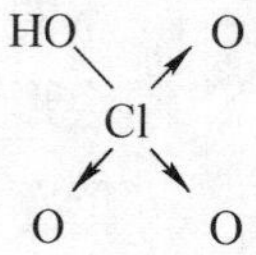
非羟基氧原子数	0	1	2	3
酸性	弱酸	中强酸	强酸	最强酸

【讲述】 化学上有一种见解，认为含氧酸的通式可写成 $(HO)_mRO_n$，如果成酸元素 R 相同，则 n 值越大，R 的正电性越高，导致 R—O—H 中 O 的电子向 R 偏移，因而在水分子的作用下，也就越容易电离出 H^+。

【板书】 见板书。

【讲述】 但我们要注意的是，碳酸可表示为 $(HO)_2CO$，非羟基氧原子数为 1，酸强度与中强酸磷酸似乎相似，但碳酸实为弱酸。原因是 CO_2 溶于水中只有很小的一部分生成 H_2CO_3，与按 CO_2 全部转化为 H_2CO_3 来估算的强度相比，酸性要弱很多，故 H_2CO_3 为弱酸。

【讲述】 我们还要注意的是，酸性的大小与—OH 的数目即 m 数值大小无关，如 H_3PO_4 为中强酸，并非强酸。同主族元素或同周期元素最高价含氧酸的酸性比较，可根据非金属性强弱去比较，也可根据元素周期表判断，或是根据化合价来判断。总之，酸性的判断要多方法综合运用。

【讲述】无机含氧酸的酸性与其溶解度无关，并非溶解度越大，酸性越强。如次氯酸、磷酸均易溶于水，但它们都不是强酸。

【投影】

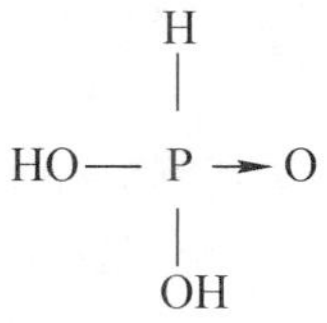

【讲述】无机含氧酸分子中有几个氢原子，该酸不一定就是几元酸。例如，H_3PO_3 属于二元酸，这是因为 H_3PO_3 的结构式如投影所示，其中有一个非羟基氧，因此属于二元酸。

环节三：归纳总结

【总结】通过本节课的学习，我们对分子的性质有了更深入的认识，我们知道影响物质溶解性因素有三个，包括“相似相溶”原理、氢键和是否发生化学反应等。也学习了手性分子的有关知识，知道手性试剂中，其中一个异构体可能是有效的，而另一个手性异构体可能是无效甚至是对生物有害的。同时对无机含氧酸的酸性做了更加深入的补充。请同学们课下完成本节课的有关练习并预习下节课“晶体”的有关内容。

七、板书设计

2.3.3 物质的溶解性、手性和无机含氧酸的酸性

一、溶解性

（一）“相似相溶”规律

非极性溶质一般能溶于非极性溶剂，极性溶质一般能溶于极性溶剂

（二）影响物质溶解性的因素

1. 外界条件——温度、压强等
2. 分子结构——“相似相溶”规律
3. 氢键——如果溶质与溶剂之间能形成氢键，则溶解度增大
4. 反应——溶质与水发生反应时可增大其溶解度，如 SO_2 与 H_2O 反应生成 H_2SO_3，NH_3 与 H_2O 反应生成 $NH_3 \cdot H_2O$ 等

二、手性分子

（一）定义

具有完全相同的组成和原子排列的一对分子，如同左手与右手一样互为镜像，却在三维空间里不能重叠，互称为手性异构体。有手性异构体的分子称为手性分子

（二）手性分子的判断

判断一种有机物是否具有手性异构体，关键是看其含有的碳原子是否连有 4 个不同的原子或原子团，即有机物分子中是否存在手性碳原子。如

$$\begin{array}{c} R_2 \\ | \\ R_1—C—R_3 \\ | \\ R_4 \end{array}$$

，R_1、R_2、R_3、R_4 互不相同，含有手性碳原子，该有机物分子具有手性

（三）无机含氧酸分子的酸性

1. 根据元素周期律比较含氧酸的酸性强弱

（1）同一主族，自上而下，非金属元素最高价含氧酸酸性逐渐减弱

（2）同一周期，从左到右，非金属元素最高价含氧酸酸性逐渐增强

2. 对于同一种元素的含氧酸来说，该元素的化合价越高，其含氧酸的酸性越强。如酸性：$HClO < HClO_2 < HClO_3 < HClO_4$

3. 含氧酸的通式可写成 $(HO)_mRO_n$，若成酸元素 R 相同，则 n 值越大，酸性越强。如酸性：$H_2SO_4 > H_2SO_3$

第三章　晶体结构与性质

本章知识框架

- 晶体结构与性质
  - 晶体与晶胞
    - 晶体
      - 定义：具有规则的几何外形的固体
      - 微观结构：内部粒子在三维空间里呈现周期性的有序排列
      - 性质与特点：自范性、各向异性、有固定的熔点、具有特定的对称性
    - 非晶体
      - 定义：不具有规则的几何外形的固体
      - 微观结构：内部粒子在三维空间未呈现周期性有序排列
  - 晶胞
    - 定义：描述晶体结构的基本单元
    - 与晶体关系：整块晶体可以看作是数量巨大的完全等同的晶胞“无隙并置”而成
    - 三种典型立方晶胞结构：简单立方、体心立方、面心立方
    - 有关计算：均摊法
  - 分子晶体和原子晶体
    - 分子晶体
      - 定义：只含分子的晶体或分子间作用力相结合形成的晶体
      - 物理特性：熔点和沸点较低，硬度很小，部分易升华，在固态和熔融状态时都不导电，一般极性分子易溶于极性溶剂，非极性分子易溶于非极性溶剂
      - 结构特征：若分子间作用力只有范德华力，满足分子密堆积
    - 原子晶体
      - 定义：相邻原子间以共价键相结合而形成的空间网状结构的晶体
      - 物理特性：熔、沸点高，硬度大，一般不导电，难溶于常见的溶剂，导热性和延展性较差
      - 结构特征：只存在共价键、不存在单个分子
  - 金属晶体
    - 定义：金属阳离子和自由电子之间通过金属键形成的晶体
    - 物理特性：一般具有金属光泽，呈银白色，有良好的导电性、导热性和延展性，金属晶体的熔、沸点、硬度差别较大，有的高于原子晶体，有的低于分子晶体
    - 主族金属熔、沸点和硬度变化规律
      - 同周期主族金属从左至右，价电子数目增多，离子半径越小，金属键的强度增强
      - 同主族金属从上到下，离子半径增大，金属键的强度减弱
    - 金属晶体堆积模型
      - 二维空间：非密置层（配位数为4）；密置层（配位数为6）
      - 三维空间
        - 简单立方堆积：配位数为6，空间占有率52.6%
        - 体心立方堆积：配位数为8，空间占有率68%
        - 六方最密堆积：配位数为12，空间占有率74.05%
        - 面心立方最密堆积：配位数12，空间占有率74.05%
  - 离子晶体
    - 定义：由阳离子和阴离子通过离子键结合而成的晶体
    - 物理特性：熔、沸点较高，硬度较大，难挥发难压缩，一般易溶于水，而难溶于非极性溶剂，固态不导电，水溶液或者熔融状态下能导电
    - 影响离子晶体结构的因素
      - 晶体中正负离子的半径比
      - 晶体中正负离子的电荷比
      - 离子键的纯粹程度
    - 晶格能：指气态离子形成1mol离子晶体时释放的能量

第一节　晶体的常识

第 1 课时　晶体与非晶体

一、教材分析

本节课选自人教版高中《化学（选修 3）》第三章“晶体结构与性质”第一节“晶体的常识”。依据课程标准“了解晶体中微粒的空间排布存在周期性，认识简单的晶胞”的要求，本节课安排了“晶体与非晶体”的教学内容。

为帮助学生准确理解与掌握“晶体与非晶体”的有关知识，教科书首先从实验室常见的固体入手，介绍自然界中绝大多数固体都是晶体，进而引出晶体与非晶体的概念，然后结合天然水晶球里的玛瑙和水晶外形特征的差异，介绍晶体的形成途径，进而引入碘的升华实验和硫酸铜晶体的制备实验，强化学生对晶体形成途径的理解。通过对晶体实物、模型以及教科书中图 3-4、图 3-5 的观察分析，引导学生自主讨论为什么晶体呈现多面体外形？晶体有什么性质？怎样鉴别晶体与非晶体，通过观察显微镜下的晶体，从微观角度详细分析与介绍晶体与非晶体的本质区别和性质上的差异。最后通过“学与问”栏目中设置的两个问题引导学生应用晶体的概念及性质，强化学生对有关知识的理解与掌握，并在“科学视野”栏目中介绍了晶体的“X 射线衍射实验”以拓宽学生的视野。

本节课是学习晶体知识的开端，在学生已有的晶体认知的基础上，结合图片、实物以及图表引导学生从微观结构分析晶体的特点与性质，为后面“离子晶体”等内容的学习奠定了基础，同时能够进一步帮助学生形成“宏微结合”的学科思想。

二、学情分析

从知识储备方面来说，学生通过前面的学习，已经初步掌握了原子结构和分子结构的有关知识，又知道原子、分子或离子之间可以通过化学键相互结合成丰富多彩的化学物质，为本节课相关内容的学习奠定了知识基础。学生通过两年的化学学习，已具备一定的分析、观察和表达能力，为本节课通过观察图片获得“晶体与非晶体的概念”等教学活动的开展奠定了能力基础。学生在生活中经常见到玛瑙、水晶等宏观事物，具备了较丰富的生活经验，为本节课相关教学活动的开展奠定了情感基础。

三、教学目标

核心知识	（1）知道晶体的特点和性质。 （2）掌握晶体与非晶体的本质差异和区分方法
核心能力	（1）通过观察和分析图片获得“晶体与非晶体的概念”等环节的学习，强化分析、比较和归纳的能力。 （2）通过进行“晶体碘的升华和凝华”的实验，强化学生化学实验操作和分析的能力。 （3）通过本节课的学习，能够从宏观和微观相结合的视角分析与解决实际问题
核心品质	通过本节课的学习，能够借助已有的生活常识和感情经验，从宏观特征逐步过渡到微观特征，意识到内部有序造就了外部有序，能运用晶体的微观结构说明晶体的共性和晶体与非晶体的性质差异及其原因

四、教学重点与难点

（1）教学重点：晶体的特点和性质。

（2）教学难点：晶体与非晶体的本质差异和区分方法。

五、知识结构

- 晶体与非晶体
  - 晶体
    - 定义：具有规则的几何外形的固体
    - 分类：根据粒子的种类和粒子间的相互作用不同，分为离子晶体、金属晶体、原子晶体和分子晶体等
    - 微观结构：内部粒子在三维空间里呈现周期性的有序排列
    - 性质与特点：自范性、各向异性、有固体的熔点、具有特定的对称性
    - 获得途径：熔融态物质凝固、气态物质冷却不经液态直接凝固（凝华）、溶质从溶液中析出
  - 非晶体
    - 定义：不具有规则的几何外形的固体
    - 微观结构：内部粒子在三维空间里未呈现周期性的有序排列

六、教学过程

环节一：导入新课

【导入】通过前面的学习，我们知道了原子结构和分子结构的有关知识，也知道原子、分子或离子之间可以通过化学键相互结合形成丰富多彩的化学物质。在不同温度和压强下，物质主要分为三态，分别为气态、液态和固态。而自然界中的绝大多数物质都是固体，固体有晶体和非晶体之分。本节课就让我们一起学习“晶体与非晶体”的有关内容。

【板书】见板书。

环节二：展开新课

1. 晶体与非晶体的概念及本质差异

【投影】紫晶、猫眼石、祖母绿、钻石、胆矾、冰糖、食盐、明矾、雪花、石蜡、泡沫塑料和玛瑙的实物图

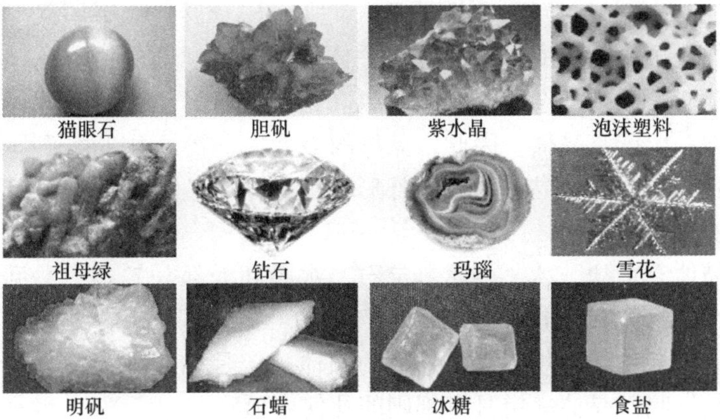

【提问】仔细观察图片，请同学们思考这些固体在外形上有什么区别？

【讲述】通过观察，我们可以发现紫水晶、猫眼石、祖母绿、钻石、胆矾、冰糖、明矾和雪花具有规则的几何外形，石蜡、泡沫塑料和玛瑙则没有规则的几何外形。像紫水晶、猫眼石等具有规则的几何外形的固体称为晶体，根据粒子的种类和粒子间的相互作用不同，可将晶体分为离子晶体、金属晶体、原子晶体和分子晶体等类型。像石蜡、泡沫塑料和玛瑙等没有规则的几何外形的固体称为非晶体，又称玻璃体。

【板书】见板书。

【提问】为什么晶体呈现规则的几何外形，而非晶体没有规则的几何外形？你认为可能和什么因素有关？

【投影】石英晶体和硅石玻璃体投影示意图

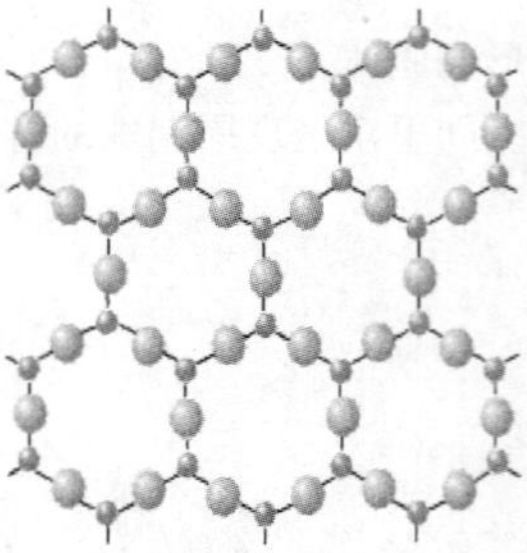

石英晶体（Si、O 原子规则排列）

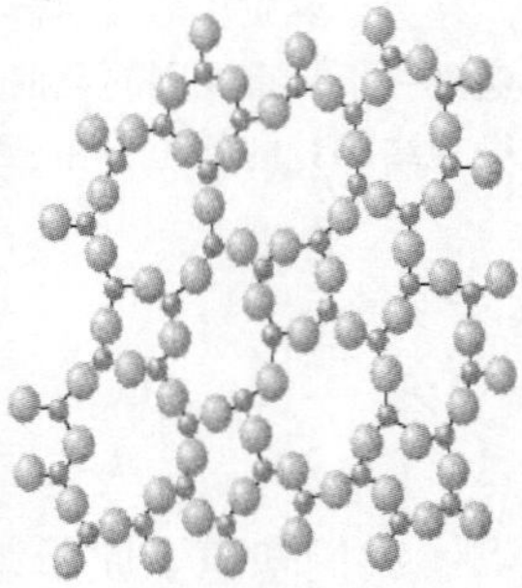

硅石玻璃体（Si、O 原子不规则排列）

【讲述】投影所示石英晶体即 SiO_2 晶体，我们不难发现 SiO_2 晶体内部微粒硅原子和氧原子在一定方向上每隔一定距离就重复出现其基本结构单元——[SiO_4] 四面体结构，也就是说其在一定方向上每隔一定距离就重复出现相同的序列，在三维空间里呈周期性有序排列。而非晶体 SiO_2 内部的原子则相对无序，在一定方向上每隔一定距离并未重复出现相同的序列。因此，晶体与非晶体最本质的差异就在于内部粒子在三维空间里是否呈现周期性的有序排列。

【板书】见板书。

【练习】下列固体物质中属于晶体的是（　　）。

A. 橡胶　B. 玻璃　C. 食盐　D. 水晶　E. 塑料　F. 胆矾　G. 陶瓷

【讲述】晶体就像是国庆阅兵所呈现的方块整体，非常有规则的，非晶体就像是上体育课自由活动时所呈现的杂乱无章的表象。这样说来，不是所有固体都是晶体，二氧化硅也不一定就是晶体。因此，晶体的最大特点就是内部原子排布是非常有序的，可以说我们所看到的晶体的规则外形是由晶体中粒子微观空间里呈现周期性有序排列的宏观表象。

【讲述】常见的晶体有食盐、冰、金属、宝石、水晶和大部分矿石，常见的非晶体有玻璃及玻璃态的物质和橡胶。

【提问】请同学们思考，具有规则几何外形的固体一定是晶体吗？具有固定组成的固体也一定是晶体吗？晶体一定具有规则的几何外形吗？

【讲述】请同学们注意，晶体与非晶体的根本区别在于构成固体的粒子在微观空间是否呈现周期性的有序排列，在宏观结构中具有规则几何外形的固体不一定是晶体，比如玻璃制品可以塑造出规则的几何外形，也可以具有美观对称的外观，但其规则的几何外观需借助外力，并不是构成固体的粒子在微观空间呈现周期性的有序排列而导致的。同样，具有固定组成的固体也不一定是晶体，比如刚才我们提到的非晶体 SiO_2，其有固定的组成，但不属于晶体。晶体也不一定具有规则的几何外形，比如食盐不具有规则的几何外形，却属于晶体。

【板书】见板书。

2. 晶体的性质与特点

【提问】晶体与非晶体最本质的差异在于内部粒子在微观空间里是否呈现周期性的有序排列。请同学们思考在宏观上，二者有何差异？

【讲述】晶体的规则外形是由晶体中粒子微观空间里呈现周期性的有序排列的宏观表象。首先，由于晶体内部粒子在三维空间呈现周期性的有序排列，因此晶体能自发地呈现封闭的、规则的多面体几何外形，我们将晶体能自发呈现多面体外形的性质叫作晶体的自范性，这是晶体中粒子在微观空间里呈现周期性有序排列的宏观表现。而非晶体内部的原子或分子的排列呈杂乱无章的分布状态，不能自发地呈现封闭的、规则的多面体外形，需通过人为加工方能呈现，如玻璃也是透明的，切成一块一块是规则的，但它不叫晶体，它叫玻璃体。因此非晶体无自范性。

【板书】见板书。

【讲述】在室温下，将一块不规则的胆矾固体放人饱和硫酸铜溶液中，经过一段时间后，胆矾固体会变成规则的立方体。因为胆矾属于晶体，所以其溶解和结晶是可逆过程。根据晶体的自范性可知，在溶解和结晶的过程中离子会自发地规则排列，形成规则的多面体外形。再如，冬季的雪花是水蒸气在空气中凝华时形成的晶体，一般为六角形的规则图案，这些都是由晶体的自范性导致的。

【提问】所谓自发过程，即自动发生的过程。但“自发”过程的实现，仍需要一定的条件。例如，水能自发地从高处流向低处，但不打开拦截水流的闸门，水库里的水就不能下泻。请同学们思考晶体呈现自范性的条件之一是什么？

【投影】天然水晶球里的玛瑙和水晶示意图

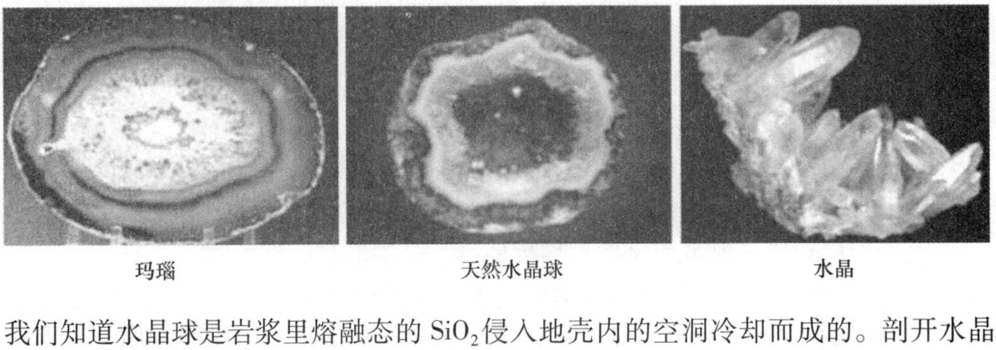

玛瑙　　天然水晶球　　水晶

【讲述】我们知道水晶球是岩浆里熔融态的 SiO_2 侵入地壳内的空洞冷却而成的。剖开水晶球，常见它的外层是看不到晶体外形的玛瑙，内层才是呈现晶体外形的水晶。不同的是，玛瑙是熔融态的 SiO_2 快速冷却形成的，而水晶则是热液缓慢冷却形成的。

【讲述】通过刚才的分析，我们不难发现熔融态物质冷却凝固，有时得到晶体，但凝固速率过快，常常只得到看不到多面体外形的粉末或没有规则外形的块状物。由此说明要想从熔融态物质中获得晶体，必须要求凝固速率适当，而晶体凝固的过程即为晶体生长过程的其中一种类别。因此，晶体呈现自范性的条件之一是晶体生长的速率适当。

【板书】见板书。

【讲述】通过刚才的分析，我们不难发现得到晶体的途径之一是使熔融态物质凝固。

【板书】见板书。

【提问】请同学们思考除了冷却的方法，是否还有其他途径？你能列举哪些？

【实验演示】在一个小烧杯里加入少量碘，用一个表面皿盖在小烧杯上，并在表面皿上加少量冷水。把小烧杯放在石棉网上加热，观察实验现象。

【实验现象】固体直接变成紫色蒸气，蒸气遇冷，又重新凝华成固体，固体呈紫色晶状，有光泽。

【实验结论】晶体碘可产生升华和凝华现象。

【讲述】通过刚才的实验，我们发现除了冷却的方法以外，还可以通过使气态物质冷却不经液态直接凝固（凝华）的方法获得晶体。

【板书】见板书。

【投影】从硫酸铜溶液中析出的硫酸铜晶体示意图

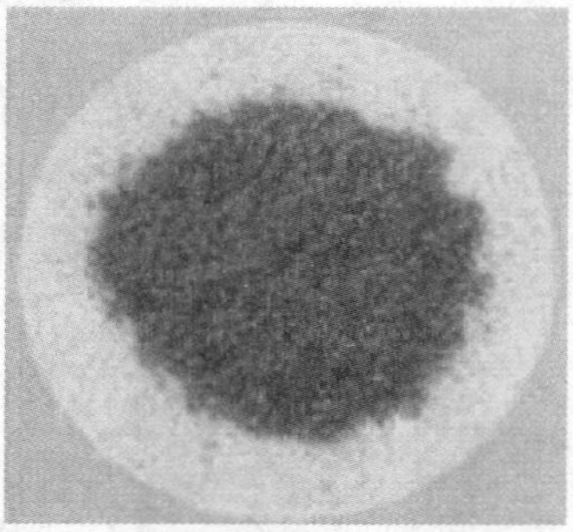

【讲述】除了熔融态物质凝固、气态物质凝华的方法以外，还可以通过使溶质从溶液中析出的方法获得晶体。比如加热饱和食盐水（蒸发水分）后冷却即析出食盐晶体；向饱和 $CuSO_4$溶液中加入无水 $CuSO_4$即析出胆矾晶体。

【板书】见板书。

【练习】1. 关于晶体的自范性，下列叙述中正确的是（　　）。

A. 破损的晶体能够在固态时自动变成规则的多面体

B. 缺角的氯化钠晶体在饱和 NaCl 溶液中慢慢变为完美的立方体块

C. 圆形容器中结出的冰是圆形体现了晶体的自范性

D. 由玻璃制成规则的玻璃球体现了晶体的自范性

2. 向饱和食盐水中滴加浓盐酸，可观察到的现象是____________________。

3. 将一块缺角的胆矾晶体放在饱和硫酸铜溶液中，一段时间后（温度不变）后，可观察到的实验现象是______________________________________。

【投影】石墨的结构模型

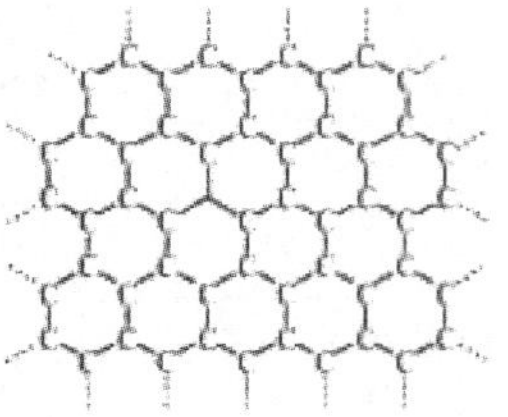

石墨晶体中的二维平面结构

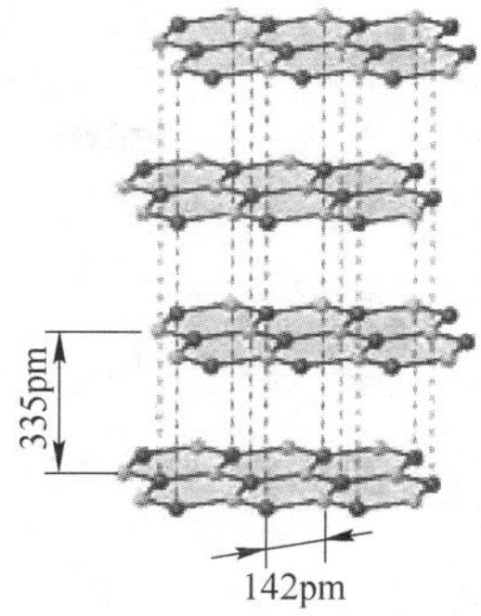

石墨的层状结构

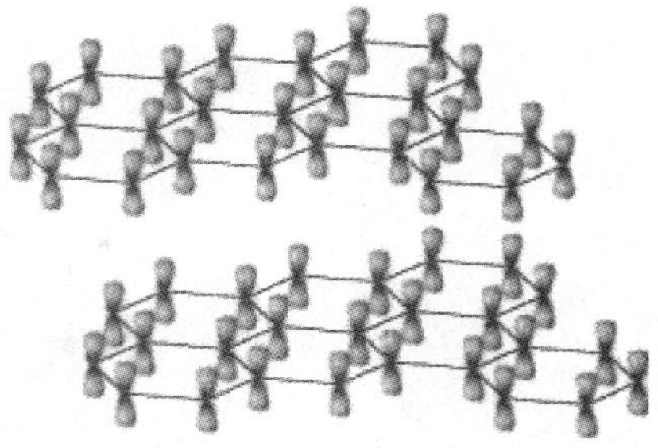

石墨结构中未参与杂化的P轨道

【讲述】 同一晶体在构造中，在不同方向上质点排列一般是不一样的，因此，晶体的性质也随方向的不同而有所差异，如石墨的导电性。研究发现，石墨的晶体具有层状结构，每个碳原子中的 sp^2 杂化轨道，与邻近的三个碳原子以共价键相结合，形成无限的六边形平面网状结构。每个碳原子还有一个与碳环平面垂直的未参与杂化的2p轨道，并含有一个未成对电子，由于所有的p轨道相互平行且相互重叠，使p轨道中的电子可在整个碳原子平面中运动，因此石墨像金属一样有导电性。由于相邻碳原子平面之间相隔较远，电子却不能从一个平面跳跃到另一个平面，所以石墨的导电性只能沿石墨平面的方向。这就导致了石墨与层平行方向的导电性大于与层垂直方向的导电性，这叫各向异性，即同一晶体在不同方向上表现不同的物理性质称为各向异性，而非晶体则不具有物理性质各向异性的特点。

【板书】 见板书。

【投影】 常见晶体的性质

晶　体	性　　质
云母	解离性：沿两层的平面方向剥离容易，沿垂直于这个平面的方向剥离就困难得多
蓝晶石（$Al_2O_3 \cdot SiO_2$）	硬度：不同方向上的硬度不同
石墨	导电性：在与层垂直的方向上的导电率是与层平行的方向上导电率的 $1/10^4$
水晶	导热性：在水晶柱面上滴一滴熔化的石蜡，用一根红热的铁针刺中凝固的石蜡，会发现不同方向石蜡熔化的快慢不同

【讲述】 晶体的许多物理性质，如解离性、硬度、导热性、导电性、光学性质等，常常随方向的不同而有所差异，如云母的解离性沿两层的平面方向剥离容易，沿垂直于这个平面的方向剥离就困难得多；蓝晶石（$Al_2O_3 \cdot SiO_2$）在不同方向上的硬度不同；石墨在与层垂直方向上的电导率是与层平行方向上电导率的 $1/10^4$。晶体的某些物理性质的各向异性同样反映了晶体内部质点排列的有序性，而且通过这些性质可以了解晶体的内部排列与结构的一些信息。

【板书】 见板书。

【投影】 加热固体时，固体温度随时间变化示意图

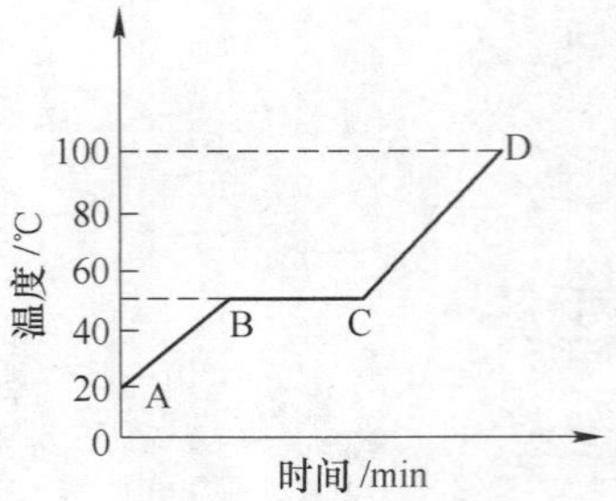

晶体

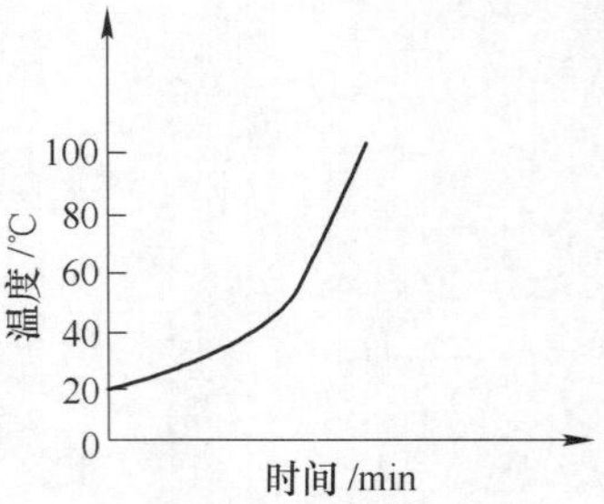

非晶体

【提问】请同学们思考这两幅图体现了晶体的什么性质？

【讲述】通过分析，我们发现当晶体加热到一定温度时，晶体吸收的热量全部用来破坏晶体粒子的规则排列，此时晶体的温度不再升高，完全熔化后，温度才开始升高，这就导致了晶体具有固定的熔点。加热非晶体时，温度升高到某一程度后非晶体开始软化，流动性增强，最后变为液体，从软化到完全变为液体，中间经过较大的温度范围。上述事实说明晶体具有固定熔点，而非晶体没有。除此之外，在相同的热力学条件下，晶体与同种物质的非晶体固体、液体、气体相比较，其内能最小。晶体由于有最小的内能，因而晶体状态是一个相对稳定的状态。这也是为什么同一周期硅的熔点高于其他物质的原因。

【板书】见板书。

【讲述】一般而言，晶体具有规则的几何外形，因此具有特定的对称性。比如规则的食盐晶体具有立方体外形，它在空间上具有对称性。

【板书】见板书。

【投影】非晶态二氧化硅和晶态二氧化硅 X 射线衍射粉末图谱的对比示意图

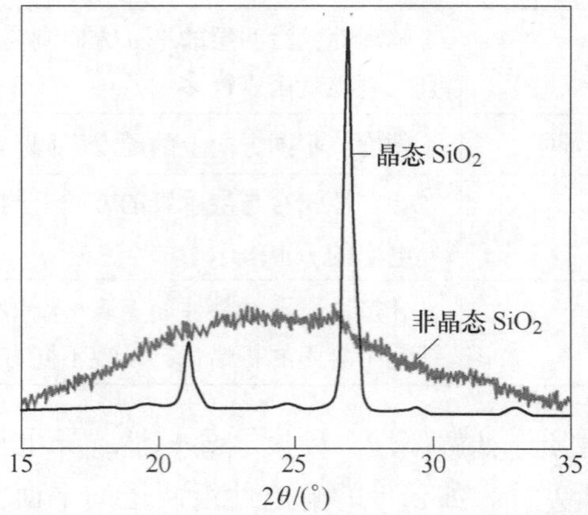

【提问】请同学们阅读课本 62 页的“科学视野”栏目，思考该图体现了晶体的什么性质？

【讲述】通过阅读与观察，我们不难发现当单一波长的 X 射线通过晶体时，会在记录仪上看到分立的斑点或明锐谱线。而同一条件下摄取的非晶体图谱中则没有。这是因为当入射光的波长与光栅隙缝大小相当时，能产生光的衍射现象。X 射线波长与晶体结构的周期大小相近，所以晶体是个理想的光栅。它能使 X 射线产生衍射。利用这种性质人们建立了测定晶体结构的重要实验方法。非晶态物质没有周期性结构，不能使 X 射线产生衍射，只有射散效应。说明晶体能够使 X 射线发生衍射，而非晶体则不能。所以我们也可以利用 X 射线衍射来鉴别宝石的真假。

【板书】见板书。

【练习】1. 某同学在网站上找到一张玻璃的结构示意图，如图所示，这张图说明玻璃是不是晶体？为什么？

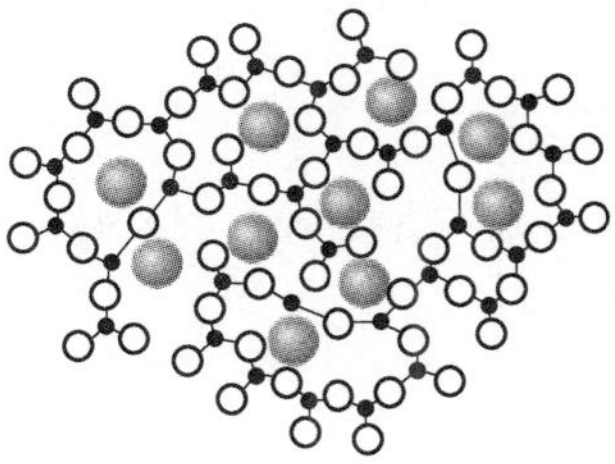

2. 根据晶体的物理性质的各向异性的特点，人们很容易识别用玻璃仿造的假宝石。你能列举一些可能有效的方法鉴别真假宝石吗？

【讲述】现在我们一起来总结一下晶体与非晶体的差异。

【投影】晶体与非晶体的比较

固体	外　观	微观结构	自范性	各向异性	熔点
晶体	具有规则的几何外形	粒子在三维空间周期性有序排列	有	各向异性	固定
非晶体	不具有规则的几何外形	粒子排列相对无序	无	各向同性	不固定

环节三：归纳总结

【总结】本节课我们学习了晶体与非晶体的相关知识，我们知道晶体与非晶体最本质的差异在于内部粒子在三维空间里是否呈现周期性的有序排列，由于晶体内部粒子在三维空间里呈现周期性的有序排列，因此具备自范性、各向异性等特性，同学们可借助经验、成分、性质等来区分晶体与非晶体。请同学们完成课本 64 页的第 1、2 题并预习下节课“晶胞”的有关内容。

七、板书设计

3.1.1　晶体与非晶体

一、晶体与非晶体的概念及本质差异

（一）晶体

1. 定义：具有规则的几何外形的固体

2. 分类：根据粒子的种类和粒子间的相互作用不同，分为离子晶体、金属晶体、原子晶体和分子晶体等类型

（二）非晶体：没有规则的几何外形的固体

（三）本质差异：内部粒子在三维空间里是否呈现周期性的有序排列

注意：

1. 具有规则几何外形的固体不一定是晶体
2. 具有固定组成的固体也不一定是晶体
3. 晶体也不一定具有规则的几何外形

二、晶体的特点与性质

（一）自范性

1. 呈现条件之一：晶体生长的速率适当
2. 晶体获得途径

（1）熔融态物质凝固

（2）气态物质冷却却不经液态直接凝固（凝华）

（3）溶质从溶液中析出

（二）各向异性

（三）有固定的熔点

（四）具有特定的对称性

（五）能够使 X 射线发生衍射

第2课时　晶　　胞

一、教材分析

本节课选自人教版高中《化学（选修3）》第三章“晶体结构与性质”第一节“晶体的常识”。依据课程标准“了解晶体中微粒的空间排布存在周期性，认识简单的晶胞”的要求，本节课安排了“晶胞”的教学内容。

晶胞中粒子数目的计算和晶体的化学式的确定是近年高考中的高频考点，为强化学生对晶体的理解，教科书首先引发学生思考晶体在微观空间里原子的排列方式，直接引出“晶胞”的概念，并运用蜂巢和蜂室的关系帮助学生理解与掌握晶体和晶胞的关系。然后以“铜晶体”和“铜晶胞”为例，详细分析和介绍了晶胞的特点，通过观察分析教科书中图3-8，引导学生分析处于晶胞中不同位置的粒子，对整个晶胞的贡献是多少？进而得出晶胞所含粒子数目的计算方法——“均摊法”和晶体化学式的确定方法。最后在“学与问”栏目中要求学生计算金属钠、金属锌、碘、金刚石晶胞中所含原子个数，以强化学生对“均摊法”的理解与掌握。

本节课是本章第一节“晶体与非晶体”内容的延伸与拓展，在晶体的本质特征即构成晶体的粒子在微观空间呈现周期性有序排列知识的基础上，引导学生分析晶体微观结构，建立晶胞这一晶体局部模型，强化学生对“结构决定性质”这一化学学科思想的理解，也为后面“金属晶体、离子晶体”等内容的学习奠定知识基础。

二、学情分析

从知识储备方面来说，学生已经初步理解与掌握了“晶体与非晶体”的相关知识，知道晶体中微粒的空间排布存在周期性，但不知如何描述晶体在微观空间里粒子的排列方式。从能力方面来说，高二的学生已具备一定的空间想象能力和数学计算能力，为本节课开展“晶胞中粒子数目的计算和晶体化学式的确定奠定了能力基础。

三、教学目标

核心知识	（1）知道晶胞的概念及其与晶体的关系。 （2）掌握晶胞中粒子数目的计算和晶体的化学式的确定
核心能力	（1）通过观察和分析蜂巢和蜂室的关系来学习晶体和晶胞的关系，学会运用类比的思维方法学习化学知识。 （2）通过计算晶胞中粒子数目和确定晶体的化学式，强化抽象思维的能力和数学计算能力
核心品质	通过晶胞中的有关计算说明晶体的组成，能运用化学符号和定量计算等手段说明物质的组成，能从定性与定量结合上收集证据，能通过定性分析和定量计算推出合理的结论

四、教学重点与难点

（1）教学重点：晶胞与晶体的关系，晶胞中粒子数目的计算和晶体的化学式的确定。

（2）教学难点：晶胞中粒子数目的计算和晶体的化学式的确定。

五、知识结构

晶胞
- 定义：描述晶体结构的基本单元
- 与晶体关系：整块晶体可以看作是数量巨大的完全等同的晶胞“无隙并置”而成
- 三种典型立方晶胞结构：简单立方、体心立方、面心立方
- 有关计算
  - 均摊法——在晶体中，一个粒子同时为 n 个晶胞所共有，那么对于一个晶胞来讲，该粒子只有 $1/n$ 属于该晶胞（平行六面体晶胞、非平行六面体晶胞、化学键数目的确定、氢键数目的确定、晶体密度的计算）

六、教学过程

环节一：导入新课

【导入】在上一节课中，我们学习了“晶体与非晶体”的相关知识，我们知道晶体内部粒子在三维空间里呈周期性有序排列，但是如何描述晶体在微观空间里粒子的排列呢？本节课就让我们一起来学习“晶胞”的有关知识。

【板书】见板书。

环节二：展开新课

【提问】请同学们思考如何描述晶体在微观空间里粒子的排列？

【讲述】实际上，由于晶体内部粒子在三维空间里呈周期性有序排列，在一定方向上每隔一定距离就重复出现相同的序列。因此为了描述晶体在微观空间里粒子的排列，无需画出千千万万个微观粒子，只需在晶体微观空间里取出一个基本单元即可。这种描述晶体结构的基本单元称为晶胞。

【板书】见板书。

【提问】请同学们思考，晶胞和晶体是什么关系？

【投影】蜂巢、铜晶体及铜晶胞模型

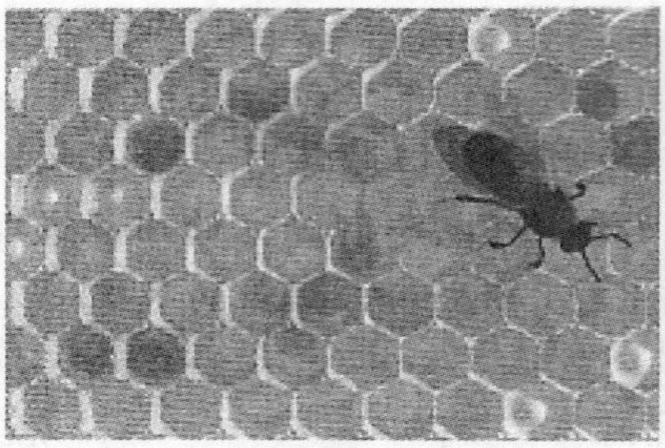

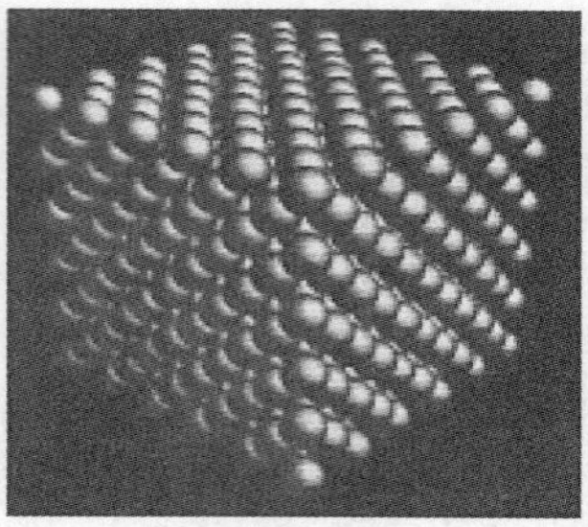

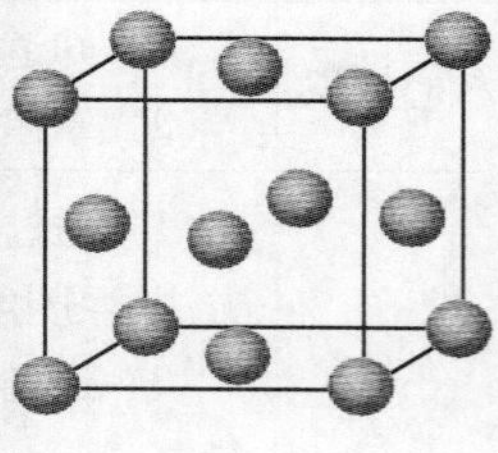

【讲述】晶体和晶胞的关系可用蜂巢和蜂室的关系来比喻，整个蜂巢就是由很多个形状大小相同的蜂室没有间隙、平行并置而成。同样，整块晶体可以看作是数量巨大的完全等同的晶胞“无隙并置”而成。然而蜂巢是有形的，晶胞是无形的，是人为划定的。

【投影】铜晶体与晶胞

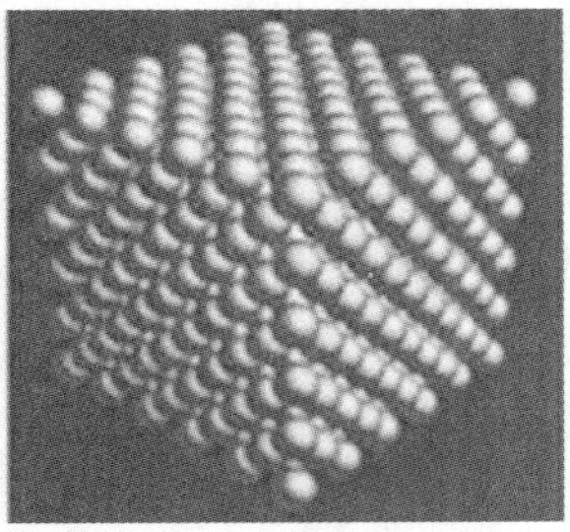

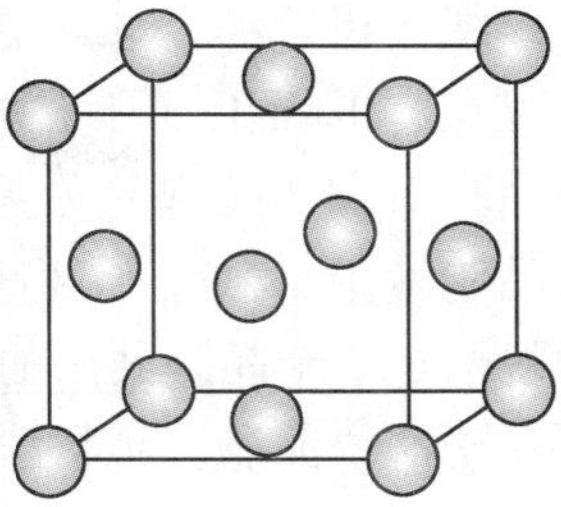

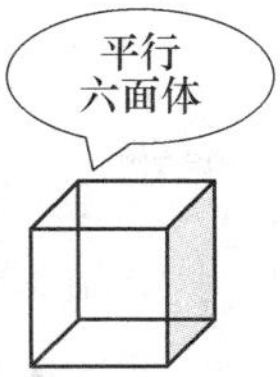

【提问】 请同学们思考，如何理解“完全等同”和“无隙并置”两个关键词？

【讲述】 一般来说晶胞都为平行六面体，观察铜晶体的排列方式，我们可以把整块晶体看作是数量巨大的完全等同的铜晶胞“无隙并置”而成的。“完全等同”包含两个层面，一个是“化学上等同”，即晶胞里原子的数目和种类完全等同；另一个是“几何上等同”，即所有晶胞的形状、取向、大小等同，晶胞里原子的排列完全等同。“无隙”是指相邻晶胞间没有任何间隙，“并置”是指所有晶胞都是平行排列、取向相同的，从一个晶胞到另一个晶胞只需平移，不需转动。

【板书】 见板书。

【投影】 三种典型立方晶胞结构示意图

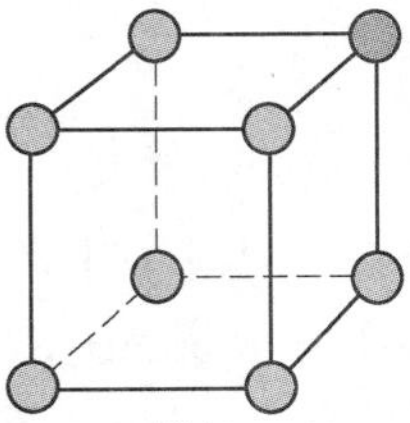
图 1

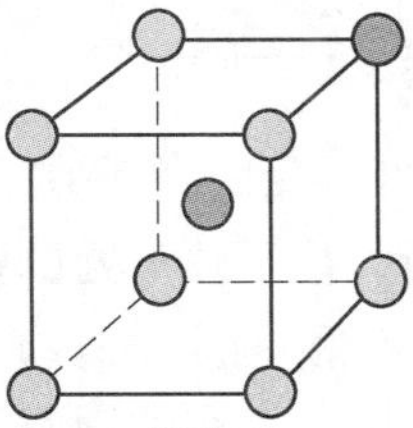
图 2

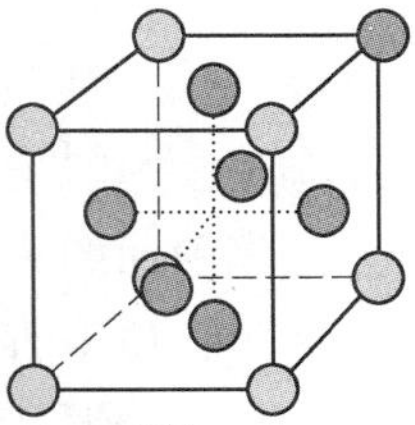
图 3

【讲述】 习惯上采用的晶胞都是平行六面体。常见的典型立方晶胞结构有三种类型，图 1 所示的立方晶胞叫作简单立方晶胞，在该晶胞中，所有粒子位于平行六面体的顶点处；图 2 所示的立方晶胞叫作体心立方晶胞，在该晶胞中，粒子分别位于平行六面体的顶点和体心处；图 3 所示的晶胞叫作面心立方晶胞，在该晶胞中，粒子分别位于平行六面体的顶点和面心处。

【板书】 见板书。

【提问】 请同学们思考，晶体中某一晶胞内的所有粒子是否都属于该晶胞？为什么？

【投影】 原子在晶胞的顶角、棱、面上以及晶胞内时，一个晶胞平均占有的原子示意图

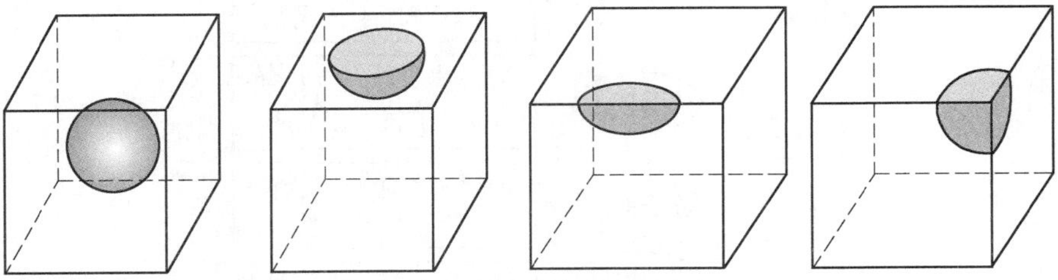

【讲述】 我们在观察晶胞图时，千万不能忘记，晶胞只是晶体微观空间里的一个基本单元，在它的上下左右前后无隙并置地排列着无数晶胞，而且所有晶胞的形状及其内部的原子种类、个数及几何排列是完全相同的。

【讲述】下面我们对立体晶胞进行详细分析，在立体晶胞中，原子可以位于它的顶点，也可以位于它的棱上，还可以在它的面上（不含棱），当然，它的体内也可以有原子。对于平行六面体形的晶胞而言，晶胞的顶角粒子是 8 个晶胞共用的，则该粒子只有 1/8 属于该晶胞；晶胞棱上的粒子是 4 个晶胞共用的，则该粒子只有 1/4 属于该晶胞；晶胞面上的粒子是 2 个晶胞共用的，则该粒子只有 1/2 属于该晶胞；在晶胞内部的粒子则完全属于这个晶胞。请同学们注意，晶胞中并不是所有的粒子都属于该晶胞。

【练习】下列关于晶胞的叙述，不正确的是（　　）。

A. 晶胞是晶体中最小的结构重复单元　　B. 晶胞都具有平移性

C. 晶胞中的任何一个粒子都属于该晶胞　　D. 所有的晶胞都是平行六面体

【提问】请同学们思考为什么铜晶胞中含有 4 个铜原子，而不是 14 个？

【投影】铜晶胞结构示意图

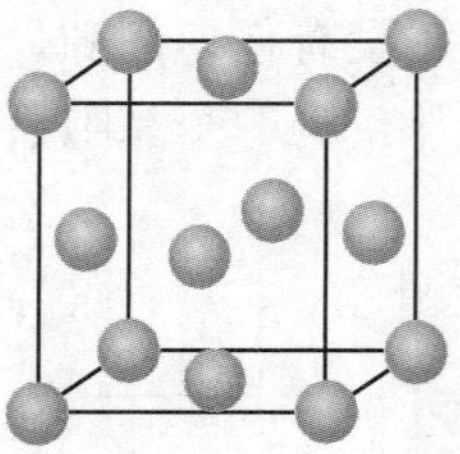

【讲述】通过观察铜晶胞的结构示意图，我们发现在铜晶胞中，铜原子分别位于晶胞的顶角和面心处，根据前面的分析，位于顶角处的铜原子只有 1/8 属于该晶胞，而这种铜原子总计有 8 个；位于面心处的铜原子只有 1/2 属于该晶胞，而这种铜原子总计有 6 个。因此，在一个铜晶胞中，含有的铜原子只有 $6 \times 1/2 + 8 \times 1/8 = 4$ 个。

【讲述】刚才我们用来确定一个铜晶胞中含有的铜原子个数的方法叫作均摊法，它是计算每个晶胞中平均占有（实际含有）的粒子数目的有效方法。其原理是：在晶体中，一个粒子同时为 n 个晶胞所共有，那么对于一个晶胞来讲，该粒子只有 $1/n$ 属于该晶胞。运用这种方法可进行晶体的有关计算，即可以确定一个晶胞中实际含有的粒子、化学键和氢键数目，也可以确定晶体的化学式。

【板书】见板书。

【投影】晶胞中实际含有的粒子数目

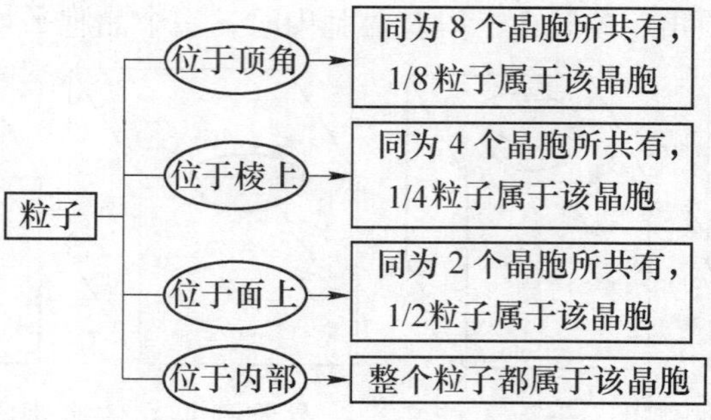

【练习】1. 下图依次是金属钠（Na）、金属锌（Zn）、碘（I_2）、金刚石（C）晶胞的示意图，数一数，它们分别平均含有几个原子？

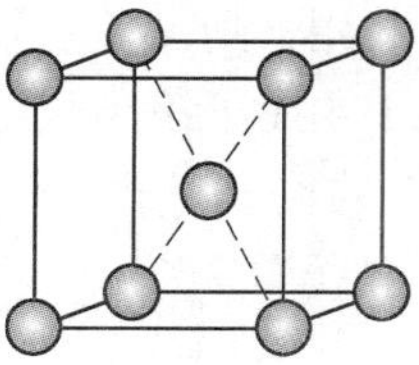
Na

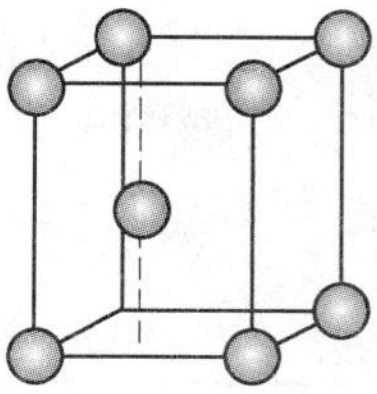
Zn

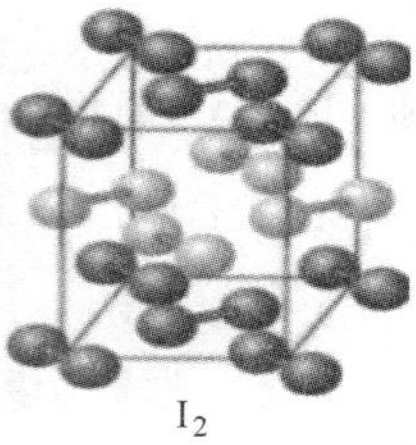
I_2

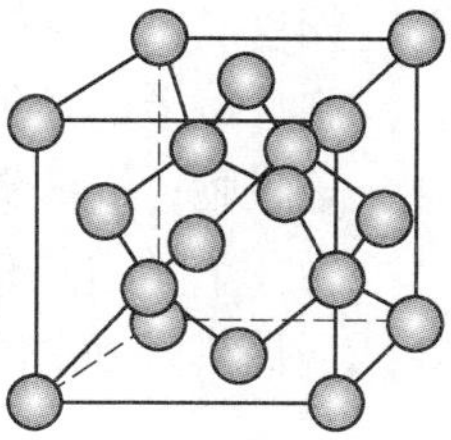
金刚石

2. 钙—钛矿晶胞结构如图所示。观察钙—钛矿晶胞结构，求该晶体中，钙、钛、氧微粒个数比为多少？该晶胞的化学式是什么？

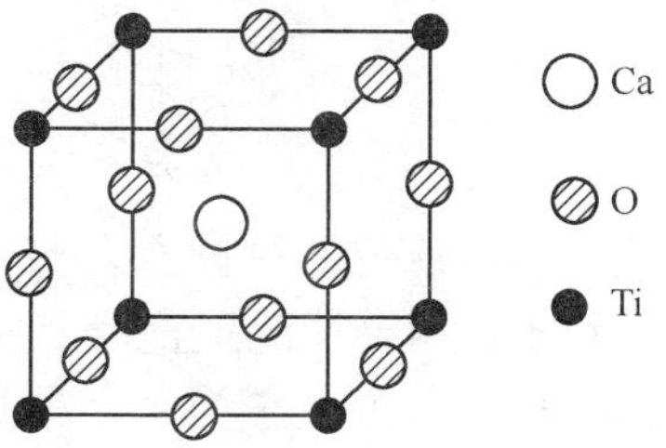

【讲述】对平行六面体晶胞，在运用均摊法计算一个晶胞中实际含有的粒子数目和确定晶体的化学式时，请同学们注意该类型晶胞的顶角粒子是 8 个晶胞共用的，则该粒子只有 1/8 属于该晶胞；晶胞棱上的粒子是 4 个晶胞共用的，则该粒子只有 1/4 属于该晶胞；晶胞面上的粒子是两个晶胞共用的，则该粒子只有 1/2 属于该晶胞；在晶胞内部的粒子则完全属于这个晶胞。习题 1 中钠、锌晶胞顶角都有 8 个原子，每个原子占有的份额为 1/8，晶胞内有一个原子完全属于该晶胞，因此钠、锌晶胞都是：$8\times1/8+1=2$；同理，碘晶胞为：$(8\times1/8+6\times1/2)\times2=8$；金刚石晶胞为：$8\times1/8+6\times1/2+4=8$。

【讲述】钙钛矿晶胞结构中位于顶点上的每个钛原子占有的份额为 1/8，所以，它单独占有的钛原子个数为 $8\times1/8=1$ 个；它对位于棱上的每个氧原子占有的份额为 1/4，所以，它单独占有的氧原子个数为 $12\times1/4=3$ 个；它全部拥有体内的那一个钙原子，所以，该晶胞中单独占有的钛原子、氧原子和钙原子的个数分别为：1、3、1；所以，该化合物的化学式为 $CaTiO_3$。

【讲述】如果涉及的晶胞都是非平行六面体晶胞，同样我们也可以运用均摊法计算一个晶胞中实际含有的粒子数目和确定晶体的化学式，其关键仍然是确定一个粒子为几个晶胞所共有。

【投影】六棱柱晶胞图

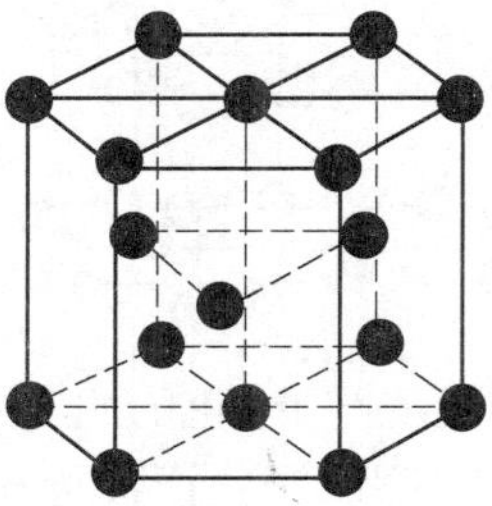

【讲述】如果晶胞为六棱柱形，则顶角上的粒子为 6 个晶胞共有，则该粒子只有 1/6 属于该晶胞。棱上的粒子分两种情况：直棱上的粒子为 3 个晶胞共用，则该粒子只有 1/3 属于该晶胞；横棱上的粒子为 4 个晶胞共用，则该粒子只有 1/4 属于该晶胞。面上的粒子为 2 个晶胞共有，则该粒子只有 1/2 属于该晶胞。体心上的粒子完全属于该晶胞。

【投影】三棱柱晶胞图

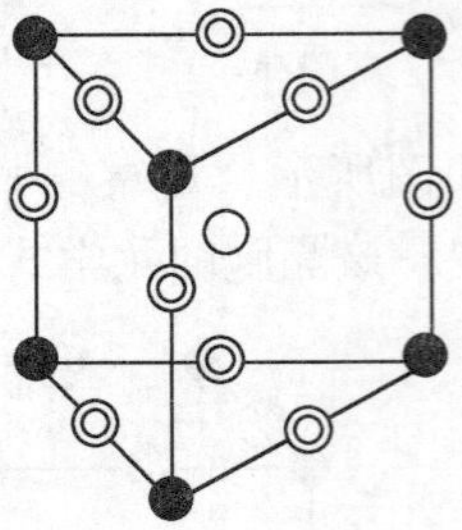

【讲述】如果晶胞是三棱柱形，则顶角上的粒子为 12 个晶胞共有，则该粒子只有 1/12 属于该晶胞。棱上的粒子分两种情况：直棱上的粒子为 6 个晶胞共用，则该粒子只有 1/6 属于该晶胞；横棱上的粒子为 4 个晶胞共用，则该粒子只有 1/4 属于该晶胞。面上的粒子为 2 个晶胞共有，则该粒子只有 1/2 属于该晶胞。体心上的粒子完全属于该晶胞。

【板书】见板书。

【练习】1. 2001 年报道的硼和镁形成的化合物刷新了金属化合物超导温度的最高纪录。如图所示，该化合物的晶体结构单元为镁原子间形成正六棱柱，且棱柱的上下底面还各有 1 个镁原子，6 个硼原子位于棱柱内。则该化合物的化学式可表示为？

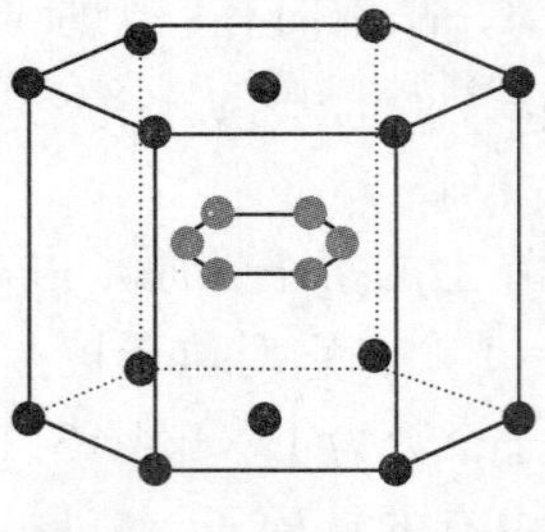

2. 在碳单质的成员中还有一种混合型晶体——石墨。如图所示，它是层状结构，层与层之间依靠分子间作用力相结合。每层内部碳原子与碳原子之间靠共价键作用力相结合，其键角为 120°。分析图中每个六边形含有的碳原子个数。

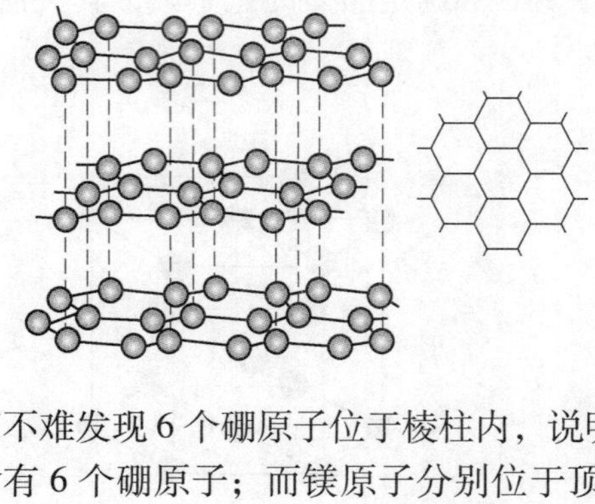

【讲述】在第 1 题中，我们不难发现 6 个硼原子位于棱柱内，说明硼原子完全属于这个晶体，故该晶体晶胞中含有 6 个硼原子；而镁原子分别位于顶点和棱柱的上下两个底面，

则该晶胞中含有的镁原子数为 $12\times1/12+2\times1/2=2$ 个。所以该化合物的化学式可表示为 MgB_3。在第 2 题中，每个六边形中碳原子被 3 个六边形共用，则每个六边形中的每个碳原子只有 1/3 属于该六边形，故每个六边形含有的碳原子个数为 2 个。

【讲述】 同样，化学键数目的确定也可以用均摊法。若一个化学键为 n 个原子共有（通常是 2 个），则也只能算作 $1/n$。例如刚才第 2 题涉及的石墨环中，每个 C 原子形成 3 个 C—C 键，而每个 C—C 键为 2 个 C 原子所共有，所以实际上 1 个 C 原子形成 3/2 个 C—C 键，在 12g 石墨中 C—C 键数目应为 $1.5N_A$。同理可得到 12g 金刚石中 C—C 键数目应为 $2N_A$，60g 石英晶体中所含 Si—O 键数目为 $4N_A$。

【板书】 见板书。

【过渡】 均摊法还适用于计算氢键的数目。

【投影】 冰晶体的结构示意图

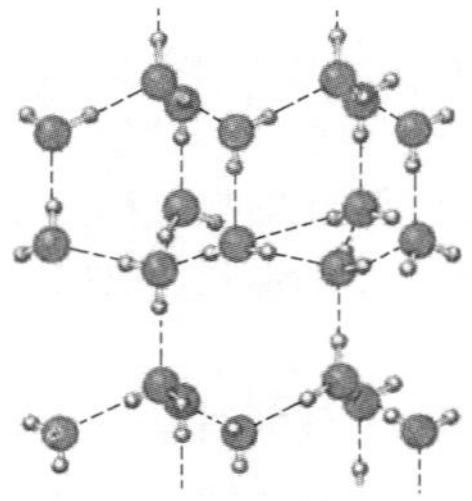

【讲述】 如上图所示，冰中一个水分子周围有 4 个水分子，1 个水分子与 4 个水分子形成氢键，而每个氢键为 2 个水分子共有，因此平均每个水分子形成 2 个氢键，18g（1mol）冰中含有 2mol 氢键。

【板书】 见板书。

【练习】 已知 CsCl 晶体的密度为 $\rho\,g/cm^3$，N_A 为阿伏伽德罗常数，相邻两个 Cs^+ 的核间距为 a cm（如图所示）。则 CsCl 的相对分子质量可以表示为？

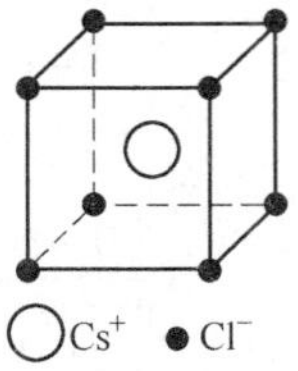

【讲述】 在该题中，Cs^+ 位于晶胞内，即 Cs^+ 完全属于该晶胞，Cl^- 位于晶胞顶点，每个 Cl^- 只有 1/8 属于该晶胞，故每个晶胞中含有 1 个 Cs^+ 和 $8\times1/8=1$ 个 Cl^-，其化学式可表示为 CsCl，其相对分子质量可表示为 $M=\dfrac{m}{n}=\dfrac{\rho a^3}{\dfrac{N}{N_A}}=\dfrac{\rho a^3 N_A}{N}$。

【讲述】 通过刚才的练习，我们发现均摊法还能运用于计算晶体的密度。该题型的解题方法可概括为先通过均摊法确定晶体中晶胞的化学式，再根据计算式 $\rho=\dfrac{NM}{a^3N_A}$（其中 ρ 为晶体密度，N 为 1 个晶胞中实际含有的粒子个数，M 为晶体化学式的摩尔质量，a 为晶胞的边长，N_A 为阿伏伽德罗常数）求算晶体的密度。

【板书】见板书。

环节三：归纳总结

【总结】本节课我们学习了晶胞的相关知识，我们知道整块晶体可以看作是数量巨大的完全等同的晶胞“无隙并置”而成，并可通过“均摊法”进行晶体的相关计算。请同学们完成课本 64 页的第 3、4 题并预习下节课“分子晶体”的有关内容。

七、板书设计

3.1.2　晶胞

一、晶胞

（一）定义：描述晶体结构的基本单元

（二）与晶体关系：整块晶体可以看作是数量巨大的完全等同的晶胞“无隙并置”而成

1. “完全等同”

（1）“化学上等同”：晶胞里原子的数目和种类完全等同

（2）“几何上等同”：所有晶胞的形状、取向、大小、原子的排列完全等同

2. “无隙并置”

（1）“无隙”：相邻晶胞间没有任何间隙

（2）“并置”：所有晶胞都是平行排列、取向相同的

（三）三种典型立方晶胞结构：简单立方、体心立方、面心立方

二、晶体的有关计算

均摊法：在晶体中，一个粒子同时为 n 个晶胞所共有，那么对于一个晶胞来讲，该粒子只有 $1/n$属于该晶胞

（一）平行六面体晶胞

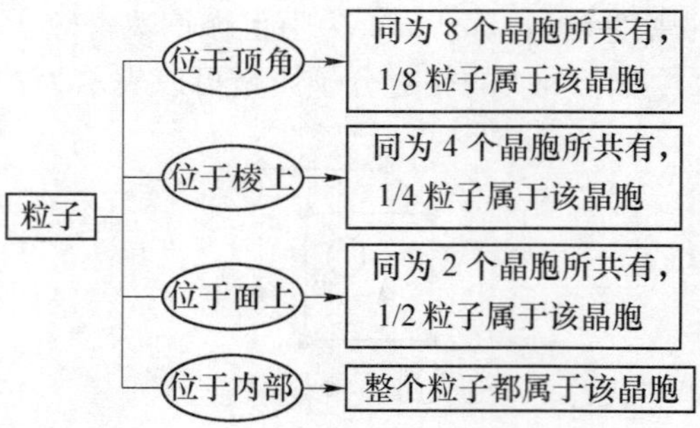

（二）非平行六面体晶胞

	六棱柱	三棱柱
顶点	6	12
棱上	横棱：4　直棱：3	横棱：4　直棱：6
面心	2	2
体心	1	1

注：表中数字为共用粒子的晶胞个数

1. 化学键数目的确定：若一个化学键为 n 个原子共有（通常是 2 个），则也只能算作 $1/n$

2. 氢键数目的确定

3. 晶体密度的计算：$\rho = \dfrac{NM}{a^3 N_A}$

第二节　分子晶体与原子晶体

第 1 课时　分子晶体

一、教材分析

本节课选自人教版高中《化学（选修 3）》第三章“晶体结构与性质”第二节“分子晶体与原子晶体”。依据课程标准“借助分子晶体、共价晶体、离子晶体、金属晶体等模型认识晶体的结构特点”的要求，本节课安排了“分子晶体”的教学内容。

教科书首先直接引入分子晶体的概念，并以第一节中呈现的碘晶体为例对概念进行解释与说明；其次结合表 3-2 中列举的某些分子晶体的熔点数据，说明了“分子晶体有低熔点、升华、硬度小”的特性，并从微观视角解释了分子晶体具有这些特性的本质原因。然后总结了典型的分子晶体，并以 O_2、C_{60}、H_2O、CO_2为例进一步阐释了分子晶体的结构特点与特性，加深学生对分子晶体微观结构和宏观性质的认识。最后在“资料卡片”栏目中呈现金属镁与二氧化碳反应的实验事实，进一步强化学生对分子晶体宏观性质的理解；并在“科学视野”栏目中详细介绍了“天然气水合物”的有关知识，以拓宽学生的视野。

通过本节课的学习，能够使学生对分子晶体的结构和性质特点有一个大致的了解，而且能够为后面“原子晶体”等知识的学习打下基础，以形成不同晶体的比较，进一步强化“结构决定性质”的化学学科核心思想。

二、学情分析

学生通过前面的学习，已经初步掌握了晶体的有关知识，为本节课相关内容的学习奠定了知识基础。学生通过两年的化学学习，已具备一定的分析、观察和表达能力，为本节课通过观察结构示意图及相关数据获得“分子晶体的概念、性质”等教学活动的开展奠定了能力基础。学生具备了较丰富的生活经验，知道水结冰会密度增大等生活事实，为本节课相关教学活动的开展奠定了情感基础。

三、教学目标

核心知识	（1）了解分子晶体的构成粒子、粒子间的相互作用及物理性质。 （2）知道常见的分子晶体类型。 （3）了解干冰、冰的晶体结构特征
核心能力	（1）通过观察和分析部分分子晶体熔点的数据，学习分子晶体的物理性质，强化分析与知识归纳的能力。 （2）通过观看分子晶体的微观结构示意图，学习分子晶体的概念和结构特点，能够运用模型的方法学习化学知识
核心素养	通过学习分子晶体的概念和结构特点，能从物质的宏观特征入手对物质及其反应进行分类和表征，能联系物质的组成和结构解释宏观现象

四、教学重点与难点

（1）教学重点：分子晶体的结构特点和性质特点。

（2）教学难点：干冰、冰的晶体结构特征，氢键的方向性和氢键对物体物理性质的影响。

五、知识框架

分子晶体
- 定义：只含分子的晶体或分子间以分子间作用力相结合形成的晶体
- 组成微粒：分子
- 相互作用：分子内的原子间以共价键结合，粒子间的作用力为分子间作用力
- 常见类型：非金属氢化物、部分非金属单质、部分非金属氧化物、几乎所有酸以及绝大多数有机物的晶体
- 物理特性：熔点和沸点较低，硬度很小，部分易升华，在固态和熔融状态时都不导电一般极性分子易溶于极性溶剂，非极性分子易溶于非极性溶剂
- 结构特征：若分子间作用力只有范德华力，满足分子密堆积；若分子间作用力除范德华力外还有其他力，则不满足分子密堆积

六、教学过程

环节一：导入新课

【导入】通过前面的学习，我们知道晶体是一类内部粒子在三维空间里是否呈现周期性有序排列的固体，根据粒子的种类和粒子间的相互作用不同，可分为离子晶体、金属晶体、原子晶体和分子晶体等类型。本节课我们先来学习“分子晶体”。

【板书】见板书。

环节二：展开新课

【投影】干冰和碘晶体结构示意图

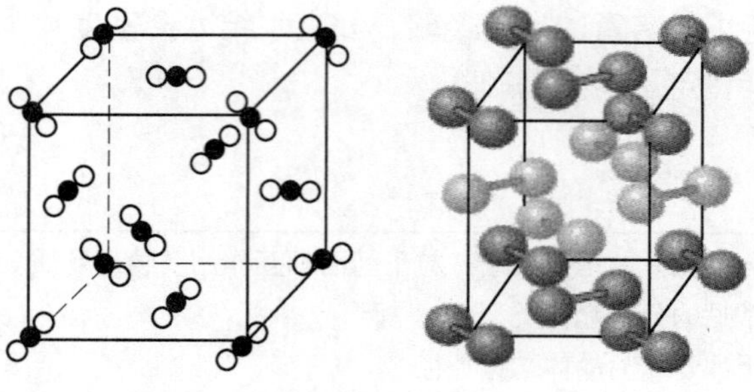

【提问】请同学们仔细观察干冰和碘晶体结构示意图，思考它们都有什么共同点？

【讲述】通过观察，我们不难发现组成两种晶体的粒子分别为CO_2分子和I_2分子，CO_2分子间和I_2分子间通过分子间作用力聚集在一起分别形成干冰和碘晶体。由此可见，上述晶体的组成粒子皆为分子，并且其分子内的原子间皆以共价键结合，粒子间的作用力皆为分子间作用力。我们就将这种只含分子的晶体或者说分子间以分子

间作用力相结合形成的晶体叫分子晶体。

【板书】见板书。

【提问】请同学们思考，哪些晶体属于分子晶体？

【讲述】较典型的分子晶体包含所有非金属氢化物（如水、硫化氢等）、部分非金属单质（如卤素、氧气、氮气等）、部分非金属氧化物（如 CO_2、SO_2等）、几乎所有的酸以及绝大多数有机物的晶体。

【讲述】由此可见，构成分子晶体的微粒是分子，微粒间的作用力是范德华力，有些分子晶体存在氢键，如水分子的分子间作用力主要是氢键。分子晶体的分子内原子间以共价键结合，作用力较强，主要影响晶体的化学性质；而分子间作用力较弱，主要影响晶体的熔、沸点等物理性质。

【讲述】并非所有的分子晶体中都含有共价键，例如，稀有气体元素形成的分子晶体，构成微粒是单原子分子，晶体中只有分子间作用力，不存在化学键。分子晶体的构成微粒是真实存在的小分子或大分子，只有分子晶体才有分子式，如 CO_2、I_2、O_2 等分子晶体，NaCl、Cu、SiO_2等只表示化学式，不表示分子式。

【板书】见板书。

【练习】下列各物质的固体，属于分子晶体且分子内只含极性共价键的是（　　）。

A. 干冰　　B. 葡萄糖　　C. 白磷　　D. 氯化铵

【讲述】在分子晶体中，分子间通过分子间作用力堆积成晶体。根据是否存在分子间氢键，分子晶体的堆积有两种情况，若分子晶体的分子间不存在氢键，只含有范德华力，由于范德华力没有饱和性和方向性，则通常情况下以 1 个分子为中心，其周围通常有若干个（通常是 12 个）紧邻的分子，这种堆积特征称为分子密堆积，如 C_{60}、干冰、I_2、O_2等。

【板书】见板书。

【投影】二氧化碳晶体的晶胞结构

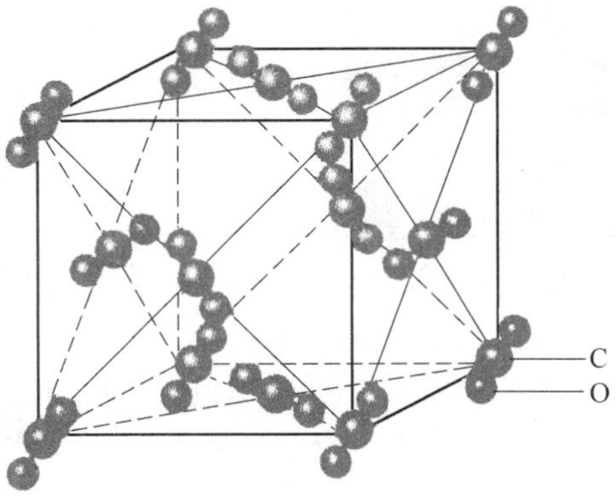

【讲述】以干冰为例，投影所示是 CO_2晶体的晶胞结构。由图可知，CO_2晶体的晶胞是 1 个面心立方晶胞，立方体的每个顶上有个 1 个 CO_2分子，6 个面心各有 1 个 CO_2分子。在每 1 个 CO_2分子周围有 12 个紧邻分子。

【提问】请同学们思考，为什么水的密度在 4℃时最大？为什么水结冰时会使密度减小？

【投影】冰的晶体结构示意图

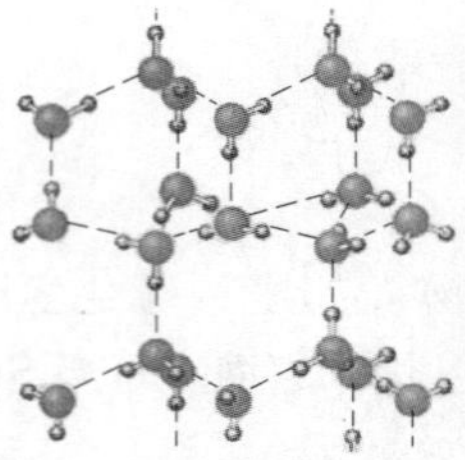

【讲述】通过观察冰的晶体结构示意图，我们可以看出水分子之间的主要作用力是氢键（也存在范德华力）。由于氢键具有饱和性和方向性，使得冰晶体中1个水分子周围只有4个紧邻的水分子，在四面体中心的每个水分子与四面体顶角方向的4个相邻水分子相互吸引，这一排列使得水分子的空间利用率不高，留有相当大的空隙。当冰刚刚融化为液态水时，热运动使冰的结构部分解体，水分子间的空隙减小，密度反而增大，超过4℃时，才由于热运动加剧，分子间距离加大，密度渐渐减小。这就是水的密度在4℃时最大的原因。

【讲述】通过刚才的分析，我们得出若分子晶体中分子间还有其他作用力，如存在氢键的分子晶体，由于氢键具有饱和性和方向性，必然会对这些通过分子堆积而成的晶体的构型产生影响，结构特征不符合分子密堆积，如HF、NH_3、冰等。

【板书】见板书。

【练习】具有下列物理性质的物质肯定属于分子晶体的是（　　）。

A. 熔点为1070℃，易溶于水，水溶液导电

B. 熔点为2700℃，硬度大

C. 能溶于CS_2，熔点112.8℃，沸点444.6℃

D. 熔点97.81℃，质软，导电，密度为0.97g/cm^3

【投影】干冰及其晶胞示意图

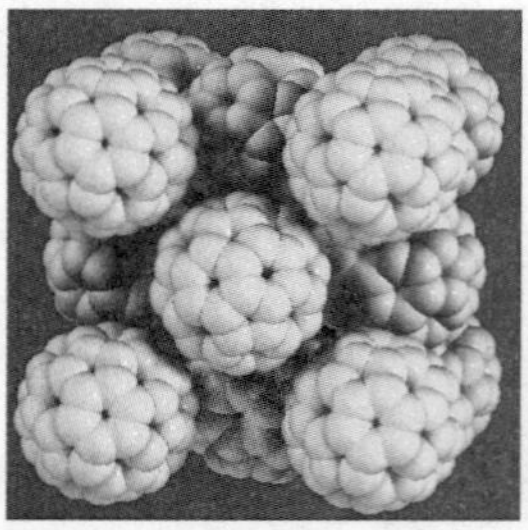

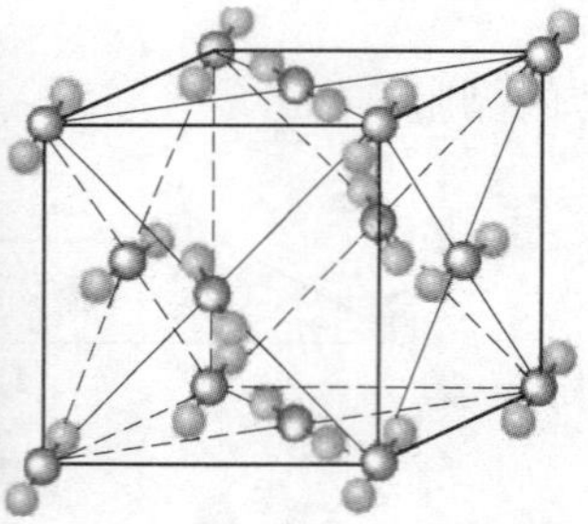

【提问】仔细观察干冰及其晶胞示意图，请同学们思考干冰与冰有何异同点？

【讲述】通过分析，我们可以知道二者外观、硬度相似，但熔点和密度存在较大差异，这是由于干冰和冰的晶体结构不同。干冰中的CO_2分子之间只存在范德华力，不存在氢键，所以干冰晶体中一个CO_2分子周围有12个紧邻的CO_2分子，而冰晶体中除了范德华力还存在氢键，所以冰晶体中1个水分子周围只有4个紧邻的水分子，从而导致干冰的熔点比冰低得多，在常压下易升华，并且干冰的密度比冰的高。

【投影】某些分子共价键键能和范德华力的比较

分　子	HF	HCl	HBr	HI
分子间作用力/kJ·mol^{-1}	28.1	21.14	23.11	26.00
共价键/kJ·mol^{-1}	568	431.8	366	298.7

【提问】 分子的结构决定性质，了解了常见分子晶体的结构特征，请同学们思考，分子晶体有哪些物理特性？

【讲述】 影响分子晶体熔沸点、硬度的因素主要是分子间作用力。分子晶体融化时要破坏分子间作用力，由于分子间作用力很弱，因此分子晶体的熔点、沸点普遍较低，部分分子晶体易升华，并且硬度较小。除此之外，从导电性方面看，分子晶体不导电，这是因为分子晶体在固态和熔融状态均不存在自由离子或自由电子，因而分子晶体在固态和熔融状态下都不能导电。有些分子晶体的水溶液能导电，是因为其在水溶液中能电离出自由移动的离子，如 HI、乙酸等；从溶解性方面看，分子晶体的溶解性一般符合“相似相溶”规律，即极性分子易溶于极性溶剂，非极性分子易溶于非极性溶剂，即分子晶体的溶解性与溶质和溶剂分子的极性有关。

【板书】 见板书。

环节三：归纳总结

【总结】 本节课我们学习了分子晶体的相关知识，我们知道分子晶体是指只含分子的晶体或分子之间以分子间作用力相结合形成的晶体，其具有熔点和沸点较低、硬度很小、部分易升华等物理特性。在分子晶体中，分子内的原子间以共价键结合，粒子间的作用力为分子间作用力。若分子晶体中分子间作用力只有范德华力，则满足分子密堆积的结构特征；若分子间作用力除范德华力外还有其他力，则不满足分子密堆积的结构特征。请同学们首先完成课本 72 页的第 5、7 题，并阅读“科学视野”中有关“天然气水合物——一种潜在的能源”的有关内容，预习下节课“原子晶体”的相关知识。

七、板书设计

3.2.1　分子晶体

一、概述

（一）定义：只含分子的晶体或分子之间以分子间作用力相结合形成的晶体

（二）组成微粒：分子

（三）相互作用：分子内的原子间以共价键结合，粒子间的作用力为分子间作用力

（四）常见类型：非金属氢化物、部分非金属单质、部分非金属氧化物、几乎所有酸、绝大多数有机物的晶体

二、物理特性与结构特征

（一）物理特性

1. 熔点和沸点较低，硬度很小，部分易升华
2. 在固态和熔融状态时都不导电
3. 一般极性分子易溶于极性溶剂，非极性分子易溶于非极性溶剂

（二）结构特征

1. 若分子间作用力只有范德华力：满足分子密堆积
2. 若分子间作用力除范德华力外还有其他力：不满足分子密堆积

第2课时 原子晶体

一、教材分析

本节课选自人教版高中《化学（选修3)》第三章“晶体结构与性质”第二节“分子晶体与原子晶体”。依据课程标准“借助分子晶体、共价晶体、离子晶体、金属晶体等模型认识晶体的结构特点”的要求，本节课安排了“原子晶体”的教学内容。

教科书首先直接通过介绍“有些晶体的微观空间里没有分子”的信息引入一种特殊的晶体“原子晶体”，并详细阐释了“原子晶体”内部的结构特点。通过分析典型的原子晶体“金刚石”的结构特点，加深学生对“原子晶体”结构特点的理解与认识，同时引入了原子晶体“具有高硬度、高熔点”的特性，强化学生“结构决定性质”的化学学科核心思想。然后介绍了另一典型的原子晶体“二氧化硅”在生活与生产中的用途，加深学生对化学与生活紧密联系的认识与理解。总结常见的原子晶体类型，并通过“学与问”栏目中的两个问题检测学生对原子晶体有关知识的理解与掌握。最后在“资料卡片”栏目中呈现了某些原子晶体熔点和硬度的数据信息，加深学生对“原子晶体具有高硬度、高熔点特性”的理解，并在“科学视野”栏目中介绍了“金刚石”的有关内容，以拓宽学生的视野。

本节课是中学化学教学的重点和难点，也是历年来高考的热点。通过本节课的学习，既可以进一步巩固和深化共价键和分子的立体构型等知识，又可以为后面学习金属晶体与离子晶体的知识打下基础。此外，金刚石和二氧化硅的知识与我们日常生活、生产、科学研究有着密切的联系，因此本节课的学习具有广泛的现实意义。

二、学情分析

在知识储备方面，学生已经理解与掌握了分子的空间构型、化学键、杂化轨道等基础理论知识，并通过上节课“分子晶体”有关知识的学习对晶体及其空间结构有一定的了解。学生通过两年的化学学习，已具备一定的分析、观察和表达能力，为本节课通过观察相关数据信息获得“原子晶体的概念、性质”等教学活动的开展奠定了能力基础。在情感方面，学生已具备“结构决定性质，性质决定用途”的化学学科核心观念，并且知道“金刚石是所有已知晶体中硬度最大的物质”的科学事实，为本节课通过分析“二氧化硅和金刚石的空间结构”获取“原子晶体具有高硬度、高熔点特性，并在日常生活、生产、科学研究中具有广泛应用”的相关知识奠定基础。

三、教学目标

核心知识	（1）知道原子晶体的构成粒子及粒子间的相互作用以及原子晶体的物理性质。 （2）了解常见的原子晶体及原子晶体的判断。 （3）掌握金刚石和二氧化硅的晶体结构特征

续表

核心能力	（1）通过观察分析部分原子晶体熔点、硬度数据学习原子晶体的物理性质，强化分析与知识归纳的能力。 （2）通过观看二氧化硅晶体的结构示意图学习原子晶体的概念和结构特点，能够运用模型方法学习化学知识。 （3）通过二氧化碳和二氧化硅熔沸点数据的对比学习分子晶体和原子晶体物理性质上的不同，学会运用对比的方法学习化学知识
核心素养	通过本节课的学习，强化“结构决定性质，性质决定用途”的化学学科核心思想，能从原子、分子水平分析常见原子晶体的微观特征，并依据原子晶体的结构说明原子晶体的性质，能对具体物质的性质和化学变化做出解释或预测

四、教学重点与难点

（1）教学重点：原子晶体的结构特点和性质特点。

（2）教学难点：二氧化硅和金刚石的晶体结构特征。

五、知识框架

原子晶体
- 定义：相邻原子间以共价键相结合而形成的空间网状结构的晶体
- 组成微粒：原子
- 相互作用：共价键
- 常见类型：某些非金属单质、某些非金属化合物
- 物理特性：熔点和沸点很高，硬度很大，一般不导电，难溶于一些常见的溶剂，导热性和延展性较差
- 结构特征：只存在共价键、不存在单个分子，化学式不表示实际组成，只表示原子个数比、熔化时破坏的是原子间共价键、空间立体网状结构，是一个“巨分子”

六、教学过程

环节一：导入新课

【导入】通过前面的学习，我们知道分子晶体是指只含分子的晶体或分子间以分子间作用力相结合形成的晶体，其常见类型包括非金属氢化物、部分非金属单质、部分非金属氧化物、几乎所有酸、绝大多数有机物的晶体。

【投影】CO_2与SiO_2部分物理性质对比

	熔点/℃	沸点/℃	状态（室温）
CO_2	−56.2	−78.4	气态
SiO_2	1723	2230	固态

【提问】请同学们思考，为什么 C 和 Si 同属于第ⅣA 族元素，但CO_2和SiO_2的物理性质却

相差很大？

【讲述】我们知道 CO_2 属于分子晶体，因此其熔、沸点较低。而 SiO_2 的熔点和沸点较高，说明其不属于分子晶体。那么它属于什么类型的晶体呢？本节课就让我们一起来学习“原子晶体”的有关知识。

【板书】见板书。

环节二：展开新课

【投影】CO_2 晶体和 SiO_2 晶体的结构示意图

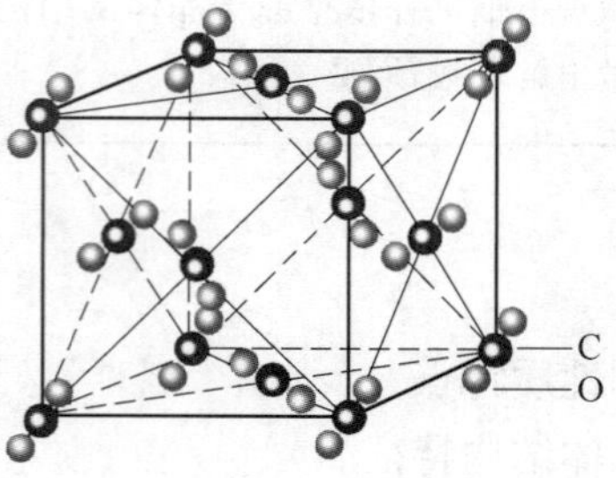

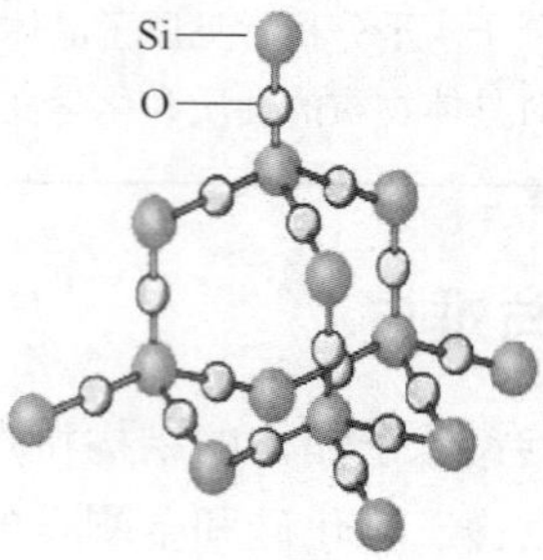

【提问】请同学们仔细观察 CO_2 晶体和 SiO_2 晶体的结构示意图，二者有何不同？

【讲述】通过观察，我们不难发现 SiO_2 晶体呈现空间三维网状的结构，基本结构单元为［SiO_4］四面体，晶体中不存在单独的 SiO_2 分子，组成晶体的粒子为原子，粒子间的作用力为共价键。而 CO_2 晶体结构满足分子密堆积的特点，组成晶体的粒子为分子，分子内的原子间以共价键结合，粒子间的作用力为分子间作用力。因此，二者在结构和性质上存在着较大的差异。

【讲述】像 SiO_2 这种相邻原子间以共价键相结合而形成的空间网状结构的晶体叫作原子晶体，其构成微粒为原子，微粒间的相互作用为共价键。

【板书】见板书。

【讲述】对于原子晶体，整个晶体是一个三维的共价键网状结构，是一个“巨分子”，晶体中没有小分子存在。因此，原子晶体的化学式不表示实际组成，只表示原子个数比。

【提问】请同学们思考以下 4 个问题：原子晶体内是否只含共价键？只由原子构成的晶体一定是原子晶体吗？含共价键的晶体一定是原子晶体吗？为什么金刚石的硬度在自然界中是最大的？

【讲述】原子晶体内相邻原子间是以共价键相结合的，因此原子晶体内只含共价键，不存在离子键或金属键，也没有分子间作用力。但是只由原子构成的晶体不一定是原子晶体，比如稀有气体单质形成的晶体是只由原子构成的，但却属于分子晶体。同理，含共价键的晶体也不一定是原子晶体，比如前面我们学习的分子晶体中分子内的原子之间是以共价键相连的。

【投影】金刚石晶体的微观结构示意图

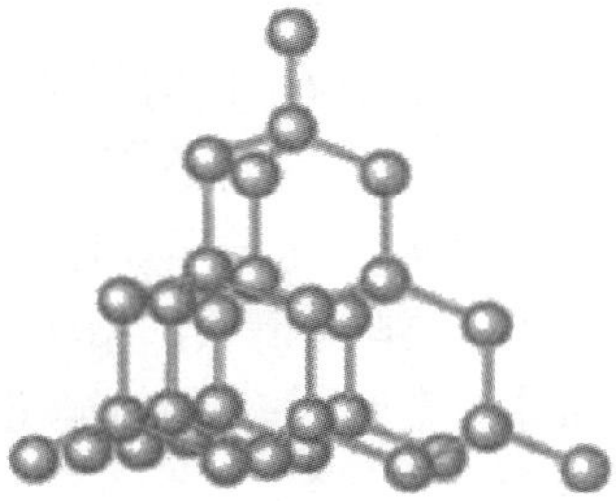

【讲述】通过观察，我们不难发现金刚石晶体中相邻碳原子间以共价键相结合形成了三维的共价键网状结构，整个晶体可视为一个宏观的“巨分子”，不存在单个分子，该结构比较牢固坚实，不容易被破坏，因此金刚石在自然界中的硬度最大。

【讲述】通过前面相关问题的分析，我们可以将原子晶体的结构特点概括为以下几点。

【板书】见板书。

【投影】某些原子晶体的熔点和硬度

原子晶体	金刚石	氮化硼	碳化硅	石英	硅	锗
熔点/℃	>3550	3000	2700	1710	1410	1211
硬度	10	9.5	9.5	7	6.5	6.0

【提问】上表列举了某些原子晶体的熔点和硬度，请同学们思考原子晶体具有哪些物理特性？

【讲述】通过观察，我们不难发现上述表格中的原子晶体的熔点均大于1000℃，由此说明原子晶体的熔点和沸点很高。并且硬度的数值均大于6，由此说明原子晶体的硬度很大。

【讲述】此外，原子晶体无延展性，导热性差，一般不导电（硅是半导体）。原子晶体内共价键的方向性和饱和性决定了这类晶体不具有像金属那样的延展性和良好的导电性、导热性。

【板书】见板书。

【提问】请同学们思考原子晶体的熔、沸点高低与哪些因素有关？

【讲述】由于原子晶体内相邻原子间以共价键相结合而形成了空间网状结构，导致原子晶体具有熔、沸点高、硬度大的物理特性，当原子晶体熔化时，会破坏相邻原子间的共价键。因此，其熔、沸点高低主要取决于共价键的强弱，而共价键的强弱主要与原子半径有关，故原子晶体中，成键元素原子半径越小，共价键键能越大，熔点越高。

【提问】请同学们思考哪些晶体属于原子晶体？

【讲述】常见的原子晶体包含以下几类物质。某些非金属单质：如金刚石（C）、晶体硅（Si）、晶体硼（B）、晶体锗（Ge）等，某些非金属化合物：如碳化硅（SiC）晶体、氮化硼（BN）晶体、二氧化硅晶体、碳化铝（Al_4C_3）晶体等。

【板书】见板书。

【练习】1. 下列物质中，属于原子晶体的化合物是（　　）。

A. 氮化硅　　B. 干冰　　C. 食盐　　D. 金刚石

2. 氮化铝（AlN）常用作砂轮及高温炉内衬材料，熔化状态下不导电，由此可知它属于（　　）。

A. 离子晶体　　B. 原子晶体　C. 分子晶体　D. 无法判断

3. 碳化硅 SiC 的一种晶体具有类似金刚石的结构，其中 C 原子和 Si 原子的位置是交替的。在下列三种晶体①金刚石 ②晶体硅 ③碳化硅中，它们的熔点从高到低的顺序是（　　）。

A. ①③②　　B. ②③①　　C. ③①②　　D. ②①③

【投影】 金刚石晶体的微观结构示意图

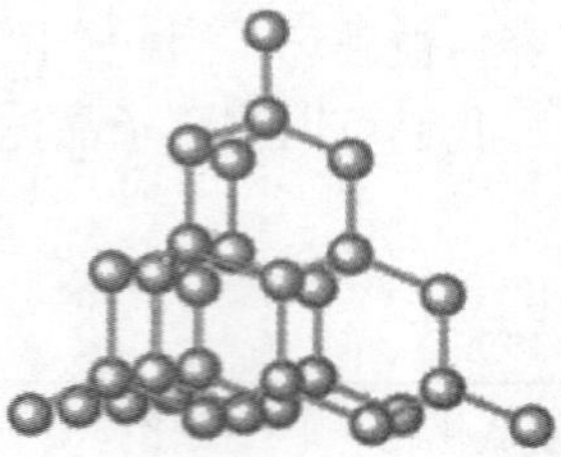

【提问】 请同学们仔细观察金刚石晶体的微观结构示意图，思考以下几个问题：在金刚石晶体中，碳原子采取什么杂化方式？每个碳原子与另外的多少个碳原子成键？形成怎样的空间结构？每个碳原子周围紧邻的碳原子有多少个？最小碳环由多少个碳原子组成？它们是否在同一平面内？在金刚石晶体中碳原子个数与 C—C 键数之比为多少？12g 金刚石中 C—C 键数为多少？

【讲述】 通过观察，我们不难发现每个碳原子都采取 sp^3杂化，被相邻的 4 个碳原子包围，以共价键与 4 个碳原子结合，形成正四面体，被包围的碳原子处于正四面体的中心，这些正四面体向空间发展，构成一个坚实、彼此联结的空间网状晶体。金刚石晶体中所有的 C—C 键键长相等，键角相等（109°28′），晶体中最小的碳环由 6 个碳原子组成且不在同一平面内；晶体中每个碳原子参与了 4 个 C—C 键的形成，而在每一个键中的贡献只有一半，故碳原子个数与 C—C 键数之比为 1∶(4 × 1/2) = 1∶2， 由此可推出 12g 金刚石中 C—C 键数为 $2N_A$。

【板书】 见板书。

【投影】 SiO_2晶体的微观结构示意图

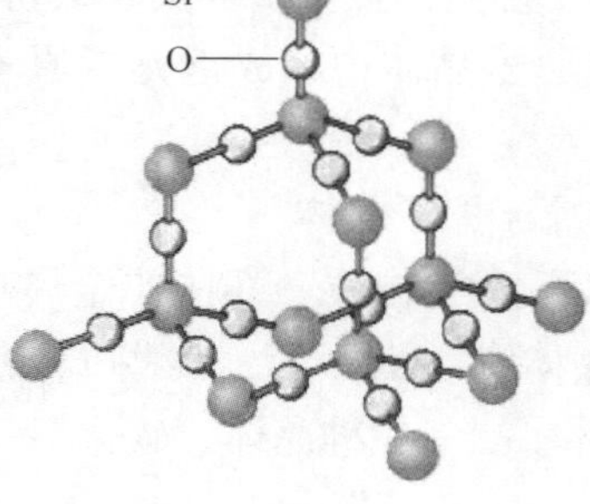

【提问】 请同学们仔细观察二氧化硅晶体的微观结构示意图，思考以下几个问题：在 SiO_2

晶体中每个硅原子周围紧邻的氧原子有多少个？每个氧原子周围紧邻的硅原子有多少个？在 SiO_2 晶体中硅原子与氧原子个数之比是多少？在 SiO_2 晶体中每个硅原子连接几个共价键？每个氧原子连接几个共价键？

【讲述】 通过观察，我们发现在 SiO_2 晶体中每个 Si 原子与 4 个 O 原子成键；每个 O 原子与 2 个 Si 原子成键；Si—O—Si 键角为 180°，O—Si—O 键角为 109°28′；晶体中的最小环为 12 元环，平均每个环平摊 1/2 个 Si 原子，平摊 1 个 O 原子，Si 原子数与 O 原子数之比为 1∶2，晶胞中占有 8 个 Si 原子和 16 个 O 原子。

【板书】 见板书。

环节三：归纳总结

【总结】 本节课我们学习了与原子晶体相关的知识，我们知道原子晶体是指相邻原子间以共价键相结合而形成的空间网状结构的晶体，其具有熔点和沸点很高，硬度很大，一般不导电，难溶于一些常见的溶剂，导热性和延展性较差等物理特性。在原子晶体中，只存在共价键，不存在单个分子，化学式不表示实际组成，只表示原子个数比，熔化时破坏的是原子间的共价键，晶体呈现空间立体网状结构，是一个“巨分子”。请同学们首先完成课本 72 页的第 1~5 题并阅读“科学视野”中有关“金刚石”和“科学史话”中“谁证明了金刚石是碳”的有关内容，然后预习下节课“金属晶体”的有关内容。

七、板书设计

3.2.2　原子晶体

一、概述

（一）定义：相邻原子间以共价键相结合而形成的空间网状结构的晶体

（二）构成微粒：原子

（三）微粒间的相互作用：共价键

（四）结构特点

1. 只存在共价键
2. 不存在单个分子，化学式不表示实际组成，只表示原子个数比
3. 熔化时破坏的是原子间的共价键
4. 空间立体网状结构，是一个“巨分子”

（五）物理特性：熔点和沸点很高，硬度很大，一般不导电，难溶于一些常见的溶剂，导热性和延展性较差

（六）常见类型

1. 某些非金属单质，如金刚石、晶体硅、硼等
2. 某些非金属化合物，如二氧化硅（SiO_2）、金刚砂（SiC）、氮化硼（BN）、氮化铝（AlN）、氮化硅（Si_3N_4）

二、典型的原子晶体

（一）金刚石晶体

（二）二氧化硅晶体

第三节　金属晶体

第1课时　金　属　键

一、教材分析

本节课选自人教版高中《化学（选修3）》第三章“晶体结构与性质”第三节“金属晶体”。依据课程标准“借助分子晶体、共价晶体、离子晶体、金属晶体等模型认识晶体的结构特点”的要求，本节课安排了“金属键”的教学内容。

本节课充分考虑了离子键、共价键、配位键的相关知识，教科书首先直接给出了“由金属单质构成的晶体，原子之间以金属键相互结合”的客观事实。然后结合图3-20金属晶体的电子气理论，描述金属键的本质“电子气理论”的相关内容，对比金属晶体与原子晶体，揭示金属晶体具有的物理特性和结构特点。最后运用“电子气理论”解释金属材料具有良好的延展性和导电性的微观本质原因。

本节课的知识是对前面离子键、共价键、配位键、离子晶体与原子晶体知识的延伸与拓展。本节课从构成金属晶体的金属键本质出发，通过分析金属晶体的微观结构深入学习金属晶体的性质，解释生活中金属材料能够导电和延展性好的原因，强化学生的空间思维能力，同时将化学知识与生活实例紧密联系，激发学生学习化学的兴趣，同时能够为后面“离子晶体”等内容的学习奠定基础。

二、学情分析

通过前面的学习，学生已经理解与掌握了金属的原子结构、金属的物理通性和化学性质等有关知识，这为本节课有关知识的学习奠定了知识基础。同时高二的学生已初步具备了一定的微粒观，也初步具备了一定的抽象思维能力，这为本节课有关内容的学习奠定了能力与情感基础。但学生的抽象化思维能力仍比较薄弱，因此需借助直观化的教具帮助学生理解与掌握金属晶体的有关知识。

三、教学目标

核心知识	（1）知道金属键和金属晶体。 （2）了解“电子气理论”与金属的物理通性。 （3）掌握主族金属的熔点、沸点和硬度变化的规律
核心能力	通过本节课的学习，学会从化学独特的视角“微观”去探究物质结构，强化数学空间抽象思维与想象能力
核心素养	通过本节课的学习，能从原子、分子水平分析常见金属晶体的微观特征，并依据金属晶体的结构说明金属晶体的性质，能从宏观与微观结合的视角对物质及其变化进行分类和表征

四、教学重点与难点

（1）教学重点：电子气理论，金属键的概念、形成、本质、特征和存在，金属晶体。

（2）教学难点：电子气理论。

五、知识框架

金属晶体
- 定义：金属阳离子和自由电子之间通过金属键形成的晶体
- 组成微粒：金属阳离子和自由电子
- 相互作用：金属键（金属阳离子与自由电子之间的较强作用）
- 常见类型：金属单质和合金
- 物理特性：一般具有金属光泽，呈银白色，有良好的导电性、导热性和延展性金属晶体的熔、沸点、硬度差别较大，有的高于原子晶体，有的低于分子晶体
- 主族金属金属键强度变化规律
  - 同周期主族金属从左至右，单位体积内价电子数目增多，离子半径越小，金属键的强度增强
  - 同主族金属从上到下，离子半径增大，金属键的强度减弱

六、教学过程

环节一：导入新课

【导入】前面我们学习了分子晶体与原子晶体，知道分子晶体熔点低、硬度小主要是因为分子晶体中分子间作用力较小所致，而原子晶体熔点高、硬度大主要是因为原子间通过共价键结合所致。由此可见，物质的结构对其表现出来的性质起着决定性作用。今天我们来学习第三种晶体：金属晶体。

【板书】见板书。

环节二：展开新课

【投影】常见的金属样品

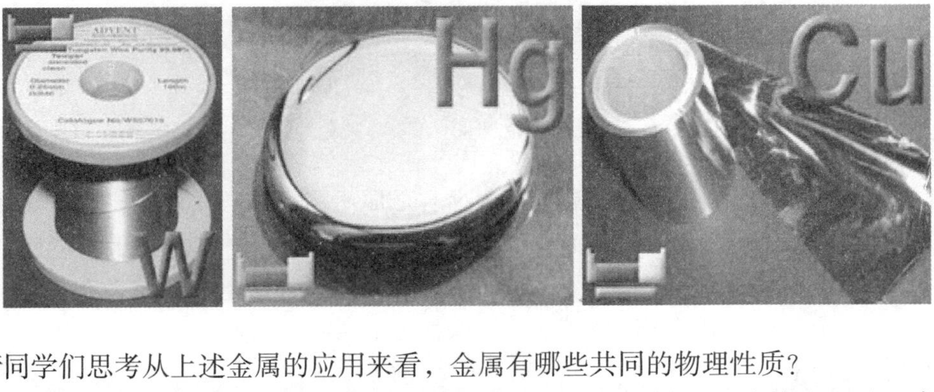

【提问】请同学们思考从上述金属的应用来看，金属有哪些共同的物理性质？

【讲述】投影所展示的金属实物有金属导线（铜或钨）、汞、镀铜金属片等。通过观察我们可以发现铜丝可以随意弯曲，三种金属均有金属光泽。生活中常用金属的实用性很强，如电工架设金属高压电线，家用铁锅炒菜，锻压机把钢锭压成钢、钨丝

做灯泡的灯丝等，金属的这些实际用途说明金属容易导电、导热、有延展性、有金属光泽等。

【板书】见板书。

【提问】请同学们思考金属为什么具有这些共同性质？

【讲述】通过前面的学习，我们知道在元素周期表中，金属元素位于“硼-砹分界线”的左下方，在 s 区、p 区、d 区、ds 区、f 区 5 个区域中都有金属元素，过渡元素（又叫过渡金属）全部是金属元素。

【板书】见板书。

【讲述】除 Sn、Sb、Bi 等少数几种金属原子的最外层电子数大于或等于 4 以外，绝大多数金属原子的最外层电子数小于 4，主族金属原子的外围电子排布为 ns^1 或 ns^2 或 $ns^2np^{1\sim4}$，过渡金属的外围电子排布为 $(n-1)d^{1\sim10}ns^{1\sim2}$。

【板书】见板书。

【练习】1. 下列关于金属元素特征的叙述中正确的是（　　）。

A. 金属元素的原子只有还原性，离子只有氧化性

B. 金属元素在化合物中显正价

C. 金属性越强的元素对应的离子的氧化性越弱

D. 金属元素只有金属性，没有非金属性

E. 原子的价电子数越多，元素的金属性越强

F. 离子化合物中一定含有金属元素

G. 原子晶体都是由非金属元素组成的，都不含有金属元素

2. 下列叙述中一定是金属元素的是（　　）。

A. 单质能导电的元素　　B. 在周期表中为 ds 区的元素

C. 原子的最外层只有两个电子的元素　　D. 单质具有金属光泽的元素

【投影】金属晶体的微观结构示意图

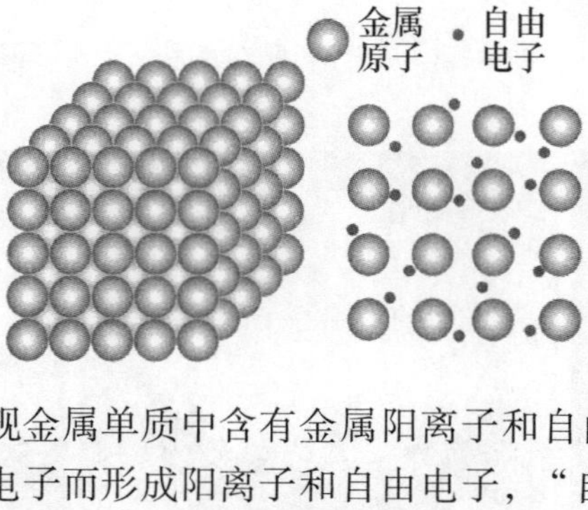

【讲述】通过观察，我们发现金属单质中含有金属阳离子和自由电子。由于金属原子的电离能低，容易失去电子而形成阳离子和自由电子，“自由电子”能够在整个金属单质形成的晶体中运动，阳离子整体共同吸引自由电子而结合在一起。这种金属离子与自由电子之间的较强作用就称为金属键。

【板书】见板书。

【讲述】金属键的实质是金属阳离子和自由电子间的静电作用。金属原子的电离能较低，容易失去电子而形成金属阳离子和自由电子，金属阳离子通过共同吸引自由电子而结合在一起，形成了金属键。

【讲述】金属中的电子在整个三维空间内运动，可看成是由许多原子共用许多电子形成的一种特殊形式的共价键，属于整块金属，因此这种键既没有方向性也没有饱和性，金属键的特征是成键电子可以在金属中自由流动，使得金属呈现出特有的属性。在金属单质的晶体中，原子之间以金属键相互结合，金属键是一种遍布于整个晶体的化学键。

【提问】请同学们思考金属键的强弱与哪些因素有关？

【讲述】金属键的实质是金属阳离子和自由电子间的静电作用，可用物理学的公式 $F=\frac{q_1q_2}{r^2}$ 表示，两个静止的点电荷 q_1 与 q_2 之间的相互作用力的大小与 q_1、q_2 的乘积成正比，与它们之间的距离 r 的平方成反比，即影响共价键影响金属键强弱的因素主要是金属元素的原子半径和单位体积内自由电子的数目，即阳离子所带电荷的多少。一般而言，原子半径越大，价电子数越少，金属键越弱；原子半径越小，价电子数越多，金属键越强。

【讲述】一般情况下，金属键越强，晶体的熔、沸点越高，晶体的硬度越大。如同主族价电子数相同（阳离子所带电荷数相同），从上到下，原子（离子）半径依次增大，则单质中所形成金属键键能依次减弱，故碱金属的熔、沸点随原子序数的增大而递减。金属键的强弱不仅影响金属的物理性质，也影响金属的化学性质，如同一主族金属原子形成的单质，从上到下金属键依次减弱，金属活动性增强。

【板书】见板书。

【提问】请同学们思考金属键形成的本质是什么？金属键主要存在于哪些物质中？

【讲述】描述金属键本质的最简单理论是“电子气理论”。该理论把金属键描述为金属原子脱落下来的价电子形成遍布整块晶体的“电子气”，被所有原子所共用，即金属阳离子是“浸泡”在“电子气”的海洋中，从而把所有的金属原子维系在一起。由此可见，金属晶体与原子晶体一样，是一种“巨分子”，不存在单个分子或原子，并且金属键形成的本质仍是一种静电作用。而金属键主要存在于金属单质和合金中。

【板书】见板书。

【练习】下列关于金属键的叙述中不正确的是（　　）。

A. 金属键是金属阳离子和自由电子之间的强烈相互作用，其实质与离子键类似，也是一种电性作用

B. 金属键可以看作是许多原子共用许多电子所形成的强烈的相互作用，所以与共价键类似，也有方向性和饱和性

C. 金属键是带异性电荷的金属阳离子和自由电子间的相互作用，故金属键无方向性和饱和性

D. 构成金属键的自由电子在整个金属内部的三维空间里作自由运动

【提问】请同学们思考什么是金属晶体？金属晶体的构成粒子有哪些？其粒子间的作用是什么？具有哪些物理性质？

【讲述】通过前面的分析我们可以得出通过金属键形成的晶体，称为金属晶体，构成金属晶体的微粒是金属阳离子和自由电子，微粒间的作用力是金属键，金属键与分子

间作用力相似，没有方向性和饱和性，金属键的强弱决定金属的物理性质，包括导电性、导热性、延展性、金属光泽等。

【板书】见板书。

【练习】下列说法中正确的是（ ）。

A. 金属单质在常温下都是晶体

B. 晶体中有阳离子则一定有阴离子，有阴离子则一定有阳离子

C. 镁晶体中 1 个 Mg^{2+} 只与 2 个价电子存在强烈的相互作用

D. 金属晶体发生形变时其内部金属阳离子与自由电子之间的相互作用仍然存在

【提问】请同学们思考如何运用“电子气理论”解释金属的延展性、导电性导热性和金属光泽？

【投影】“电子气”理论对金属良好延展性的解释

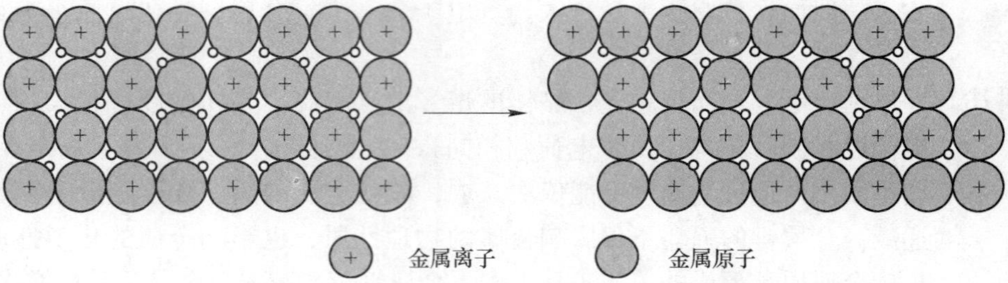

【讲述】当金属受到外力作用时，晶体中各原子层就会发生相对滑动，但不会改变原来的排列方式，而且弥漫在金属原子间的“电子气”可以起到类似轴承中滚珠之间润滑剂的作用，所以在各原子层发生相对滑动之后，仍可保持这种相互作用，因而即使在外力作用下，发生形变也不易断裂。因此，金属都有良好的延展性。

【讲述】纯金属内部，所有原子的大小和形状都是相同的，原子的排列十分规整。而合金中加入了其他元素或大或小的原子，改变了金属原子有规则的层状排列，使原子层之间的相对滑动变得困难，因此合金比纯金属的延展性要差。

【投影】“电子气”理论对金属良好导电性的解释

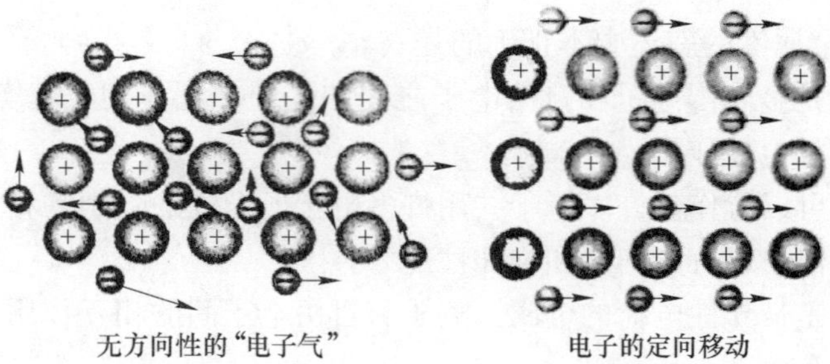

【讲述】由于金属内部的原子之间的“电子气”的流动是无方向性的，在外加电场的作用下，“电子气”在电场中定向移动形成电流。因此，金属都有良好的导电性。不同的金属导电能力不同，导电性最强的三种金属是 Ag、Cu、Al。

【提问】请同学们思考，金属导电与电解质在熔融状态或溶液中导电有何区别？

【讲述】金属导电的粒子是自由电子，电解质在熔融状态或溶液中导电的粒子是阴、阳离

子。金属导电过程不生成新物质，只是在外加电场的作用下自由电子发生定向移动，属于物理变化。而电解质在熔融状态或溶液中导电的过程就是电解，在阴、阳两极生成新物质，属于化学变化，故二者导电的本质是不同的。而且，金属的导电能力随温度的升高而减弱，而电解质的导电能力随温度的升高而增强。

【讲述】 同样，由于“电子气”中的自由电子在运动时经常与金属离子碰撞，从而引起两者能量的交换。当金属某部分受热时，该区域里的“电子气”能量就会相应增加，运动速度会加快，通过碰撞，把能量传给金属阳离子。“电子气”在热的作用下与金属阳离子频繁碰撞，从而把能量从温度高的部分传到温度低的部分，从而使整块金属达到相同的温度。因此，金属都有良好的导热性。

【讲述】 由于金属原子以最紧密堆积状态排列，内部存在自由电子，所以当光线投射到它的表面上时，自由电子可以吸收所有频率的光，然后很快放出各种频率的光，这就使绝大多数金属呈现银灰色以至银白色光泽。而金属在粉末状态时，金属原子的取向杂乱，晶格排列不规则，吸收可见光后辐射不出去，所以金属粉末常呈暗灰色或黑色。

【板书】 见板书。

【练习】 关于金属性质和原因的描述不正确的是（　　）。

A. 金属一般具有银白色光泽是物理性质，与金属键没有关系

B. 金属具有良好的导电性，是因为在金属晶体中共享了金属原子的价电子，形成了“电子气”，在外电场的作用下自由电子定向移动便形成了电流，所以金属易导电

C. 金属具有良好的导热性能，是因为自由电子在受热后，加快了运动速率，自由电子通过与金属离子发生碰撞，传递了能量

D. 金属晶体具有良好的延展性，是因为金属晶体中的原子层可以滑动而不破坏金属键

【提问】 请同学们思考，为什么由 Li 到 Cs，熔、沸点逐渐降低；Na、Mg、Al 的熔、沸点逐渐升高，硬度增大？

【讲述】 金属单质硬度的大小和熔、沸点的高低与金属键的强弱有关。金属键越强，金属晶体的熔、沸点越高，硬度越大。一般来说，金属键的强弱主要取决于金属元素的原子半径和单位体积内自由电子的数目。随着原子半径的增大，金属键的强度逐渐减弱。单位体积内自由电子的数目越多，则金属键的强度就越强。

【讲述】 一般来说，同周期主族金属从左至右，单位体积内价电子数目增多，离子半径越小，金属键的强度增强。因此，Na、Mg、Al 的熔、沸点逐渐升高，硬度增大。同主族金属从上到下，离子半径增大，金属键的强度减弱。因此，由 Li 到 Cs，熔、沸点逐渐降低。

【板书】 见板书。

【练习】 1. 下列说法中正确的是（　　）。

A. 金属晶体的熔点都比分子晶体的熔点高

B. 碱金属元素由 Li 到 Cs，熔、沸点逐渐升高

C. 金属铝的硬度大于金属钠

D. 熔点：铝硅合金>晶体硅>铝

2. 下列物质的熔点高低顺序中正确的是（ ）。

A. 金刚石>晶体硅>二氧化硅>碳化硅　　B. $CI_4>CBr_4>CCl_4>CH_4$

C. $MgO>H_2O>N_2>O_2$　　D. 金刚石>生铁>纯铁>钠

环节三：归纳总结

【总结】本节课我们学习了金属键的相关知识，我们知道金属晶体是指金属阳离子和自由电子之间通过金属键形成的晶体，其中金属键是指金属离子与自由电子之间的较强作用，其一般具有金属光泽，呈银白色，有良好的导电性、导热性和延展性，熔、沸点和硬度差别较大，有的高于原子晶体，有的低于分子晶体等物理特性。我们可以运用“电子气”理论来解释金属的部分物理通性。请同学们课后完成课本 77 页的第 1~5 题并预习下节课“金属晶体的原子堆积模型”的有关内容。

七、板书设计

3.3.1　金属晶体

一、金属的物理通性

（一）颜色：大多数金属呈银白色

（二）状态：通常状况下，除 Hg 是液态外其他金属都是固态

（三）金属都不透明，具有金属光泽、良好的导热性、导电性和延展性

二、金属的结构

（一）金属元素在周期表中的位置

（二）金属元素的原子结构特征

（三）金属键

1. 含义：金属离子与自由电子之间的较强作用
2. 特征：无方向性和饱和性
3. 本质：静电作用
4. 存在：金属单质和合金中

三、金属晶体

（一）概念：金属阳离子和自由电子之间通过金属键形成的晶体

（二）构成粒子：金属阳离子和自由电子

（三）粒子间的相互作用：金属键

（四）物理性质

1. 一般具有金属光泽，呈银白色，有良好的导电性、导热性和延展性
2. 金属晶体的熔、沸点、硬度差别较大，有的高于原子晶体，有的低于分子晶体

（五）“电子气”理论对金属延展性、导电性和导热性等物理通性的解释

（六）主族金属的熔、沸点和硬度变化规律

1. 同周期主族金属从左至右，单位体积内价电子数目增多，离子半径越小，金属键的强度增强
2. 同主族金属从上到下，离子半径增大，金属键的强度减弱

第2课时　金属晶体的原子堆积模型

一、教材分析

本节课选自人教版高中《化学（选修3）》第三章“晶体结构与性质”第三节“金属晶体”。依据课程标准“借助分子晶体、共价晶体、离子晶体、金属晶体等模型认识晶体的结构特点”的要求，本节课安排了“金属晶体的原子堆积模型”的教学内容。

教科书首先直接揭示金属晶体中原子可看成直径相等的球体，介绍其在二维空间的两种堆积方式，即将其放置在平面上有“非密置层”和“密置层”两种方式，配位数分别为4和6。然后通过文字描述与图示相结合的方式详细介绍了金属晶体在三维空间常见的四种堆积方式：简单立方堆积、体心立方堆积、六方最密堆积和面心立方最密堆积，引导学生总结出金属晶体的4种基本堆积模型的结构特点，比较它们的配位数、原子空间利用率、堆积方式和晶胞的区别，并在“学与问”栏目中设置相关问题以加深学生对“体心立方堆积”的理解与认识，同时强化学生的空间想象能力。最后在“资料卡片”栏目中对比金属晶体的四种堆积模型，强化学生对有关知识的理解与掌握，知道介于典型晶体之间的混合型晶体是普遍存在的，分析晶体的类型要具体情况具体对待，拓宽学生的科学视野。

本节课在前面学习了晶体与非晶体、离子晶体与原子晶体和初步了解金属晶体的基础上进一步学习金属晶体原子堆积模型的有关知识，既是对前面所学知识的延伸与应用，是对学生空间思维能力和计算能力的提升，又为后面学习“离子晶体”的知识奠定基础。

二、学情分析

从知识储备方面来说，通过前面的学习，学生已经理解与掌握了金属晶体等有关知识，知道晶体内部微粒之间呈现“无隙并置”的排列特点，这为本节课金属晶体原子的堆积方式的学习奠定了知识基础。同时高二的学生已初步具备了一定的抽象化思维能力和数学计算能力，这为本节课有关内容的学习奠定了能力基础。但学生的抽象化思维能力仍比较薄弱，因此需借助直观化的教具帮助学生理解与掌握金属晶体原子堆积模型的有关知识。

三、教学目标

核心知识	掌握金属晶体的4种原子堆积模型，特别是3种常见的原子堆积模型（钾型、镁型、铜型）的晶胞、配位数和空间利用率
核心能力	通过本节课的学习，学会从化学独特的视角“微观”去探究物质结构，强化数学空间抽象思维能力和计算能力
核心素养	通过本节课的学习，能结合配位数、空间利用率等有关计算描述金属晶体的原子堆积模型，能运用化学符号和定量计算等手段说明物质的组成及其变化，能分析物质化学变化与物质微观结构之间的关系

四、教学重点与难点

（1）教学重点：金属晶体的四种基本堆积模型。

（2）教学难点：金属晶体内原子在三维空间的 4 种堆积方式，4 种堆积方式中晶胞、配位数、原子的空间利用率的区别。

五、知识框架

金属晶体的原子堆积模型
- 二维空间：非密置层（配位数为 4）；密置层（配位数为 6）
- 三维空间
  - 简单立方堆积：配位数为 6，简单立方晶胞平均占有的原子数目为 1，空间占有率等于 52.6%
  - 体心立方堆积：配位数为 8，体心立方晶胞平均占有的原子数目为 2，空间占有率等于 68%
  - 六方最密堆积：配位数为 12，六方晶胞平均占有的原子数目为 2，空间占有率等于 74.05%
  - 面心立方最密堆积：配位数为 12，面心立方晶胞平均占有的原子数目为 4，空间占有率等于 74.05%

六、教学过程

环节一：导入新课

【导入】 前面我们学习了金属键和金属晶体的有关知识，知道金属晶体是指由金属阳离子和自由电子通过金属键形成的晶体，我们可以运用“电子气理论”解释金属键形成的本质和金属的一些物理通性。今天我们从微观层次上进一步学习金属晶体的原子堆积模型。

【板书】 见板书。

环节二：展开新课

【提问】 请同学们思考金属原子在平面上有几种排列方式？

【投影】 非密置层与密置层示意图

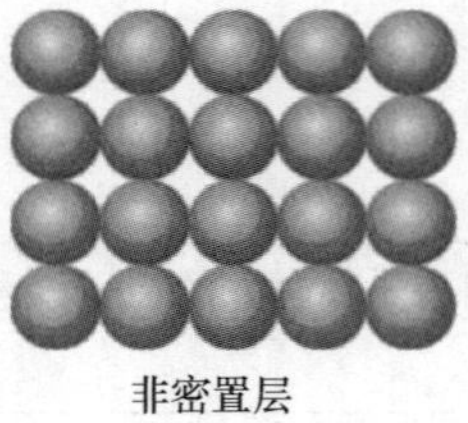

非密置层

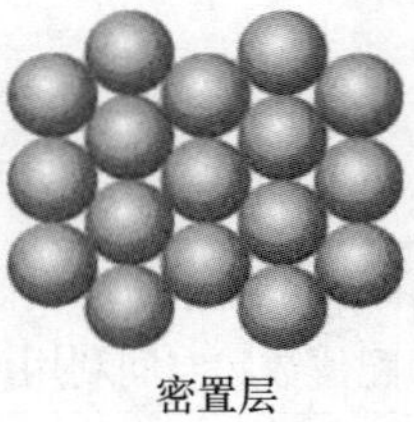

密置层

【讲述】 金属晶体中的原子可以看成直径相等的球体，以紧密堆积（微粒之间的作用力，使微粒间尽可能地相互接近，使它们占有最小的空间）的方式把它们放置在平面上，有两种方式：密置层和非密置层，其中非密置层按左图方式排列，每个圆球周围有 4 个圆球与其相邻，圆球周围剩余的空隙较大；密置层按右图方式排列，每个圆球周围有 6 个圆球与其紧密相邻，圆球周围剩余空隙较小。

【提问】请同学们思考两种排列方式的配位数（在晶体中，与粒子紧密相邻的粒子个数）分别是多少？哪种排列方式使一定体积内含有的原子数目最多？

【投影】非密置层与密置层配位数分析示意图

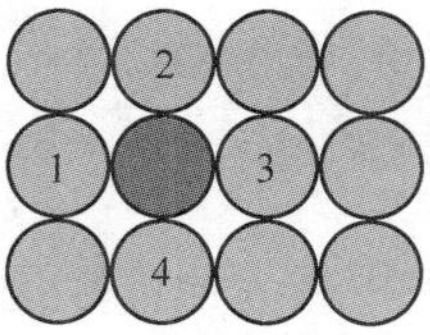

非密置层

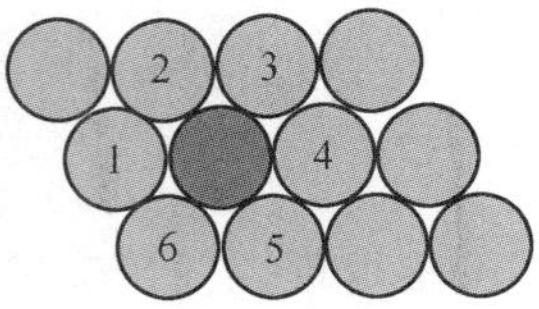

密置层

【讲述】通过观察，我们不难发现非密置层的配位数为4，密置层的配位数为6，因此金属晶体中原子通过密置层的方式进行排列能够使一定体积内含有的原子数目最多。

【板书】见板书。

【提问】请同学们思考金属原子在形成晶体时有几种堆积方式？

【讲述】通过刚才的学习，我们知道金属原子在二维空间上有非密置层和密置层两种堆积方式。当在排成非密置层的金属原子上方再堆积一层非密置层排列的金属原子，使相邻层上的金属原子紧密接触，就会产生两种堆积方式：简单立方堆积和体心立方堆积。当将密置层的金属原子在一个平面上黏合在一起，再一层一层地堆积起来（至少堆4层），使相邻层上的金属原子紧密接触，就会产生两种堆积方式：六方最密堆积和面心立方最密堆积。

【投影】简单立方堆积分析示意图

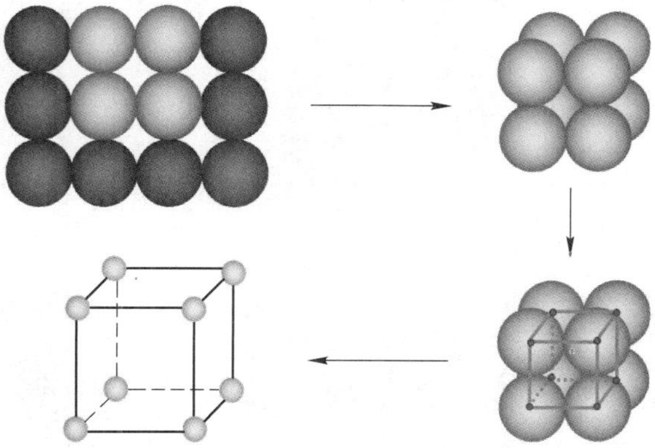

【讲述】当在排成非密置层的金属原子上方再堆积一层非密置层排列的金属原子，使相邻层上的金属原子紧密接触，并且第二层金属原子小球的球心正对着第一层金属原子小球的球心时，该金属晶体的堆积方式称为简单立方堆积，只有金属钋（Po）采取这种堆积方式，所形成的晶胞叫作简单立方晶胞。

【板书】见板书。

【提问】请同学们仔细观察简单立方堆积的示意图，思考以下三个问题：该堆积方式中金属原子的配位数是多少？该堆积方式所形成的晶胞中平均占有的原子数目是多少？该堆积方式中金属原子占有晶胞体积的百分数（空间利用率）是多少？

【投影】简单立方堆积配位数分析示意图

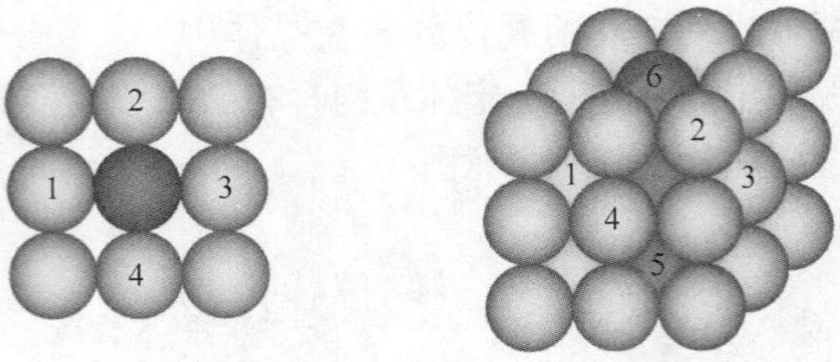

【讲述】通过观察，我们不难发现以简单立方堆积排列的配位数是 6，以其中一个金属原子作为研究对象，同层与其相邻且距离相等的金属原子有 4 个，上、下两层各 1 个。

【板书】见板书。

【投影】简单立方堆积方式中金属原子占有晶胞体积的百分数（空间利用率）分析示意图

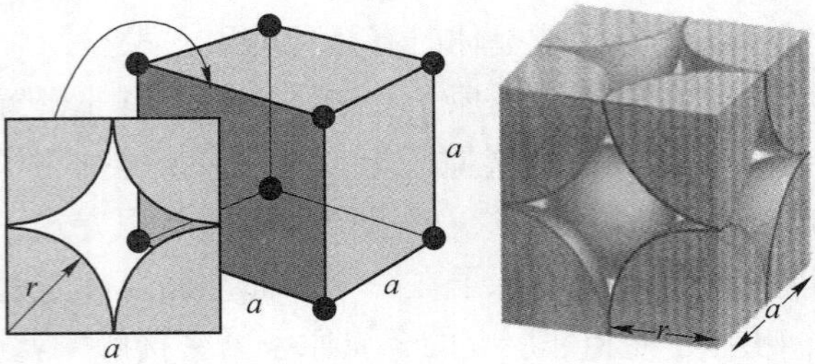

【讲述】通过观察，我们不难发现简单立方晶胞平均占有的原子数目为 $8\times1/8=1$，并且其顶点原子轴线方向上相邻的原子相切，故金属原子半径 r 与正方体边长 a 的关系为 $a=2r$，因此其空间占有率 $=\dfrac{\frac{4}{3}\pi\left(\frac{a}{2}\right)^3}{a^3}\times 100\% = 52.6\%$。

【板书】见板书。

【投影】体心立方堆积分析示意图

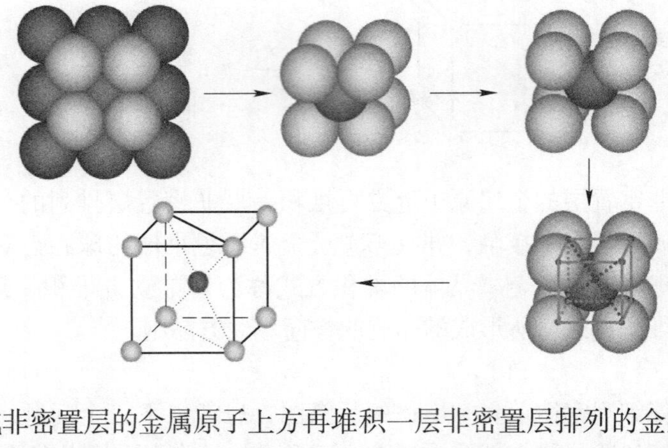

【讲述】当在排成非密置层的金属原子上方再堆积一层非密置层排列的金属原子，使相邻层上的金属原子紧密接触，并且第二层金属原子小球的球心正对着第一层金属原子小球形成的空穴时，该金属晶体的堆积方式称为体心立方堆积，有金属钠（Na）、钾（K）、铁（Fe）等采取这种堆积方式，所形成的晶胞叫作体心立方晶胞。

【板书】见板书。

【提问】请同学们仔细观察体心立方堆积的示意图，思考以下三个问题：该堆积方式中金属原子的配位数是多少？该堆积方式所形成的晶胞中平均占有的原子数目是多少？该堆积方式中金属原子占有晶胞体积的百分数（空间利用率）是多少？

【投影】体心立方堆积配位数分析示意图

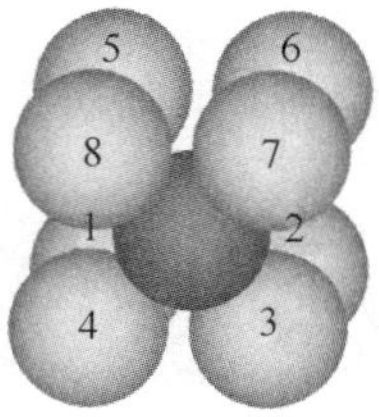

【讲述】通过观察，我们发现以体心立方堆积排列的晶胞配位数是 8，以其中一个金属原子作为研究对象，与其相邻且距离相等的金属原子上、下两层各 4 个。

【板书】见板书。

【投影】体心立方堆积方式中金属原子占有晶胞体积的百分数（空间利用率）分析示意图

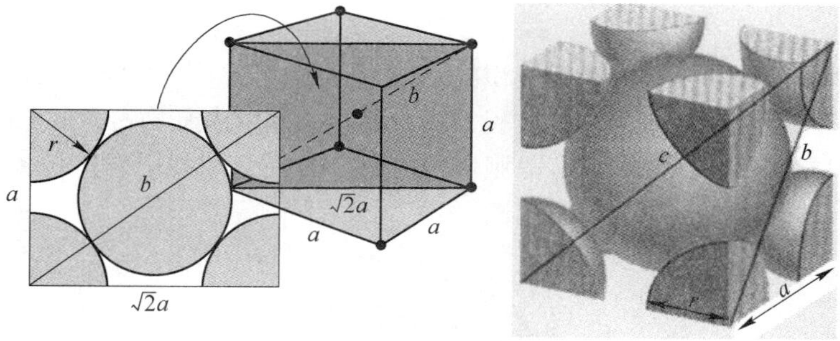

【讲述】通过观察，我们发现体心立方晶胞平均占有的原子数目为 8×1/8+1=2，并且其晶体体对角线上的原子相切，棱上原子稍稍分离，故金属原子半径 r 与正方体边长 a 的关系为 $\sqrt{3}a = 4r$，因此其空间占有率 = $\dfrac{2 \times 4/3\pi r^3}{(4/3\sqrt{3}r)^3} \times 100\% = 68\%$。

【板书】见板书。

【练习】金属钠晶体为体心立方堆积（如图所示），实验测得钠的密度为 ρ(g/cm^3)。已知钠的相对原子质量为 a，阿伏伽德罗常数为 N_A(mol^{-1})，则钠原子的半径 r(cm) 为（　　）。

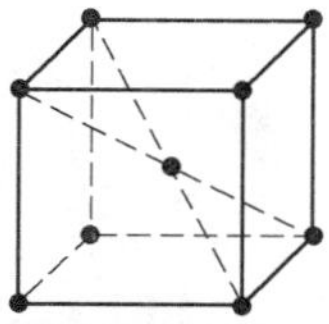

钠晶体的晶胞

A. $\sqrt[3]{\dfrac{2a}{N_A\rho}}$　　B. $\sqrt{3} \cdot \sqrt[3]{\dfrac{2a}{N_A\rho}}$　　C. $\dfrac{\sqrt{3}}{4} \cdot \sqrt[3]{\dfrac{2a}{N_A\rho}}$　　D. $\dfrac{1}{2} \cdot \sqrt[3]{\dfrac{2a}{N_A\rho}}$

【投影】六方最密堆积分析示意图

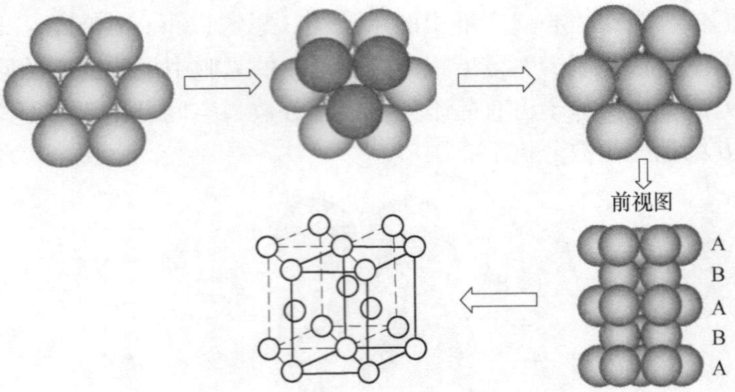

【讲述】将密置层的金属原子小球在一个平面上黏合在一起，再一层一层地堆积起来（至少堆4层），使相邻层上的小球紧密接触，若将第二层金属原子小球的球心对准第一层的1、3、5位，然后第三层金属原子小球对准第一层的金属原子小球，此时每两层形成一个周期的紧密堆积。金属晶体这种堆积方式属于ABAB…型的堆积方式，叫作六方最密堆积。

【板书】见板书。

【提问】请同学们仔细观察六方最密堆积的示意图，思考以下三个问题：该堆积方式中金属原子的配位数是多少？该堆积方式所形成的晶胞中平均占有的原子数目是多少？该堆积方式中金属原子占有晶胞体积的百分数（空间利用率）是多少？

【投影】六方最密堆积配位数分析示意图

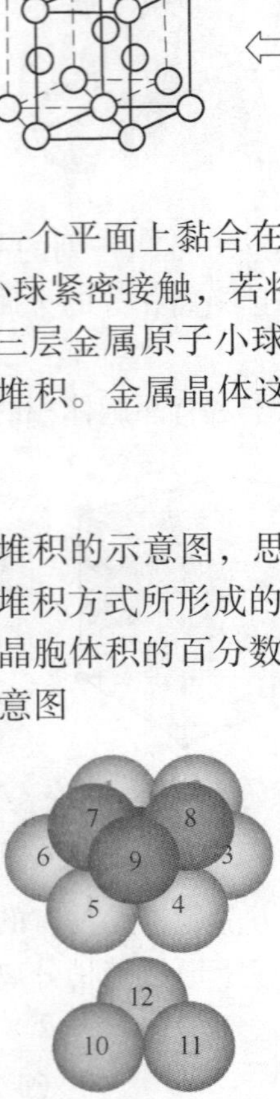

【讲述】通过观察，我们发现以六方最密堆积排列的配位数是12，以其中一个金属原子作为研究对象，与其相邻且距离相等的金属原子同层有6个，上下层各3个。

【板书】见板书。

【投影】六方最密堆积金属原子半径与晶胞参数关系示意图

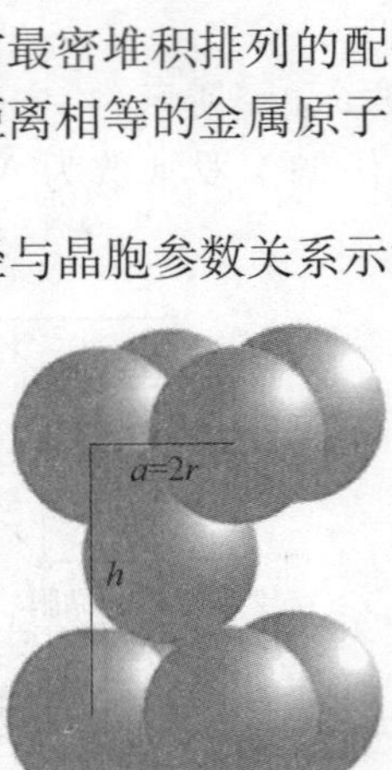

【讲述】

$$V_{atoms}=\frac{4}{3}\pi r^3\times 2=\frac{8}{3}\pi r^3$$

$$S=|a||b|\sin 60°=(2r)(2r)\frac{\sqrt{3}}{2}=2\sqrt{3}r^2$$

$$h=\frac{2r}{\sqrt{2}}\cdot\sqrt{3}\cdot\frac{2}{3}\cdot 2=\frac{8}{3}\sqrt{\frac{3}{2}}r=4\sqrt{\frac{2}{3}}r$$

$$V_{cell}=(abc)=(a\times b)\cdot c=S\cdot h=8\sqrt{2}r^3$$

$$P_c=\frac{V_{atoms}}{V_{cell}}=\frac{\pi}{3\sqrt{2}}=74.05\%$$

通过观察，我们发现每个六方锥晶体内原子个数为：3+12×1/6+2×1/2=6，则晶胞的原子个数为六方锥晶体内原子个数的1/3，故晶胞的原子个数为6×1/3=2，其空间占有率=74.05%。

【板书】见板书。

【投影】面心立方最密堆积分析示意图

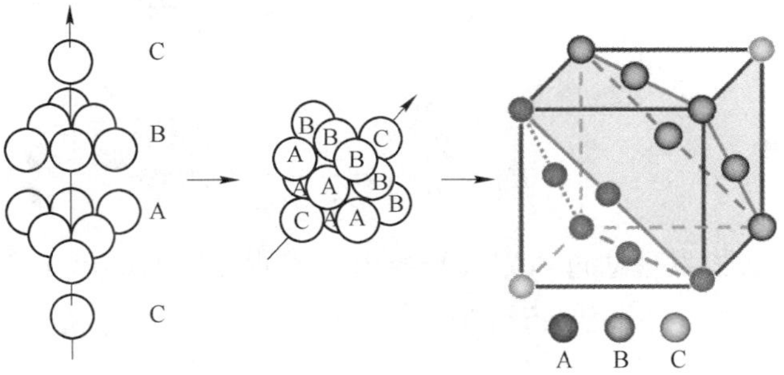

【讲述】将密置层的金属原子小球在一个平面上黏合在一起，再一层一层地堆积起来（至少堆4层），使相邻层上的小球紧密接触，若将第二层金属原子小球的球心对准第一层的1、3、5位，然后第三层金属原子小球对准第一层金属原子小球空穴的2、4、6位，第四层同第一层。此时每三层形成一个周期地紧密堆积，金属晶体这种堆积方式属于ABCABC…型的堆积方式，称为面心立方最密堆积。

【板书】见板书。

【提问】请同学们仔细观察面心立方最密堆积的示意图，思考以下三个问题：该堆积方式中金属原子的配位数是多少？该堆积方式所形成的晶胞中平均占有的原子数目是多少？该堆积方式中金属原子占有晶胞体积的百分数（空间利用率）是多少？

【投影】面心立方最密堆积配位数分析示意图

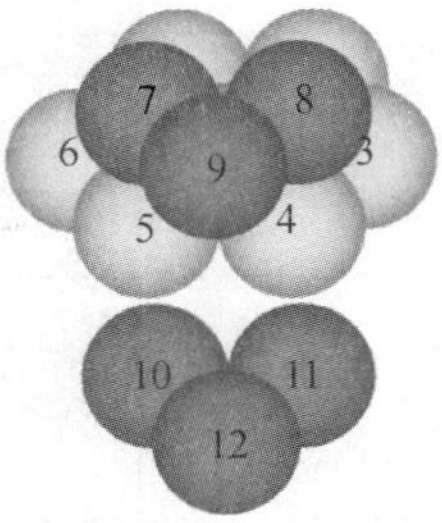

【讲述】通过观察，我们发现以面心立方最密堆积排列的配位数是 12，以其中一个金属原子作为研究对象，与其相邻且距离相等的金属原子同层有 6 个，上下层各 3 个。

【板书】见板书。

【投影】面心立方最密堆积金属原子半径与晶胞参数关系示意图

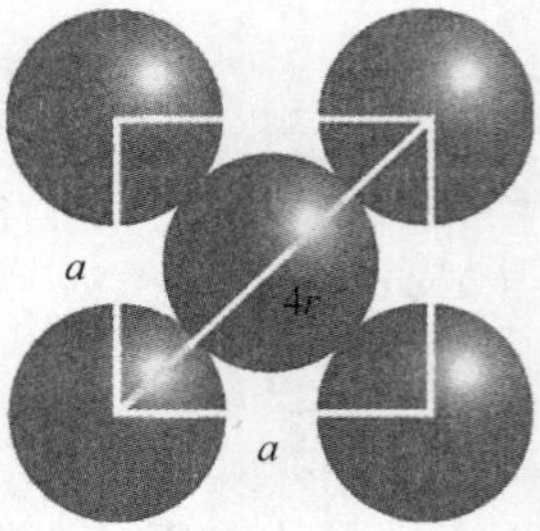

【讲述】

$$\sqrt{2}a = 4r \rightarrow a = \frac{4r}{\sqrt{2}} = 2\sqrt{2}r$$

$$V_{\text{atoms}} = \frac{4}{3}\pi r^3 \times 4 = \frac{16}{3}\pi r^3$$

$$V_{\text{cell}} = a^3 = 16\sqrt{2}r^3$$

$$P_{\text{o}} = \frac{V_{\text{atoms}}}{V_{\text{cell}}} = \frac{\pi}{3\sqrt{2}} = 74.05\%$$

通过观察，我们发现通过六方最密堆积方式所形成的晶胞平均占有的原子数目为 8×1/8+6×1/2=4，其空间占有率=74.05%。

【板书】见板书。

【练习】已知金属铜为面心立方晶体，如图所示，铜的相对原子质量为 63.54，密度为 $8.936 g/cm^3$，试求：(1) 图中正方形边长 a；(2) 铜的金属半径 r。

环节三：归纳总结

【总结】本节课我们学习了金属晶体的原子堆积模型的相关知识，我们知道金属晶体在二维空间上有密置层和非密置层两种堆积方式，在三维空间上存在着简单立方堆积、体心立方堆积、六方最密堆积和面心立方最密堆积四种堆积方式，下面我们通过一张表格对这四种堆积方式进行总结。

堆积方式	晶胞类型	空间利用率/%	配位数	实　例
简单立方堆积	简单立方	52	6	Po
体心立方堆积	体心立方	68	8	Na、K、Fe
六方最密堆积	六方	74	12	Mg、Zn、Ti
面心立方最密堆积	面心立方	74	12	Cu、Ag、Au

请同学们首先完成本节课的有关练习并预习下节课“离子晶体”的有关内容。

七、板书设计

3.3.2　金属晶体的原子堆积模型

一、二维平面的堆积方式

（一）非密置层：配位数为 4

（二）密置层：配位数为 6

二、三维空间的堆积方式

（一）非密置层的金属原子堆积方式

1. 简单立方堆积

（1）配位数：6

（2）简单立方晶胞平均占有的原子数目：1

（3）空间占有率 $= \dfrac{\frac{4}{3}\pi\left(\frac{a}{2}\right)^3}{a^3} \times 100\% = 52.6\%$

2. 体心立方堆积

（1）配位数：8

（2）体心立方晶胞平均占有的原子数目：2

（3）空间占有率 $= \dfrac{2 \times \frac{4}{3}\pi r^3}{\left(\frac{4}{3}\sqrt{3}r\right)^3} \times 100\% = 68\%$

（二）密置层的金属原子堆积方式

1. 六方最密堆积

（1）配位数：12

（2）晶胞平均占有的原子数目：2

（3）空间占有率 $= 74.05\%$

2. 面心立方最密堆积

（1）配位数：12

（2）晶胞平均占有的原子数目：4

（3）空间占有率 $= 74.05\%$

第四节　离子晶体

一、教材分析

本节课选自人教版高中《化学（选修 3）》第三章“晶体结构与性质”第四节“离子晶体”。依据课程标准“借助分子晶体、共价晶体、离子晶体、金属晶体等模型认识晶体的结构特点”的要求，本节课安排了“离子晶体概述”的教学内容。

离子晶体是高考高频考点，为完善学生对晶体结构的全面认识，在学生已有的离子键概念的基础上，教科书直接给出氯化钠和氯化铯两种典型离子晶体的晶胞，然后通过“科学探究”栏目，观察图 3-28，分析氯化钠和氯化铯晶体中阴阳离子的配位数、半径比，然后联系图 3-29 中氟化钙晶胞阴阳离子的配位数、电荷比、个数比等具体实例得出影响离子晶体结构的重要因素为几何因素和电荷因素，高中课本知识对键性因素不作要求。在分析离子晶体结构特点的基础上强化学生对“结构决定性质”这一化学思想的理解，得出离子晶体的物理通性，然后在“科学视野”栏目中介绍了碳酸盐热分解温度不同的微观本质原因，强化学生对离子晶体结构有关知识的理解和认识。最后结合数据表格详细介绍“晶格能”与离子键的关系，相关规律，以及晶格能大小和离子晶体性质的关系，并在“科学视野”栏目中介绍了“岩浆晶出规则与晶格能”的有关知识，以拓宽学生的科学视野。

本节课是对化学 2 离子键和离子化合物以及本章第二节“原子晶体、分子晶体”等知识的巩固与深化，经过本节课的学习，学生全方位系统地了解几种晶体的微观结构，为学生进一步掌握离子晶体的结构模型，强化学生的空间思维能力和计算能力打下基础。

二、学情分析

通过前面的学习，学生已经理解与掌握了化学键等有关知识，知道离子键的概念、成键本质等有关知识，这为本节课有关内容的学习奠定了知识基础。同时高二的学生已初步具备了一定的抽象化思维能力和数学计算能力，这为本节课有关内容的学习奠定了能力基础。但学生的抽象思维能力仍比较薄弱，因此需借助直观化的教具帮助学生理解与掌握离子晶体的有关知识。

三、教学目标

核心知识	（1）了解离子晶体的概念和物理性质，影响离子晶体结构的重要因素。 （2）掌握几种典型晶体的晶胞结构。 （3）知道晶格能的概念及应用
核心能力	通过本节课的学习，学会从化学独特的“微观”视角去探究物质结构，强化数学空间抽象思维想象能力和计算能力

续表

核心素养	通过本节课的学习，能从原子、分子水平并结合有关计算分析常见离子晶体的微观特征，能够依据离子晶体的结构说明离子晶体的性质，能从物质的微观结构说明同类物质的共性和不同类物质性质差异及其原因，解释同类的不同物质性质变化的规律

四、教学重点与难点

（1）教学重点：影响离子晶体结构的重要因素，几种典型离子晶体的晶胞结构，影响晶格能大小的因素，晶格能的变化规律和应用。

（2）教学难点：影响离子晶体结构的重要因素，几种典型晶体的晶胞结构。

五、知识框架

离子晶体
- 定义：由阳离子和阴离子通过离子键结合而成的晶体
- 组成微粒：阴、阳离子
- 相互作用：离子键
- 常见类型：强碱、部分金属氧化物、绝大部分盐
- 物理特性：熔、沸点较高，硬度较大，难挥发难压缩，一般易溶于水，而难溶于非极性溶剂，固态不导电，水溶液或者熔融状态下能导电
- 影响离子晶体结构的因素
  - 几何因素（晶体中正负离子的半径比）
  - 电荷因素（晶体中正负离子的电荷比）
  - 键性因素（离子键的纯粹程度）
- 晶格能：指气态离子形成 1mol 离子晶体时释放的能量，一般而言，阴、阳离子所带电荷的越多，阴、阳离子的半径越小，晶格能越大，则形成的离子晶体越稳定（离子键越强），离子晶体的熔点，越高，硬度越大

六、教学过程

环节一：导入新课

【导入】通过前面的学习，我们学习了化学键和晶体的有关知识，请同学们回忆离子键的有关知识并思考以下几个问题：什么叫离子键？离子键的成键粒子是什么？离子键成键的本质是什么？什么叫离子化合物？

【讲述】离子键是使阴、阳离子结合成化合物的静电作用，成键粒子为阴离子和阳离子，成键本质是阴、阳离子之间的静电作用，由阴、阳离子通过离子键形成的化合物称为离子化合物，常见类别为活泼金属氧化物、强碱以及大多数盐。

【投影】部分晶体的熔点

晶　体	氯化钠	干冰	金刚石
熔点/℃	801	−56.2	3550

【提问】请同学们思考为什么氯化钠的性质与干冰、金刚石的不同？

【讲述】通过分析，我们发现干冰属于分子晶体，金刚石属于原子晶体，氯化钠的性质与干冰、金刚石不同的根本原因就在于晶体类型的不同。那么氯化钠晶体的构成微粒是什么？构成晶体的微粒间的相互作用力是什么？它是哪种晶体类型？要想解决这些问题，今天就让我们一起来学习“离子晶体”的有关知识。

【板书】见板书。

环节二：展开新课

【投影】NaCl 晶体形成分析示意图

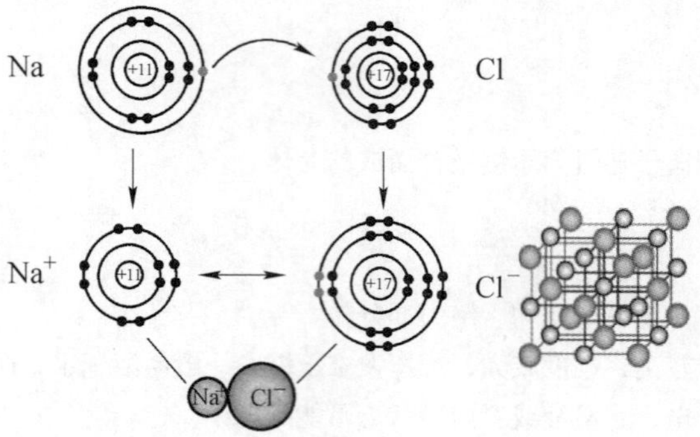

【讲述】通过前面的学习，我们知道 NaCl 晶体的形成是按如下过程进行的：首先 Na 原子最外层电子数为 1，为达到 8 电子的稳定结构，具有失电子的倾向；而 Cl 原子最外层电子数为 7，为达到 8 电子的稳定结构，具有得电子的倾向。此时，Na 原子易将最外层的 1 个电子转移给 Cl 原子，二者分别转换为 Na^+ 和 Cl^-，两种离子在相互的静电作用下结合成 NaCl 晶体。

【讲述】通过刚才的分析，我们不难发现 Na^+ 和 Cl^- 通过静电作用（离子键）结合形成了 NaCl 晶体。像氯化钠这种由阳离子和阴离子通过离子键结合而成的晶体叫作离子晶体，其形成粒子为阴、阳离子，存在的相互作用力为离子键。

【板书】见板书。

【讲述】离子键是一种静电作用，它包括阴、阳离子之间的引力和两种离子的核之间以及电子之间的斥力两个方面。当引力与斥力之间达到平衡时，就形成了稳定的离子化合物。

【提问】通过前面的学习，我们知道共价键具有方向性和饱和性，请同学们思考离子键是否也具有方向性和饱和性？

【讲述】离子是一个带电的球体，它在空间各个方向上的静电作用是相同的，阴、阳离子可以在空间任何方向与带相反电荷的离子相互吸引，所以离子键没有方向性。只要空间允许，一个阴、阳离子可以同时与几个带相反电荷的离子相互吸引，并不受离子本身所带电荷的限制，因此离子键也没有饱和性。当然，这并不意味着阴、阳离子的数目可以是任意的。实际上，在离子晶体中，每一个阴、阳离子周围排列的带相反电荷离子的数目都是固定的。

【提问】请同学们思考常见的离子晶体有哪些？离子晶体中有无单个分子存在？

【讲述】由于离子晶体是由阳离子和阴离子通过离子键结合而成的，故离子晶体中无单个分子存在，请同学们注意像 NaCl 这样的化学式不表示分子式。常见的离子晶体有强碱（如 NaOH、KOH、$Ca(OH)_2$、$Ba(OH)_2$等）、绝大多数盐（但 $Pb(CH_3COO)_2$、$PbCl_2$、$AlCl_3$、$BeCl_2$等少数盐中无离子键），活泼金属的氧化物（如 Na_2O、Na_2O_2、CaO、MgO 等）。金属氢化物（如 NaH、CaH_2等）。

【板书】见板书。

【讲述】请同学们注意离子晶体中一定含有离子键，还可能含有共价键，如 KNO_3、NH_4Cl 等晶体中除含有离子键之外，还含有共价键。晶体中有阳离子不一定含有阴离子，如金属晶体是由金属阳离子和自由电子构成的。但若含有阴离子，则必有阳离子。全部由非金属元素组成的晶体，也可能是离子晶体，如铵盐。

【提问】请同学们阅读教科书第 79 页最后一段（即科学视野之前的一段），结合氯化钠晶体的结构，思考离子晶体物理性质有何特点？

【讲述】通过阅读，我们发现离子晶体物理性质呈现以下特点：熔、沸点较高，硬度较大，难挥发难压缩。一般易溶于水，而难溶于非极性溶剂。固态不导电，水溶液或者熔融状态下能导电。

【板书】见板书。

【投影】部分离子晶体的熔、沸点数据

离子晶体	熔　点	沸　点
NaCl	801℃	1413℃
CsCl	645℃	1290℃

【提问】请同学们根据上述离子晶体熔、沸点，比较 CsCl 和 NaCl 中离子键的强度，由此能得出怎样的结论？

【讲述】通过观察，我们发现两种晶体中离子所带电荷数相同且阴离子皆为 Cl^-，由于 Na^+ 的半径小于 Cs^+的半径，使 NaCl 晶体的离子键强于 CsCl 晶体的离子键，故 NaCl 晶体的熔、沸点高于 CsCl 晶体的熔、沸点。由此说明一般情况下，离子晶体中阴、阳离子半径越小，电荷数越多，离子键越强，熔、沸点越高，硬度越大。

【板书】见板书。

【练习】1. 离子晶体熔点的高低决定于阴、阳离子核间距离和晶格能的大小，据所学知识判断 KCl、NaCl、CaO、BaO 4 种晶体熔点的高低顺序是（　　）。

A. KCl ＞ NaCl ＞ BaO ＞ CaO　　B. NaCl ＞ KCl ＞ CaO ＞ BaO

C. CaO ＞ BaO ＞ KCl ＞ NaCl　　D. CaO ＞ BaO ＞ NaCl ＞ KCl

2. 下列叙述错误的是（　　）。

A. 带相反电荷离子之间的相互吸引称为离子键

B. 金属元素与非金属元素化合时，不一定形成离子键

C. 某元素的原子最外层只有 1 个电子，它跟卤素相互结合时所形成的化学键不一定是离子键

D. 非金属原子间不可能形成离子键

3. 下列有关离子化合物的说法正确的是（　　）。
   A. 离子化合物中一定含有金属元素，含金属元素的化合物一定是离子化合物
   B. 离子键只存在于离子化合物中，离子化合物中一定含有离子键
   C. 离子化合物中不可能含有共价键
   D. 离子化合物受热熔化破坏化学键，吸收热量，属于化学变化
4. 下列性质适合于离子晶体的是（　　）。
   A. 熔点 1070℃，易溶于水，水溶液能导电
   B. 熔点 10.31℃，液态不导电，水溶液导电
   C. 能溶于 CS_2，熔点 112.8℃，沸点 444.6℃
   D. 熔点 97.81℃，质软，导电，密度 $0.97g/cm^3$

【过渡】 离子晶体种类繁多，结构多样，下面我们一起来学习几种常见离子晶体的晶胞结构。

【板书】 见板书。

【投影】 氯化钠型晶胞结构示意图

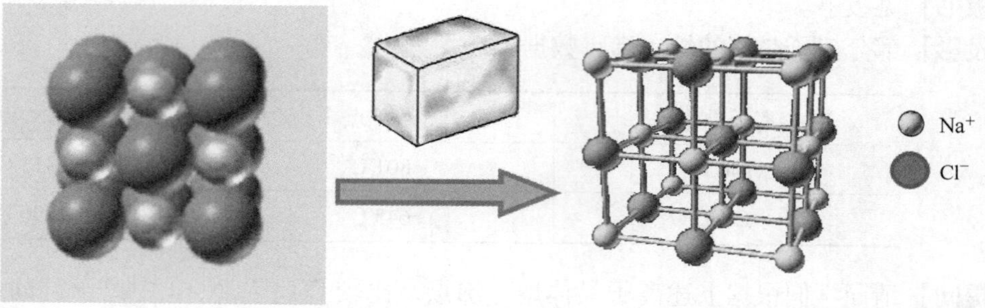

【提问】 请同学们观察 NaCl 的晶胞结构示意图，思考以下三个问题：钠离子和氯离子在晶胞中分别处于什么位置？每个 NaCl 晶胞分别含 Na^+、Cl^- 的个数是多少？在 NaCl 晶体中，与 Na^+(Cl^-) 等距离且最近的 Cl^-(Na^+) 有几个？

【讲述】 通过观察，我们发现钠离子或氯离子位于立方体的顶角上，并交错排列。同时钠离子还分布于平行六面体的体心和棱中点；氯离子还分布于面心和顶点；或者反之。运用均摊法的思想不难得出每个 NaCl 晶胞中含有 Na^+ 的个数为 $12\times1/4+1=4$、Cl^- 的个数为 $8\times1/8+6\times1/2=4$。

【板书】 见板书。

【投影】 氯化钠型晶体配位数分析示意图

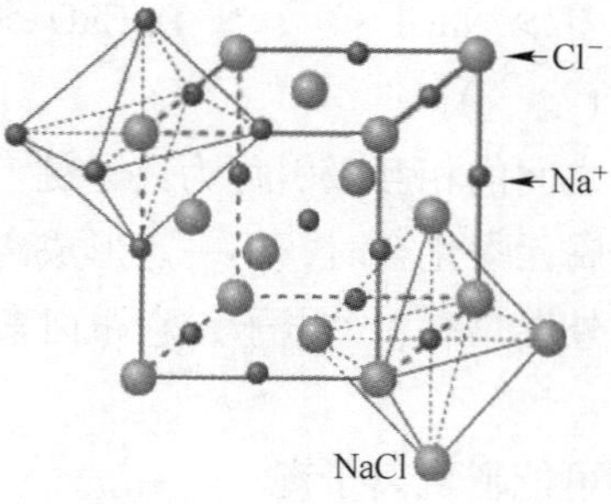

【讲述】通过观察，我们发现每个Na^+周围最邻近的Cl^-有6个，每个Cl^-周围最邻近的Na^+有6个，因此Na^+、Cl^-的配位数都是6（离子晶体的配位数是指一个离子周围最邻近的异性离子的数目）。整个晶体中，Na^+、Cl^-的个数比为1∶1。在NaCl晶体中，每个Cl^-周围最邻近的Cl^-有12个，每个Na^+周围最邻近的Na^+也有12个。与一个Na^+距离最近且相等的Cl^-围成的空间构型为正八面体。

【板书】见板书。

【投影】氯化铯型晶胞结构示意图

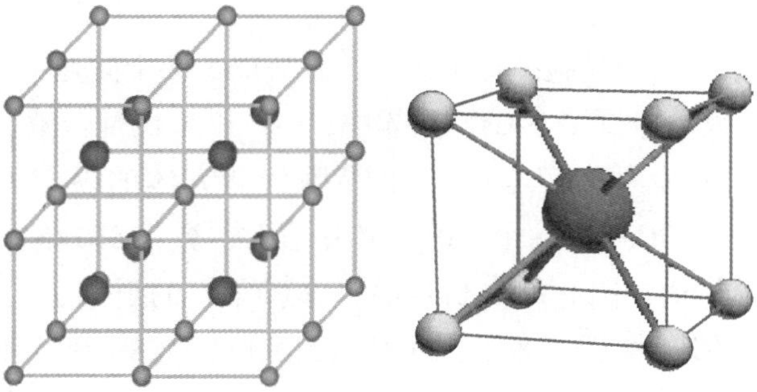

【提问】请同学们观察CsCl的晶胞结构示意图，思考以下三个问题：铯离子和氯离子在晶胞中分别处于什么位置？每个CsCl晶胞分别含Cs^+、Cl^-的个数是多少？在CsCl晶体中，与Cs^+(Cl^-）等距离且最近的Cl^-(Cs^+）有几个？

【讲述】通过观察，我们发现铯离子位于体心，氯离子位于顶点；或者反之。运用均摊法的思想可得出每个CsCl晶胞中平均Cs^+个数为$8\times1/8=1$，晶胞中平均Cl^-个数为1，因此，CsCl的一个晶胞中含有1个CsCl。

【板书】见板书。

【投影】氯化铯型晶体配位数分析示意图

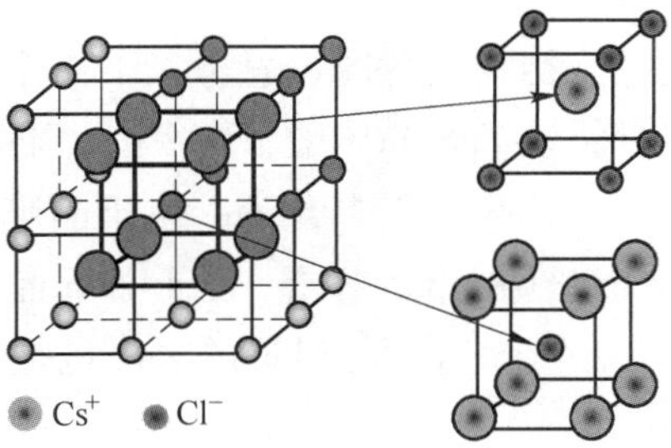

【讲述】通过观察，我们发现每个Na^+周围有8个Cl^-，每个Cl^-周围有8个Na^+。因此，与Cs^+等距离且最近的Cl^-有8个，与Cl^-等距离且最近的Cs^+有8个，每个Cs^+周围与它最近且距离相等的Cs^+共有6个，每个Cl^-周围与它最近且距离相等的Cl^-共有6个，CsCl晶体中阴、阳离子配位数为8。

【板书】见板书。

【投影】CaF_2型晶胞结构示意图

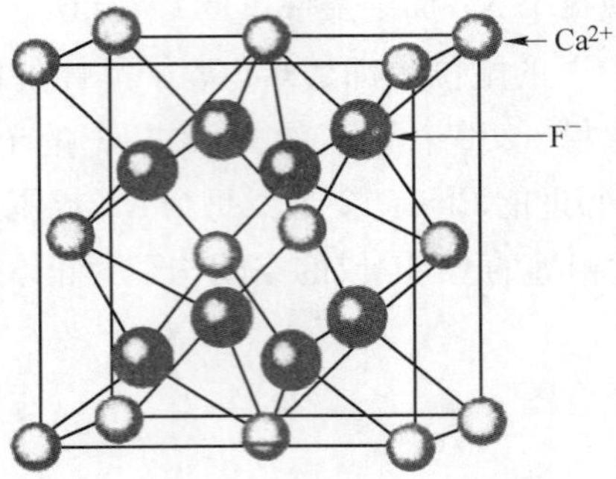

【提问】请同学们观察 CaF_2 的晶胞结构示意图，思考以下两个问题：每个 CaF_2 晶胞分别含 Ca^{2+}、F^- 的个数是多少？在 CaF_2 晶体中，Ca^{2+} 和 F^- 的配位数分别为多少？

【讲述】通过观察，我们发现 Ca^{2+} 在 CaF_2 的晶胞大立方体的顶角和面心，顶角有 8 个 Ca^{2+}，面心有 6 个 Ca^{2+}，一个 CaF_2 晶胞中含 Ca^{2+} 数为 $8\times1/8+6\times1/2=4$ 个，8 个 F^- 位于大立方体体内，因此每个 CaF_2 晶胞分别含 F^- 的个数是 8。在 CaF_2 晶体中，每个 Ca^{2+} 周围最邻近的 F^- 有 8 个，即 Ca^{2+} 的配位数是 8。每个 F^- 周围最邻近的 Ca^{2+} 有 4 个，即 F^- 的配位数是 4。因此，在 CaF_2 晶体中，Ca^{2+} 和 F^- 个数比为 1∶2，刚好与 Ca^{2+} 和 F^- 的电荷数之比相反。

【板书】见板书。

【投影】ZnS 型晶胞结构示意图

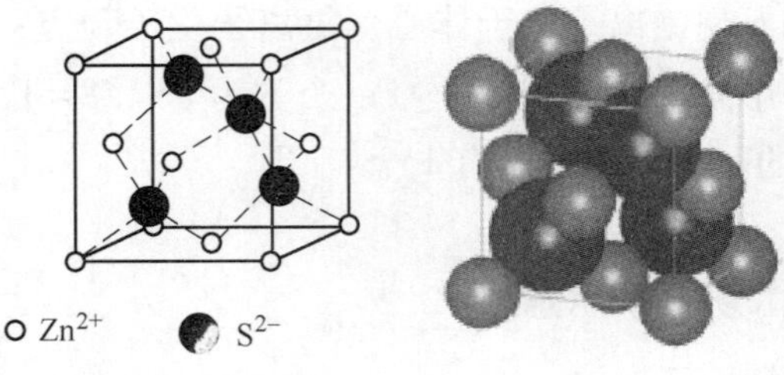

【提问】请同学们观察 ZnS 的晶胞结构示意图，思考以下两个问题：每个 ZnS 晶胞分别含 Zn^{2+}、S^{2-} 的个数是多少？在 ZnS 晶体中，Zn^{2+} 和 S^{2-} 的配位数分别为多少？

【讲述】通过观察，我们发现一个 ZnS 晶胞中含 Zn^{2+} 位于晶胞的顶点和面心，因此 ZnS 晶胞中含 Zn^{2+} 个数为 $8\times1/8+6\times1/2=4$，S^{2-} 位于 ZnS 晶胞体内共 4 个。在 ZnS 晶体中，离 Zn^{2+} 最近的 S^{2-} 有 4 个，离 S^{2-} 最近的 Zn^{2+} 也是 4 个，因此 Zn^{2+} 和 S^{2-} 的配位数分别为 4 和 4。

【板书】见板书。

【练习】找出 NaCl、CsCl 两种离子晶体中阳离子和阴离子的配位数，它们是否相等？

离子晶体	阴离子配位数	阳离子配位数
NaCl		
CsCl		

【提问】根据下表中列出的数据，请同学们思考是什么因素决定了离子晶体中离子的配位数？

配位数	4	6	8
阳离子和阴离子半径比	0.2~0.4	0.4~0.7	0.7~1.0
空间构型	ZnS	NaCl	CsCl

【讲述】通过数据分析，我们得出影响离子晶体中离子配位数的因素有几何因素、电荷因素和键性因素三个方面。其中，晶体中正负离子的半径比（r^+/r^-）是决定离子晶体结构的重要因素，简称几何因素，晶体中正负离子的半径比决定正负离子的配位数，如，在 NaCl 和 CsCl 晶体中，正负离子的半径比分别为 0.525、0.934，由于 r^+/r^-不同，则晶体中离子的配位数不同。NaCl 晶体中正负离子的配位数都是 6，CsCl 晶体中正负离子的配位数都是 8。晶体中正负离子的电荷比也能决定正负离子配位数，如，在 NaCl、CsCl 晶体中，每种晶体的正负离子的配位数相同，原因是正负离子的电荷（绝对值）相同，于是正负离子的个数相同，结果导致正负离子的配位数相同；如果正负离子的电荷不同，正负离子的个数必然不相同，结果正负离子的配位数就不会相同，如在 CaF_2 晶体中，Ca^{2+} 和 F^- 的电荷比（绝对值）是 2∶1，Ca^{2+} 和 F^- 的个数比是 1∶2，Ca^{2+} 的配位数是 8，F^- 的配位数是 4。此外离子晶体的结构类型还与离子键的纯粹程度（简称键性因素）有关，即与晶体中正负离子的相互极化程度有关。

【板书】见板书。

【提问】根据下表数据，请同学们思考下表说明了什么？

碳酸盐	$MgCO_3$	$CaCO_3$	$SrCO_3$	$BaCO_3$
热分解温度/℃	402	900	1172	1360
阳离子半径/pm	66	99	112	135

【讲述】通过观察与分析，我们得出组成碳酸盐中阳离子的金属的金属性越弱，金属阳离子的半径越小，碳酸盐的热稳定性越差，反之越稳定。

【提问】请同学们思考，离子晶体的稳定性可通过什么物理量进行定量描述？

【讲述】离子晶体的稳定性可通过晶格能进行定量描述，晶格能是指气态离子形成 1mol 离子晶体时释放的能量。

【板书】见板书。

【提问】请同学们仔细阅读课本第 80 页表 3-8，同时根据下表中列出的数据，思考晶格能的大小与离子晶体的熔点有什么关系？离子晶体的晶格能与哪些因素有关？

氟 化 物	晶格能/kJ · mol^{-1}
NaF	923
MgF_2	2957
AlF_3	5492

【讲述】通过观察与分析，我们得出晶格能的大小与阴、阳离子所带电荷的乘积成正比，与阴、阳离子间的距离成反比。简言之，晶格能的大小与离子带电量成正比，与离子半径成反比。阴、阳离子所带电荷的越多，阴、阳离子的半径越小，晶格能越大，则形成的离子晶体越稳定（离子键越强），离子晶体的熔点越高，硬度越大。

【板书】见板书。

【讲述】离子晶体一般具有较高的熔、沸点。离子晶体中，阴、阳离子间具有强烈的相互作用（离子键），要克服离子间的相互作用力使晶体由固态变为液态或气态，就需要较多的能量。因此，离子晶体具有较高的熔点和沸点，难挥发。例如，NaCl、CsCl 的熔点分别为 801℃、645℃，沸点分别为 1413℃、1290℃，而共价化合物水的熔点为 0℃，沸点为 100℃。

【讲述】离子晶体一般硬而脆，无延展性。离子晶体中，阴、阳离子间较强的离子键使晶体的硬度较大、难于压缩。当晶体受到外力冲击时，部分离子键发生断裂，导致晶体破碎。离子晶体中阴、阳离子交替出现，层与层之间如果滑动，同性离子相邻而使斥力增大导致不稳定，所以离子晶体无延展性。

【讲述】离子晶体不导电，熔化或溶于水能导电。离子晶体中有较强的离子键，离子不能自由移动，因此离子晶体不能导电。当温度升高至晶体熔化时，阴、阳离子获得了足够的能量，克服了离子间的相互作用，成为自由移动的离子，在外加电场的作用下离子可以发生定向移动而导电。离子晶体溶于水时，阴、阳离子受到水分子的作用，变成了自由移动的离子（或水合离子），在外加电场作用下阴、阳离子定向移动而导电。

【讲述】离子晶体一般易溶于极性溶剂（如水等），难溶于非极性溶剂（如汽油、苯、四氯化碳、二硫化碳等）。当把离子晶体放入水中时极性水分子对离子晶体中的离子产生吸引作用，使晶体中的离子克服了离子间的作用而电离，变成在水中自由移动的离子。

【板书】见板书。

环节三：归纳总结

【总结】本节课我们学习了离子晶体的相关知识，我们知道离子晶体是指由阳离子和阴离子通过离子键结合而成的晶体，其具有熔、沸点较高，硬度较大，难挥发难压缩，一般易溶于水，而难溶于非极性溶剂，固态不导电，水溶液或者熔融状态下能导电等物理特性。常见的离子晶体：强碱、部分金属氧化物、绝大部分盐。在离子晶体中，不存在单个分子，化学式不表示实际组成。影响离子晶体中离子配位数的因素有几何因素、电荷因素和键性因素三个方面，我们可以通过晶格能定量描述离子晶体的稳定性。请同学们课后完成本节课的相关练习。

七、板书设计

3.4　离子晶体

一、概述

（一）定义：由阳离子和阴离子通过离子键结合而成的晶体

（二）形成粒子：阴、阳离子

（三）相互作用力：离子键

（四）常见的离子晶体：强碱、部分金属氧化物、绝大部分盐

（五）物理性质特点

1. 熔、沸点较高，硬度较大，难挥发难压缩
2. 一般易溶于水，而难溶于非极性溶剂
3. 固态不导电，水溶液或者熔融状态下能导电

注：一般情况下，离子晶体中阴、阳离子半径越小，电荷数越多，离子键越强，熔、沸点越高，硬度越大

二、常见离子晶体的晶胞结构

（一）NaCl 型晶胞

1. 钠离子和氯离子在晶胞中的位置

（1）钠离子或氯离子位于立方体的顶角上，并交错排列

（2）钠离子：体心和棱中点　氯离子：面心和顶点（或者反之）

2. 每个晶胞中的微粒个数

Na^+：$12\times1/4+1=4$　　Cl^-：$8\times1/8+6\times1/2=4$

3. 阴、阳离子配位数：6

（二）CsCl 型晶胞

1. 铯离子和氯离子在晶胞中的位置：铯离子位于体心，氯离子位于顶点（或者反之）
2. 每个晶胞中的微粒个数：Cs^+的个数为 1，Cl^-的个数为 1
3. 阴、阳离子配位数：8

（三）CaF_2型晶胞

1. 每个晶胞中的微粒个数：4 个 Ca^{2+}和 8 个 F^-
2. 阴、阳离子配位数：Ca^{2+}和 F^-的配位数分别为 8 和 4

（四）ZnS 型晶胞

1. 每个晶胞中的微粒个数：4 个 Zn^{2+}和 4 个 S^{2-}
2. 阴、阳离子配位数：4

三、影响离子晶体结构的因素

（一）几何因素：晶体中正负离子的半径比（r^+/r^-）

（二）电荷因素：晶体中正负离子的电荷比

（三）键性因素：离子键的纯粹程度

四、晶格能

（一）含义：气态离子形成 1mol 离子晶体时释放的能量

（二）影响因素：阴、阳离子所带电荷的越多，阴、阳离子的半径越小，晶格能越大

（三）对离子晶体性质的影响：晶格能越大，则形成的离子晶体越稳定（离子键越强），离子晶体的熔点越高，硬度越大

参 考 文 献

[1] 单秀斌．《原子结构》教学拾零［J］．教育教学论坛，2011（19）：90.
[2] 李英慧，李言．构造原理与原子轨道能量关系的几个问题的探讨［J］．中小学教学研究，2010（4）：20-21.
[3] 刘承东，唐波．关于原子轨道能级序列的几点讨论［J］．化学通报，1999（8）：51-55.
[4] 北京师范大学，华中师范大学，南京师范大学．无机化学（上册）［M］．4 版．北京：高等教育出版社，2002：193.
[5] 大连理工大学无机化学教研室．无机化学［M］．5 版．北京：高等教育出版社，2006：230-235.
[6] 北京师范大学，华中师范大学，南京师范大学．无机化学（上册）［M］．3 版．北京：高等教育出版社，1992：223-225.
[7] 赵风楼，徐保华．对新课程标准三种版本教材中“原子结构”部分的分析和衔接整合［J］．学周刊，2014（14）：220-221.
[8] 王骄阳，闫春更，周青．基于学生“元素周期表、周期律”学习困难的教学建议［J］．化学教与学，2016（6）：27-33.
[9] 胡月霞．类比教学在高中化学中的应用研究［D］．上海师范大学，2016.
[10] 白龙．项目化学习在高中化学教学中的应用——是否应该停止使用铝质饮料罐［J］．课程教育研究，2016（12）：102-103.
[11] 蒿树君，伍晓春．中美化学教材中“共价键”的比较研究［J］．中学化学教学参考，2018（16）：77-78.
[12] 陆麟．浅析高中化学教材中共价键成键元素的正确表述［J］．信息化建设，2015（6）：179.
[13] 卓高峰，魏樟庆．从教材到教学的研究——以“共价键”为例［J］．化学教与学，2014（1）：50-52，97.
[14] 乐传俊，朱少萍，王丽．共价键理论及其在有机化学教学中的应用［J］．教学研究，2013，36（5）：68-72.
[15] 刘俊，曹育红．高中化学新教材中共价键理论及其系统应用［J］．福建基础教育研究，2009（2）：41-43.
[16] 戴宁．高中化学教材中共价键成键元素的正确表述［J］．四川教育学院学报，2005（4）：10-12.
[17] 刘景福．基于项目的学习模式（PBL）研究［D］．江西师范大学，2002.
[18] 王波．中心原子杂化轨道类型的判断方法［J］．化学教与学，2010（11）：60-61.
[19] 冯军．杂化轨道理论与价层电子对互斥理论的互补关系［J］．中学化学教学参考，2008（Z1）：41-42.
[20] 邓玉良．试论价层轨道的杂化——兼论杂化轨道理论与价层电子对互斥理论的统一［J］．武警学院学报，2007（2）：86-90.
[21] 邓凡政，高成毅．无机化学中共价键类型及其在元素周期表中变化规律［J］．淮北煤师院学报（自然科学版），2003（3）：70-74.
[22] 张文广．关于 VSEPR 理论的讨论［J］．化学教育，2000（9）：44-46，42.
[23] 蔡铁军．利用价电子对互斥理论和群论方法讨论 σ 轨道的杂化［J］．吉首大学学报（自然科学版），1990（2）：58-61.
[24] 张秋云．配合物理论发展过程概述［J］．常州教育学院学报（综合版），1995，13（4）：61-64.
[25] 步宇翔，王志中．Si(Ⅱ) 小分子配合物理论研究［J］．曲阜师范大学学报（自然科学版），1991（2）：62-67.
[26] 田彬．键的极性与分子的极性知识点滴［C］// 教育理论研究（第四辑）．重庆市鼎耘文化传播有

限公司，2018：1.
[27] 童双银．相同原子间成键就是非极性键吗［J］．中学化学教学参考，2017（16）：56.
[28] 张来新，朱海云．蓬勃发展的手性化学［J］．化学工程师，2016，30（11）：57-60.
[29] 郑之远．由一道考题引发的对溶解性表的教学思考［J］．中学化学教学参考，2013（9）．
[30] 李旭娃．从时间和浓度变化研究酸、碱、盐的溶解性表［J］．化学教学，2017（2）．
[31] 李旭娃，党文祥．用变化的观点研究酸、碱、盐的溶解性表的应用［J］．化学教学，2017（9）．
[32] 柯璜颐．酸、碱和盐的溶解性表中的“-”［J］．化学教学，1987（2）．
[33] 谢永侠．“部分酸、碱和盐的溶解性表”的教学资源开发［J］．化学教育，2009，30（4）：37-38.
[34] 王晶．百年中学化学教科书中“元素周期律”的呈现［J］．中学化学教学参考，2015（23）．
[35] 朱德忠．怎样讲述键的极性［J］．化学教育，1991（2）．
[36] 贾同全．多面的考查角度——共价键［J］．中学化学，2014（6）．
[37] 钟梓航．浅谈共价键和离子键［J］．当代旅游（高尔夫旅行），2017（8）．
[38] 邓启荣．浅谈《离子键、共价键》教学［J］．四川教育学院学报，1997（4）．
[39] 吴根亮．“十问”共价键［J］．中学化学，2014（9）．
[40] 李红．非极性分子和极性分子的判断［J］．渭南师范学院学报，2005（S2）．
[41] 张进，陈晓琼．试论 O_2 和 O_3、CO 和 NO 的性质及结构致因［J］．重庆师专学报，1999（3）．
[42] 高宏．分子结构与性质考点剖析［J］．中学生数理化（高考版），2012（11）．
[43] 方国光．分子的非极性与对称性的关系［J］．兰州大学学报，1963（1）．
[44] 丁跃林．关于气体的溶解［J］．中学化学教学参考，2002（4）．
[45] 周林宗，余建中．高中教材中一个演示实验的改进——证明水分子是极性分子，而四氯化碳分子是非极性分子［J］．楚雄师专学报，1992（3）：98-99.
[46] 陈永强．极性分子和非极性分子［J］．教学仪器与实验，1991（5）：40.
[47] 何长庚．电子对互斥理论与分子的极性［J］．晋中师专学报，1990（2）：75-77.
[48] 孙鲜明，马淑惠．分子的对称性与极性［J］．豫西农专学报，1990（1）：50-53，46.
[49] 陈金春．设计型学习在高中化学中的应用——以“金属键”的教学为例［J］．中学化学教学参考，2018（20）：15-16.
[50] 刘艳．基于化学核心素养的高中化学微课程案例开发研究［D］．合肥师范学院，2018.
[51] 冯品钰，何彩霞．发展学生模型认知的化学教学实践——以“离子晶体”为例［J］．教育与装备研究，2018，34（4）：29-33.
[52] 张桐瑶．基于观念建构的“离子晶体”教学设计研究［D］．山东师范大学，2018.
[53] 王星乔，周千红，包朝龙，赵贤祥．基于“三序结合”的化学教学设计——以“不同类型的晶体”为例［J］．化学教学，2018（2）：34-40.
[54] 郭高峰．基于 PCK 理论引领下的课堂教学设计与反思——以《离子晶体》为例［J］．中小学教学研究，2017（9）：6-9.
[55] 王涛．合理使用教学素材优化教学设计——以“晶体的常识”一课为例［J］．化学教与学，2017（2）：38-39.
[56] 兰祥春，高成．三重表征视野下“金属晶体”内容分析与教学过程设计［J］．化学教与学，2016（12）：70-73，85.
[57] 林瑜．问题教学法在高中化学教学中的应用与反思——以苏教版《物质结构与性质》“原子晶体”教学为例［J］．福建基础教育研究，2016（11）：78-80.
[58] 朱圣辉．两节“不同类型的晶体”同课异构课引发的教学思考［J］．现代中小学教育，2016，32（6）：72-75.
[59] 张洁．三维虚拟技术在中学化学《物质结构与性质》教学中的应用研究［D］．西北大学，2016.

[60] 闫云龙．基于互联网的化学课堂教学模式探究——以鲁科版“认识晶体”教学为例［J］．化学教学，2016（5）：35-38.
[61] 赵玉华．DIAMOND 在晶体结构与性质教学中的应用［D］．四川师范大学，2016.
[62] 周继敏，黄军．“晶体的常识”教学设计赏析［J］．化学教与学，2015（7）：65-67.
[63] 蒙春梅．高中化学微课程的设计研究［D］．福建师范大学，2015.
[64] 彭英邦．高中化学微课程的设计与应用［D］．温州大学，2015.
[65] 郑伟．高中化学“晶体结构与性质”知识结构化教学的研究［D］．南京师范大学，2015.
[66] 朱春清．基于信息技术的《晶体结构与性质》教学案初探［D］．四川师范大学，2015.
[67] 符晓东．多元教学方式在化学课堂教学中的运用——以“离子晶体”教学设计为例［J］．化学教与学，2015（2）：67-68，78.
[68] 王维秀．“比较法”突破高中化学“晶体”的教学难点——化学键与晶体结构的判断［J］．中学化学教学参考，2014（16）：33.
[69] 张巍．“晶体结构与性质”自主学习的研究和实践［D］．内蒙古师范大学，2014.
[70] 王伟．高中化学“晶体结构与性质”难点测查及其对策研究［D］．华中师范大学，2014.
[71] 卓高峰，魏樟庆．基于“微粒观”建构的化学教学——以“不同类型的晶体”为例［J］．化学教与学，2014（4）：9-11，6.
[72] 林慧清．TfU 教学模式在《物质结构与性质》教学中的应用研究［D］．南京师范大学，2014.
[73] 张伟．《物质结构与性质》教学中学生微粒观的培养研究［D］．山东师范大学，2014.
[74] 何盼．基于信息技术的《物质结构与性质》的教学研究初探［D］．四川师范大学，2013.
[75] 王希俭．问题化教学设计与互动课堂的建立——以《离子键离子晶体》为例［J］．化学教与学，2012（12）：35-37.
[76] 吴晓红，王麒淞．电子白板在高中化学《分子晶体与原子晶体》课堂教学中的应用［J］．中国现代教育装备，2012（12）：21-23.
[77] 鲍荣焕，叶兰峰．Diamond 3 在中学化学晶体教学中的应用［J］．化学教学，2008（9）：51-52.
[78] 姚明站．抽体法探究《金属晶体》教学设计［J］．化学教学，2007（8）：35-37.
[79] 孙兆前．整合信息技术与化学教学设计：《晶体和晶胞》［J］．中小学信息技术教育，2002（Z2）：56-57.